集人文社科之思 刊专业学术之声

集 刊 名：区域史研究

主办单位：中山大学岭南文化研究院

主　　编：温春来（中山大学岭南文化研究院）

副 主 编：黄国信（中山大学岭南文化研究院）

本辑执行主编：张　侃（厦门大学历史系）

REGIONAL STUDIES

微信公众号：Regional_History

投 稿 邮 箱：lingnanculture@126.com

2020年第1辑（总第3辑）

集刊序列号：PIJ-2018-326

中国集刊网：www.jikan.com.cn

集刊投约稿平台：www.iedol.cn

2020 年第 1 辑（总第 3 辑）

区域史研究

REGIONAL STUDIES

主编 | 温春来　本辑执行主编 | 张　侃

社会科学文献出版社
SOCIAL SCIENCES ACADEMIC PRESS (CHINA)

区域史研究
Regional Studies

2020 年第 1 辑（总第 3 辑）

2020 年 6 月出版

学人访谈

《区域史研究》2020 年第 1 辑（总第 3 辑）

第 3～16 页

© SSAP，2020

区域史研究的问题导向

郑振满 等[*]

引　言　2019 年 12 月 21 日，南昌大学历史系举办"70 年来区域史研究的回顾与展望"国际学术研讨会。应大会邀请，厦门大学民间历史文献研究中心郑振满教授作了题为"区域史研究的问题导向"的主题报告，主要内容涉及区域史与地方史的关系、区域史研究的多元视野、区域发展模式与区域比较研究。此次报告得到热烈反响，与会学者在会议期间对相关议题多有讨论。会议结束后，在张侃教授的组织下，厦门大学历史系郑振满、黄向春、饶伟新、梁勇、郑莉以及华侨大学许金顶等老师于 12 月 26 日再次聚会，就区域史研究的相关议题展开对谈。本文为郑振满教授会议主题报告和对谈的录音记录稿，初稿由厦门大学历史系博士生吕珊珊记录整理，经郑振满教授与黄向春教授审定。

一　主题报告纪要

报告伊始，郑教授提到近日收到程美宝教授的新书《走出地方史：社会文化史研究的视野》，在阅读的过程中，想起了很多往事。20 世纪 80 年代初，傅衣凌先生主持国家哲学社会科学研究规划重点项目"明清福建社会经济史研究"，其后在出版阶段性成果的时候，出版社请傅

---

　*　郑振满，厦门大学历史系教授。

先生写序，但他当时卧病在床，就让郑振满老师先帮他起草。在初稿中，郑老师认为这本书是"福建地方史的里程碑"，受到了傅先生的严厉批评。傅先生明确指出，"我们是做区域史的研究，不是做地方史的研究"。郑老师回顾，这件事对其影响很深。他认为，老一辈的学者做学问都有大的学术关怀。傅先生当年读书的时候，正值"社会史大论战"，他们关注的是中国社会的整体性问题，例如中国社会的性质是什么、中国革命的道路是什么。傅先生在日本攻读过社会学专业，他认为要想深入理解中国，就必须深入社会生活，不能泛泛而谈。因此，傅先生在《福建佃农经济史丛考》的《集前题记》中，提出了"经济社区""从局部看整体""与社会科学对话""寻找民间的资料"等核心概念，[①] 这些都涉及区域史研究的学理性问题。郑老师回忆，他的硕士学位论文研究的是明清时期闽北地区的乡族地主经济，傅先生在开题报告上写了十二字批语，"从全国看闽北，从闽北看全国"，并提醒他："你要从全国去看闽北的问题，你的研究要解释全国的问题，要回答全国的问题。"郑老师指出，区域史研究要有宏观的学术视野，这就是区域史与地方史的差别所在。

随后，郑老师讲述了区域史与地方史在学理上的区别，并指出区域史研究的问题导向。郑老师认为，地方史论著有三种常见的类型：第一种是只讲地方特色，这一类作品缺乏学术对话与交流，很难引起学术界的关注；第二种是通史的地方版，但很多重大历史事件对当地并未造成太大的影响，很多重要的制度也不一定都与地方有关；第三种是近年来兴起的"文化搭台，经济唱戏"，努力建构地方历史文化传统。郑老师强调，区域史研究虽然也是做地方的研究，但又要做与地方史不一样的研究，这就需要注意以下几点。首先，区域史研究的学者要有通史的关

---

① 傅衣凌：《福建佃农经济史丛考》，私立福建协和大学中国文化研究会，1944，第 1～2 页。

怀，做地方的研究要以小见大，能够回答全国的问题。程美宝教授甚至认为，区域史研究要具备全球的视野，在全球史的关怀中做中国史研究，实际上也是区域史研究。其次，区域史研究要关注区域之间的联系，就是虞和平老师所说的"区域联动"，区域与区域之间的互相影响，也就是要关注"流动性"。最后，区域作为一个空间的概念，经常是一圈套一圈的，有交叉，有重叠，所以不能画地为牢，要逐渐建立"网络"的概念。在这一方面，郑老师推荐大家去读滨下武志的著作。

接着，郑老师开始讨论如何理解区域的问题。他认为区域是一个很开放的概念，可以有很多元的理解。有史以来，学界对"区域"是有很多界定的，表面上看是一个空间，如果从不同的问题出发，就会看到不同的区域。最早，区域是政区的概念，例如一个省、一个府、一个县等，这种划分的依据是国家制度。20 世纪 80 年代以后，由于施坚雅的区域理论传入中国，市场变得很重要。1987 年，在深圳召开的国际清代区域社会经济史学术讨论会上，有些学者认为，在大一统的帝国体制下，要从政区去看区域，因为传统的文献系统就是在政区中形成的，例如省志、府志、县志等；还有一些学者引用施坚雅的"市场"理论，认为区域不同于政区，有自己的发展逻辑。后来很长一段时间，区域的概念基本上是与市场有关的。到了 2000 年以后，生态的问题越来越受到重视，学者们开始提出水利社会、山地社会、港口、岛屿等生态性区域的概念。再后来，族群的问题、文化的问题越来越被重视。学者可以根据自己的研究取向，对区域作不同的定义。当然，从不同角度界定的区域，通常是相互重叠、同时并存和互相制约的。从区域史研究涉及的特定空间来看，需要同时关注很多不同层次的问题，因为它们是有内在联系且不可分离的。因此，区域史的研究需要有整体史的视野，也就是"年鉴学派"提出的"从地窖到顶楼"。一个人的生活不会被限定在某一层次的空间中，他会同时受到各种不同空间的制约，所以区域史研究需要同时考虑生态、经济、社会、政治、文化等不同因素。

最后，郑老师谈到区域发展模式与区域比较的问题。近年来，经常有人批评华南研究不具有普遍的意义，不能解释其他区域的发展过程。也有一些学者试图去比较不同区域，但很多比较研究实际上是无的放矢，因为大家关注的问题不同，研究的基础也不同。郑老师提出，区域史研究中有一些基本的问题，也许是可以开展比较研究的，从中有可能发现区域发展的不同模式。比如地方公共事务，这是每个区域都要面对的问题，可以开展实证研究和比较研究。区域史研究的一些重要理论，其实都涉及公共事务的问题，比如"祭祀圈""乡族""地域社会论""华南研究"等。所谓地方公共事务，就是每个地方都存在个人无法处理，需要通过共同合作来处理的公共事务，比如水利、交通、治安、教育、赋役、社会救济等。围绕这些公共事务，每个区域都会形成某种合作模式，来满足各种公共需求。如果不存在这种合作模式，区域社会就会解体，无法长期稳定发展。在特定的历史条件下，究竟如何处理地方公共事务，如何建立社会合作模式，这是区域史研究必须要回答的问题。每个学者都可以讲自己的故事——在你研究的区域，地方公共事务如何处理？形成了怎样的合作模式？呈现了怎样的发展趋势？在这个层面上，不同的区域之间可以进行比较研究，找到普遍性和特殊性。如果每个学者都回答了同样的问题，我们就可以知道有哪些不同的区域发展模式，也就可以知道中国传统社会是如何运作、延续下来的。

二　对谈纪要

12 月 26 日下午的对谈，主要围绕郑振满教授的会议主题报告展开，同时涉及区域史研究的其他问题。参加对谈的 6 位老师中，黄向春、梁勇、许金顶曾参加 12 月 21 日南昌大学历史系举办的学术会议，因此对谈从他们对会议的观感开始。

黄向春： 在会上我简单报告了一下我对区域史研究的一些想法。首先，区域史肯定有一个空间和边界的问题。我们在做区域史叙事、讨论的时候，一般会有一个边界的假定，不管是出于潜意识，还是出于一种谨慎，或是出于有意识地界定。但这个空间到底是什么？它是本身就在那儿，还是怎么划出来的？我们是在区域研究，还是研究区域？对于历史学而言，区域的研究经验到底有何认识论的价值？

郑振满：人类学有一句名言，"人类学家不研究村落，只是在村落做研究"。

黄向春：是的。格尔茨说这句话的意思，是说我们研究的地点，本身并不是我们的研究对象，而是要从中寻找知识反思的路径。当然他这样说，是有所指的。他强调的是，人类学如果认为可以以小见大，也绝不是可以通过所谓"典型性"来发现和归纳大的社会、文明体系的本质特征的，研究者在村落里所发现的只是村落的生活而已。我认为从傅先生到您的研究，恰恰可以在这两个方面回应格尔茨的说法，一是村落、区域的研究并不是要去强调所谓"典型性"，既不是以区域经验去解释全国，也不是通史的地方版本；二是我们在区域、村落里发现的历史，并非只是村落里的历史，而是跟国家的甚至是全球的大历史进程紧密相连的，因此区域史是宏观的历史过程在特定时空中的具体展开。这是功能主义民族志很难做到的。

郑振满：原来的民族志就是把村庄搞清楚，是吗？

黄向春：对，但是村庄的研究一定是在一个复杂的社会体系中的，村落是相对于城市、国家而言的，村落和国家是放在一起考虑的。早期人类学研究的小规模的冷社会本没有村落的概念，它只是个"文化的时空坐落"，被假定具有相对的社会文化体系的完整性。但是对于像中国这样的有历史的复杂"文明体"，功能主义民族志就带有天然的局限性。雷德菲尔德做墨西哥"乡民社会"研究，以及王斯福做汉人社会研究，其实都会面对这样的质疑，所以他们都已经对"什么是村落"之类的问题有过讨论。另外，弗里德曼、施坚雅等人的研究，从某种意义上可以说就是对费孝通、林耀华等做的村落个案研究的不满和批判，认为这样的个案无论多少都不足以解释一个整体的中国。

郑振满： "大传统/小传统"的概念也是雷德菲尔德提出来的。

黄向春： 对。我认为他提出大小传统的概念多少是有些不得已而为之，所以这组概念一旦被拿去套用就容易出现过于简单化的问题。回到一个基本话题，您在会议主题报告中提到傅先生跟您说要做区域史的研究，而非地方史的研究，那么如何来界定地方史和区域史的区别？换句话说，为什么要强调地方史和区域史的差别？

郑振满： 傅先生那代人做学问就是从大的关怀开始，然后将区域研究作为一个反思的办法。傅先生在《福建佃农经济史丛考》的《集前题记》中，提出来要做"经济社区"的研究，通过"经济社区"去了解大的社会。① 回到当时的学术背景，就是"社会史大论战"。当时"社会史大论战"基本上是意识形态的争论，但是傅先生的研究思路不一样。我不清楚傅先生是自己悟出来的，还是在日本学的。前不久去日本，我经常思考傅先生是不是受到日本史学的影响。因为他在日本学的是社会学，本来打算研究日本史，而日本史的研究就是从古文书做起。傅先生当年在日本花了很多钱买了一套日本史的书，应该是认真读过的。在潜移默化的影响下，他觉得应该回到社会实践的层面，也就是日本学者所说的"社会实态"。不过，傅先生始终认为做区域的研究不是为了了解地方史，而是为了了解整体史。当年傅先生主持的"明清福建社会经济史研究"，是"六五""七五"两个五年计划的国家重点项目。我们后来的研究课题都是地区性的，但傅先生非常清楚我们不是研究地区。当年，傅先生在我的硕士学位论文开题报告上写下"从全国看闽北，从闽北看全国"十二个字，现在，我们还要加深对这十二个字的理解。一方面，区域的发展离不开全国的大背景，另一方面，研究

---

① 傅衣凌：《福建佃农经济史丛考》，第 1~2 页。

区域的目的是理解全国的大历史，这十二个字还真把道理都讲清楚了，可以说是指出了区域史研究的大方向。

梁　勇：区域史与地方史的明显区别，在于区域史研究关注整体。

郑振满：区域史研究离不开整体史的思考，区域史的研究目的是理解整体史。我们应该进一步思考，区域发展为什么离不开整体？区域发展在哪些方面与整体有关？中国大一统的王朝体制，如何规范和制约区域的发展？这就是从全国看区域的道理。但是为什么要从区域来看整体呢？简单而言是因为中国太大，中国很多元，不能一刀切。但实际上不仅如此。我们为什么要做区域的研究？以我们的经验而言，原来的政书、官方编纂的史书，其实不够解释我们的历史过程。比如我们不能用《明史·食货志》来解释明代的社会经济史。宋怡明教授的新书《被统治的艺术：中华帝国晚期的日常政治》讲到，明清时候的国家实行的是一种简约管理。社会实际与国家制度离得很远，我们不能说完全背离，但是有些领域的确是背离了。这次在珠海举办"满语与清史研究"工作坊，讨论到关于户口本的问题。他们做满族、八旗的研究有非常多人丁簿的资料，但是华南地区的户籍资料从明代开始就是假的。最近我逐渐明白，为什么我们与北方学者的看法不一样？为什么人家觉得有封建社会，我们就感觉不到？明清时代的很多国家制度，对北方很重要。明代的王府在华北圈了很多地，李自成、张献忠到处打王府。清代的八旗制度，在京畿地区影响很大。从内务府档案可以看到，内务府的势力非常大，他们可以控制水利，优先满足庄田的灌溉。王府、八旗控制的地方，就是一个封建社会。人身依附关系、身份等级制度很重要，各种各样的生计模式、生存策略都需要顺着这套模式去理解。但是明清时代的华南地区，几乎没有受到王府、八旗制度的影响。

黄向春：我觉得这恰恰是区域研究的出发点。实际上每个区域是很不同的，这背后可能还涉及王朝国家的形态问题。国家可以以很多不同的方式和形态影响到或"内在于"社会，而为什么可以如此？一方面是不是因为国家实际上也是在不断"因地制宜"？另一方面是不是不同的区域、不同的地方，不断在以自身的逻辑和能动性创造出特有的与国家互动的方式？

郑振满：陈春声曾经有一个比较极端的说法，就是我们到村里的第一件事，就是寻找国家。我们要搞清楚国家在不同地方的表现形态，这个村里的人如何感受到国家。在全国各地，这是非常不一样的。这几年我们一直在谈南北比较，到底要比较什么？首先要比较的是国家。在南方和北方，国家的存在形态是很不同的。在华北的研究中，我们可以看到很多国家制度的影响，但是国家在华南确实影响不大，或者说影响的方式很不一样。我的研究和刘志伟的研究都发现，明清时代有一个包税的系统，国家不管当地如何收税，只要按定额交税就可以。因此，我们强调民间社会的自治化，但是研究其他地方的学者可能会不以为然。

黄向春：这一点的确会带来误解，尽管是强调地域社会的主体性，但我认为起码有一半的问题意识仍然是一种"国家的视角"。不过，华南研究的经验在多大程度上具有普遍意义？是否具有反思全中国的意义？我们到底"告别华南"了没有？很多学者心存疑虑的地方就是华南这里太特殊了。

郑振满：是啊，不单单如此，还有很多其他的因素，同样会影响一个区域的发展。华北地区经常被游牧民族骚扰，经常出现历史断层，这些在华南研究中很难感受到。

梁　勇：这也是南北差异之一。

郑振满：这很有意思，北方的研究能反映很多大历史，在华南几乎感受不到，因此可以看到更多的历史沿袭性。当然我们也有很多他们感受不到的东西，比如海洋。这也正是区域史研究需要有整体视野的原因，每个区域都有它的局限性，从区域看全国要很小心。

梁　勇：因为我们看全国还是看到正史的全国，对于一般人而言，如果不做区域史，他看不到这些东西。

郑振满： 对。所以我们看全国，是看全国的什么？

黄向春： 如果这样追问下去，就会涉及不同区域中国家形态的差异，最后真正看到的全国就会有很多层次。

郑振满： 中国本来就很多元，只有考虑到多元性，才能看到整体的中国。

黄向春： 说到这里，我想是不是历史学也有一个类型学的问题？社会文化在空间上的多样性，基本上是一个不争的事实，我们有很多概念来描述这种多样性，如"文化区""经济区""生态经济区"等，在这些不同的区上，我们可以归纳出各种跟区域有关的"社会－经济－文化"类型，如市场类型、边地类型、沿海平原类型、山地类型、流域类型等，但问题是，对于历史学来说，类型肯定不是目的，但类型学的思考是不是可以作为进行区域史比较的一个出发点？你们二十多年前的"牛津计划"，实际上就是后来华南研究的"初心"吧。你们的研究区域集中在珠三角、韩江、莆田、闽江口四个平原区，目的是想通过这几个区域的比较来讨论明清史的基本问题吗？

郑振满： 1995 年，我们在牛津开了一个会，对我们所研究的四个区域进行了很深入的讨论。后来我们的很多研究，一直是延续 1995 年会议的议题。我们一度想出一套书，比较所研究的四个区域的历史。1997 年，我和陈春声在麦吉尔大学访学，两个人用同一张书桌，每天分别读莆田、潮州的史料。我们原本以为可以完成这一个计划，但后来都去忙别的事，渐渐搁置了。莆田的书一直没有写出来，主要是两个原因：第一个原因是我和丁荷生的背景不同，他的兴趣主要在仪式理论方面，我的兴趣主要在社会经济方面；第二个原因是我们把研究的问题复杂化了，我们想搞清楚一层层空间之间的关系，就开始建数据库，但涉及的资料实在太多了，到现在也没有找到有效的处理方法。

黄向春： 从各自区域史的经验积累来看，华南研究已有较多成果，并且后来有像"中国社会的历史人类学研究"这样的大项目做支撑，但是我们也很关注目前大家有没有真正进行过区域比较？包括跟西南、华北等区域的比较。例如我们都知道科大卫来莆田和您去广州都能明显感觉到这两个区域的不同，但我想问的是，区域比较到底是比什么？不同的区域社会的表现，到底是能够说明每一个区域进入国家或者国家进入的时间差异呢，还是说明不同时代的国家在不同的区域留下了不同的影响呢，或者是能说明区域主体性及其历史经验的不同社会文化机制和逻辑呢？

郑振满： 当时有，确实是非常大的反差和冲击。刘志伟在牛津大学的时候，有一天他和科大卫突然领悟到，莆田是"宋代的历史"，珠江三角洲是"明代的历史"，赵世瑜后来归纳为"在空间中理解时间"。①但我认为不能将这个问题简单化，2006 年在哈佛燕京学社开历史学和人类学的讨论会时，我提出不能把区域差异归结为时代的差异，因为区域的历史不会停留在某个时代。比如莆田的文化大部分是从明代、清代延续下来的，不能说莆田的历史停留在宋代。

黄向春： 那么，可不可以换个角度来说，莆田在宋代已经进入国家体制，珠三角则是在明代？

郑振满： 对，一个地方如果是在宋代进入国家体制，就会打上宋代的烙印。在莆田，我们看到到处都是庙，因为宋代经常敕封地方神，庙在整个社会体系中处于中心地位。明代"大礼议"之后，形成以祖先为核心的价值观，所以珠三角地区有很多祠堂。两个不同时代的礼仪制度，都留下了很深的烙印，都构了区域社会。1995 年的牛津会议，其实是更早的"华南研究计划"的延伸。从"华南研究计划"开始，我们就有共识，要从区域历史中寻找礼仪标签，寻找标志性的社会组织和象征体系。牛津会议进一步提出，我们要做出每个区域的大事年表，

---

① 参见赵世瑜《在空间中理解时间：从区域社会史到历史人类学》，北京大学出版社，2017。

搞清楚第一座祠堂、第一座庙宇、第一个仪式联盟是什么时候出现的。当时我们认真准备了资料，每个区域都花一整天来讨论。后来由于各种原因，没有对四个地区做深入的比较研究。如果说"莆田就是庙，珠江三角洲就是宗族"，这个结论可能过于简单了。我曾经说过，庙和祠堂可能有不同的逻辑，它们是同时并存的，但背后的逻辑又是不一样的。为什么一个村庄需要有祠堂，同时还需要有庙？应该回到具体的历史情境去理解。将这一层面上的区域做比较研究，也就是所谓的"礼仪标签"，可能是比较容易做的，也是需要做的。现在为什么说区域难以比较、南北难以比较？是因为很多地区没有做这种研究，也没有在这一层面上进行比较。当然，通过这种比较，你到底要说明什么？能够说明什么？这可能是更重要的学理性问题。如果把这些想清楚了，就可能是理论建构，就可以重新写中国历史了。

我们从华南研究找出来的"尺子"，宗族、庙宇之类的"礼仪标签"，在华南地区可以用，但是这把"尺子"不一定适用于全中国。因此，我在南昌会议中提出，区域史研究可以在"地方公共事务"的层面上进行比较，也就是要找到区域社会的不同发展模式。你所研究的区域，可能不是宗族或庙的模式，那么这个地方又是如何处理公共事务的呢？这就是社会机制的问题、社会发展模式的问题。在这一层面上，应该是可以进行比较研究的。

饶伟新：所以最核心的还是公共事务、社会秩序如何建立的问题。

郑振满：对，也就是社会机制的问题，我认为这是最核心的。我们要讨论"类型化"的问题，大概也只能在这个层面进行。在每个区域，都要去追问这个社会是如何被组织起来的，是用何种办法解决公共事务的。回到牛津会议所提倡的方法，我们要先把各个区域的大事年表做出来，搞清楚这个地方最基本的公共事务是什么，历朝历代又是如何解决这些公共事务的。等到每个区域都搞清楚了，再进行比较研究，然后再来解释为什么存在不同的区域发展模式。最近我与"满学营"的学者讨论八旗制度，也追问了这个问题：内务府档案的人丁簿、户口簿，只能解决身份、口粮等问题，可是一个地方社会有各种各样的公共事务，要想知道不同的人群是如何共同解决这些公共事务的，就要走出档案，到当地调查，才能发现区域社会的发展模式。

许金顶：刚才您谈到跨区域与区域要如何比较的问题，以我所研究的华侨问题为例，近代以来，海外华侨在一生中的不同时期要分别效忠清政府、中华民国和中华人民共和国。华侨在面对国家一直在变时，社会心理如何平衡？对他们来讲，他们所认同的是家国，但国家政策又一直在变化。那么如何理解这一跨区域的群体？

郑振满：这就涉及国家认同与个人生活的关系。即使是个人的层面也离不开大的历史过程、大的国家体制，大历史的变化会直接影响到人的生存状态。海外华侨的最大特点是跨国生存状态，国家对他们有特别的意义，我们需要研究跨国生存状态对国家认同的影响。

郑　莉：在侨乡研究中，有很多“两头家”的现象，而且在海外有很多“同乡同族”的成员。在这种情况下，如何理解区域的概念？如何开展区域史研究？

郑振满：侨乡的生存空间涉及很多不同的区域，可以说是没有边界的，这就需要有网络的概念，需要通过研究“流动性”，把不同的区域联结起来。因此，侨乡研究和华侨华人研究不能分开做，应该用“流动”的观点联系起来。孔飞力的海外华人研究注重“通道”，就是这个道理。侨乡历史研究应该同时关注“国际化”和“地方化”，因为海外和原乡都是他们的生存空间，而且始终是相辅相成的。

饶伟新：区域比较是要比较社会机制？

郑振满：对，不同的区域发展模式就是不同的社会机制。我们研究地方公共事务，其实是为了解释社会机制。“地域社会论”关注社会秩序如何形成，其实也是为了解释社会机制。当然，对社会机制也可以有不同的研究角度、不同的解释模式。傅先生讲的“公”“私”两大系统，实际上是讨论社会控制的，有点像今天所说的社会治理。

黄向春："治理"这个词似乎有点"自上而下"的味道，而"地方公共事务"更强调的是地方主体性，有一个实践和创造的过程。有意思的是，"地方公共事务"问题实际上正是经典社会学所关注的社会"公共性"建立和演变的问题。

郑振满：也就是"社会如何可能"的问题。

黄向春：包括您在莆田平原揭示的"仪式联盟"都是在这个脉络中，都在解释构成社会的各个要素如何形成有机的整合，如何让这个社会维持基本的社会秩序，在其中我们可以看到您的研究有很多"涂尔干主义"的精髓。而"机制"的问题则很好地体现了布尔迪厄的"实践"和"场域"这一对概念的关系。地方上的人如何利用各种资源来构建他们的社会？在这一过程中又受到哪些条件的制约？又在哪些方面有能动的创造？这个机制包括宗教传统、制度因素、市场逻辑等。区域史研究实际上要面对的就是历史上的各种"场域"。"场域"的构成本身是千差万别的，加上时间的脉络就更为复杂。一个特定的时空中，识别哪些要素起着关键性作用，再将这些要素在时间轴上凸显出来，就可以看到历史变迁的过程，也可以看到不同区域的类型，也就是不同的发展模式。

郑振满：我们研究的莆田平原，就有很多不同层次的空间，共同构成一个"场域""区域社会"。我们当初是想找出那些革命性的转变发生在哪些层面，什么样的因素在什么时代使得整个区域进行重组。当然归根结底要回到人本身，这是最难的，每一个时代到底是哪些人在推动这些变革。

梁 勇：我们年轻一代特别关注历史"碎片化"的话题，比如我们做区域的研究经常被认为对国家的关注太少，没有回顾"大历史"。

郑振满：这确实是个大问题，区域研究越来越热门，但是质疑其"零碎化"的声音也越来越多。

饶伟新： 那么，回到"大历史"的层面，该如何思考？

郑振满： 我们的研究必须有大历史的视野，要有"历史感"与通史的架构。做明清史要知道"每个皇帝是不一样的"，做近代史要知道"每十年是不一样的"。早年傅先生让我认真读《明实录》，我只读了洪武朝与永乐朝，但头脑里马上有了编年史的感觉，开始知道朝廷每天都要讨论不同的问题。后来为了偷懒，就去读《明史纪事本末》，搞清楚每个朝代有哪些重大事件。做中国历史研究，不能忘记王朝国家，要去寻找国家体制与你所研究的区域之间的关系，这就是陈春声强调的要在村子里把国家找出来。每个人的日常生活，在什么情况下会与国家产生关系？这背后涉及中国古代的王朝统治原理，也就是杜正胜讨论的"编户齐民"制度。刘志伟讨论的"贡赋经济""王朝体制"，也要在这种学术脉络中去理解。中国历史之所以区别于欧洲、日本的历史，就是与这套"编户齐民"制度有关。在不同的时代，这套制度不断在变，但都是为了把家家户户与国家绑在一起。但"编户齐民"的内涵是什么？在每个区域可能是不一样的。以明清时代的福建为例，"编户齐民"变成了"包税"的系统，通常是一个家族或者几个姓继承一个户籍，共同承包赋税和劳役。但在其他地方，"编户齐民"可能又有不同的社会内涵。中国的区域史研究，离不开这种大的制度背景。当然，区域史研究也离不开市场的发展变化，这就是施坚雅区域理论的核心问题。有没有这样的"大视野"，对区域史研究非常重要。如果要避免"碎片化"，就要去考虑区域与国家、与全球的关系，还要去考虑区域之间的交叉、重叠、网络化、流动性等问题。

黄向春： 回到主题，那么区域史研究要导向什么问题？

郑振满： 简单地说，区域史的研究不能做成"地方史"，要提出与"大历史"有关的问题，要回答具有普遍意义的问题。

专题研究

《区域史研究》2020 年第 1 辑（总第 3 辑）

第 19～67 页

© SSAP，2020

学脉与学理：20世纪上半叶民间
历史文献研究的不同侧面及其延展

张　侃*

摘　要：回顾近百年的新史学发展历程，民间历史文献最早被史学界关注与 20 世纪初中国历史学发生重大转折同步，它在梁启超提倡的"新史学"中露出端倪，而后得到章太炎及其弟子等人应和，并与近代民族 - 国家的建构实践产生密切联系，对民间历史文献的研究遂成为时代潮流与必然趋势。在新史学提倡"眼光向下"的研究风习之中，顾颉刚成为史学与民俗学研究的突出贡献者，他将"层累史观"延展到"从民俗看历史"的学术实践。在南下福建厦门大学、广东中山大学后，顾先生力倡历史文献收集的新旨趣影响了叶国庆等年轻学人的研究取向，在一定程度上促成了田野与文献相结合的分析路径的形成。傅衣凌在 20 世纪 40 年代倡导的社会经济史新导向真正实现了"民间文献证史"的学术范式，而动力则源自"社会史大论战"与中国农村社会性质论证。傅衣凌以民间文献分析农村社会的阶级关系及其社会性质，以揭示与西方历史发展的不同之处，获取对中国社会变迁的新认知。本文以学脉与学理为视角，梳理 20 世纪上半叶民间历史文献研究的不同侧面及其延展，从中我们可以看到，在新史学发展过程中，民间历史文献

---

* 张侃，厦门大学历史系教授。

成为先行者和后来者的对话平台，在史学研究实践中不断深化理论探索、促进研究范式的完善。

关键词： 民间历史文献　学术史　新史学　研究范式

20 世纪 80 年代以来，史学界强调文献解读和田野调查、社区研究，注重庶民群体的日常生活和社会形态研究，在进入社会的"草根"阶层的过程中，收集了大量的契约文书、庙宇碑铭、宗族谱牒、宗教科仪书、民用类书、日记账簿、歌册唱本、民间药书等历史文献。数量庞大的民间历史文献本身源自基层社会文化，是民众日常生活的有机组成部分。那么，"民间历史文献"是否可以成为一个独立的"学科领域"呢？许多相关论文以"民间文献"或"民间历史文献"为题予以了阐述。饶伟新以一个乡村社区的民间历史文献为例，阐述了民间历史文献文本的分类系统、生产机制、保管流传、使用权力等相关问题，以"文本社会史"审视文本与社区的关系，以揭示各类文献在社区生活情境中的意义内涵，以及所产生的文化传承效应。[①] 杨培娜、申斌以契约文书为例，阐述 20 世纪民间搜集整理方法的演进过程，认为学界在整理利用民间历史文献时存在三个转变：收集从"文献搬家"走向了"就地保存原件、复制副本"；整理从"打散文书、内容分类"走向了"现状记录，保持文献固有系统性"；研究从"就文献论文献"走向了"结合田野调查在文献留存现场解读文献，构建多元史料群"。[②] 黄向春从民间文献的书写性、民间性、地方性、实践性、日常性与民俗性等基本特征入手讨论民间文献利用与建构总体史的关系，认为民间文献全面呈现了中国历史上以文字系统为载体的文化在基层社会的存在、传承和

---

① 饶伟新：《民间文献与社区生活：一项文本社会史研究的设想》，王铭铭主编《中国人类学评论》第 12 辑，世界图书出版公司，2009，第 113～125 页。

② 杨培娜、申斌：《走向民间历史文献学——20 世纪民间文献搜集整理方法的演进历程》，《中山大学学报》2014 年第 5 期。

演变，深刻反映了国家与社会、一体与多元的复杂关系及其内在逻辑。他还认为，民间文献研究在方法上必然是跨学科的综合研究，理论和概念将受到社会科学的影响，与当代科技结合，采用数据库与数字人文工具也是必然趋势，而在此基础上，民间文献可以展现总体史研究的四个层次，即历史实践的总体、社会体系的总体、时空脉络的总体、关系的总体。①

其实，"民间历史文献"一旦作为学科，还有诸多关键内容需要进一步阐述。比如其学科成立的学理依据何在？如何在具体社会空间中揭示民间历史文献的产生、流通、传播过程？如何认识民间历史文献作为知识整体的内在逻辑？如何收集、整理或呈现民间历史文献？考订、辨析民间历史文献的要点何在？民间历史文献的不同文类有何有机联系？它与传世文献、官方典籍的差异以及它们之间可相互参照之处在哪里？尤其重要的，民间历史文献能展现的历史广度与限度在哪里？它能提供给史学界怎样的创新点或激发何样的新思维？或者更进一步讲，它是否有潜力推动史学研究范式的转变？

学术发展史表明，一种新的学术观念或学术视野逐渐演化为规范领域、知识体系与历史观，不仅要具备可不断挖掘学术潜力的学理，还要经历多次转向不断深化其内涵，而且多次转向之间的联络并不一致，有时有明确的承接关系，有时则是自发的研究实践。不过，多次转向并非没有核心，以事后角度予以观察归纳，它们之间体现的方法旨趣仍可贯穿成为学术谱系和学理脉络，这就是俗称的"学脉"。本文从宏观角度对民间历史文献研究的"学脉"进行梳理，可等同为学术史的论述。然而，任何学术发展都离不开学术环境、研究实践的综合作用，因此本文希望以史学实践和学科观念的互动关系深入理解民间历史文献研究的

---

① 黄向春：《民间文献、数据库与作为方法的总体史》，《光明日报》2020 年 2 月 17 日，第 14 版。

内涵，具体可分为两个层面：一是将民间历史文献置于 20 世纪上半叶
的新史学发展过程中予以理解，从时代状态与学术流变切入，考证和梳
理史学界运用民间历史文献所包含的学术共识；二是借助研究实践，着
眼于经验描述与理论探索两个要点，归纳和总结作为学科的"民间历
史文献"所强调的方法论旨趣。

辨析学术源流，是"仁者见仁、智者见智"之事，不同学术背景
的学人一定会有不同的回答。他们主要依据已有资料，并在各自的想象
中重构，思路主要取决于既有材料的性质和理论偏好。如施爱东指出，
"如果一个学术史家手上只有一堆学术论著，他就只能从文本分析入
手；如果他手上掌握了一批当事人的学术日记，他会更愿意从学术关系
入手。当材料不够用的时候，他会把有限的文本掰碎了，捻细了，条分
缕析地用；当材料丰富到一定程度的时候，他就得划定边界，详加辨
析，择善而从"。① 在当下的史学研究实践中，民间历史文献研究属于
尚在变化发展之内容，按上述研究策略并将学术实践概念化，肯定存在
削履适足的不当之论，尚祈方家指教。

一 "眼光向下"的新史学与庶民材料的运用

民间历史文献最早被史学界关注是在 20 世纪初中国历史学发生重
大转折时。它是"新史学"发展的产物，并与近代民族 – 国家的建构
实践有着密切联系。关注庶民、塑造国民、打造新民的观念成为时代共
识后，"民史""群史"与"君史""国史"逐渐分流，以"民史"为
历史书写重点的研究蔚然成风，渗透到学人的历史意识、书写方式、研
究取径之中，庶民材料的运用进而发生转折，民间历史文献进入了学界

---

① 施爱东：《倡立一门新学科：中国现代民俗学的鼓吹、经营与中落》，中国社会科学出版
社，2011，第 1 页。

的视野。

近代以来，西学东渐，中国旧有知识体系发生了重大变动。1901年和1902年，梁启超分别发表《中国史叙论》和《新史学》，呼吁"史学革命"，他把"新史学"定位于"对民众进行国家意识的启蒙与塑造"，以区别于旧史学。梁启超倡导"新史学"，与他的国家建构实践是相互配合来推进的。它们在思想源头上具有契合性，梁启超希望通过史学的革新和重建，以"民史"而达塑造"新民"之目的。

今日泰西通行诸学科中，为中国所固有者，惟史学。史学者，学问之最博大而最切要者也，国民之明镜也，爱国心之源泉也。今日欧洲民族主义所以发达，列国所以日进文明，史学之功居其半焉。然则，但患其国之无兹学耳，苟其有之，则国民安有不团结，群治安有不进化者？①

在梁启超的认识中，历史研究应包括"民间风俗"，包括传统史学所缺乏甚或"所厌忌"的"人生日用饮食之常识的史迹"和"一般民众自发自进的事业"。他认为，"欲知历史真相，决不能单看台面上几个大人物、几桩大事件便算完结，最要的是看出全个社会的活动变化"，②"普通人物"和"多数人的活动"，"其意味极其深长，有时比伟大还重要些，千万不要看轻他们。没有他们，我们看不出社会的真相，看不出风俗的由来"，③因此史家应重视"无文字""无意识"的民众运动。史学观念与研究对象的转变，自然会导致史料运用的转变。以此为出发点，梁启超后来在《中国历史研究法》中指出，要改变旧史学着眼于官方文书、官藏史料的不足，"新史学"必须转变史料搜集

① 梁启超：《新史学》，《饮冰室合集》第2册，中华书局，1989，第1页。
② 梁启超：《历史统计学》，《史地学报》第2卷第2期，1923。
③ 梁启超：《中国历史研究法》，上海古籍出版社，1987，第210页。

方向，深入民众，"在寻常百姓家故纸堆中往往可以得极珍贵之史料"。他以账簿、族谱为例说明史学可展开的空间，具有了民间历史文献的意味。

> 一商店或一家宅之积年流水帐簿，以常识论之。宁非天下最无用之物？然以历史家眼光观之，倘将"同仁堂"、"王麻子"、"都一处"等数家自开店迄今之帐簿及城间乡间贫富旧家之帐簿各数种，用科学方法一为研究整理，则其为瑰宝，宁复可量？盖百年来物价变迁，可从此以得确实资料，而社会生活状况之大概情形，亦历历若睹也。①

梁启超由"新史学"的观念延伸到关注账簿并非偶然。比如记录流水账簿是中国传统商事习俗，即便进入 20 世纪仍然延续，并且流水账簿被列入商法，作为备查文书。1904 年 1 月，清政府正式颁布了由《商人通例》和《公司律》两部分组成的《商律》。其中《商人通例》对商人的身份和经商权利做了具体规定，如"商人贸易无论大小，必须立有流水账簿，凡银钱货物出入以及日用等项，均宜逐日登记"，"商人所有一切账册及关系贸易来往信件留存十年，十年以后留否听便"，等等。② 梁启超受此触发论及经济史研究与民间历史文献的有效关联。遗憾的是，梁启超以宏观研究见长，因此在具体资料收集和研究上并无建树。

谱牒在中国传统社会源远流长，也是民众较为常见的民间历史文献，梁启超对此更不陌生。他以庶民角度重新审视族谱，关注族谱中的日常生活形态，他说："又如各家之族谱家谱，又宁非天下最无用之

---

① 梁启超：《中国历史研究法》，第 53 页。
② 怀效锋主编《清末法制变革史料》下册，中国政法大学出版社，2010，第 865 页。

物？然苟得其详赡者百数十种，为比较的研究，则最少当能于人口出生死亡率及其平均寿数，得一稍近真之统计。舍此而外，欲求此类资料，胡可得也？"① 重要的是，他提出了收集族谱的设想，"我国乡乡家家皆有谱，实可谓史界瑰宝，将来有国立大图书馆，能尽集天下之家谱，俾学者分科研究，实不朽之盛业也"。②

梁启超对物质文化有所关注，并将其视为与文献相辅的基本史料。他说，散见的"民居"——古屋，本是研究"聚族袭产之规则"的"绝好史料"，却"惜旧史家除朝廷典章制度及圣贤豪杰言论行事外不认为史，则此等史料弃置不顾"，"今之治史者，能一改其眼光，知此类遗迹之可贵，而分类调查搜积之，然后用比较统计的方法，编成抽象的史料，则史之面目一新矣"。③

梁启超界定"国史"与"民史"的差别，以推翻帝王家谱、英雄伟人式的旧史学为出发点，正切中了时代脉搏。他的相关论述与研究方法一出，石破天惊，呼应者此起彼伏，形成了一股思潮，史学编纂设想启动了传统史学向近代新史学的转型。梁启超在方法论和史料学方面重视民众历史和民间历史文献，虽然他自己并未运用民间历史文献开展具体研究，但民间历史文献的收集和利用已成为新史学发展的内在要求和题中应有之义。

梁启超在日本推动"史界革命"时，并不是孤军奋战。1902 年，陈黻宸作《独史》，指出"史者，民之史也，而非君与臣与学人词客所能专也"，作史应以"民史"为重，④ 有类似思考的学者还有章太炎、黄节、邓实等人。其中章太炎受西方和日本史学、社会学等新学影响，最早倡言重修中国通史。他把社会学视为修史理想的切入点。1903 年，

---

① 梁启超：《中国历史研究法》，第 44 页。
② 梁启超：《中国近三百年学术史》，中国华侨出版社，2008，第 272 页。
③ 梁启超：《中国历史研究法》，第 53 页。
④ 陈黻宸：《独史》，陈德溥编《陈黻宸集》上册，中华书局，1995，第 574 页。

章太炎在与梁启超的通信中表示，作史如果专注于一代，难以"发新理"，无法详细调查事实，主张"通史上下千古，不必以褒贬人物、胪叙事状为贵，所重专在典志，则心理、社会、宗教诸学，一切可以熔铸入之"。① 至于如何表现民史，无成果可仿效，再加上缺少史料，章太炎也无法取得门径考察历史上的民众社会。随后，他提倡"国粹"，注重典章、语言，组织了国学讲习会，回到了传统治经门径。1926 年，顾颉刚指出，章太炎"是一个从经师改装的学者"。② 1945 年，吕思勉也说，章太炎"确是经生。他生平学问，当以小学为第一，这本是治经之本。他于解释经文，是正经字，钩考经说同异，辨章经学宗派，均有特长。惟其主张古学，则亦失之太过"。③ 章太炎并没有在新史学上投入太多精力，甚至蜕变到所谓"旧派"的阵营中去了，在"民史"编纂上没有留下太多的成绩。不过，他早期的历史观和社会观影响还是很大，其门下弟子众多，均为五四前后中国思想界和学术界的领军人物，如日本学者岛田虔次曾说："'五四'前后涌现出许多思想界、学术界的人物，也都出自太炎门下，如鲁迅、周作人、钱玄同以及黄侃、吴承仕、朱宗莱、马裕藻、朱希祖等等。"④ 章门弟子并非一个整体，各自有不同的学术取向。1926 年，周作人因章太炎赞成"讨赤"而写了《谢本师》一文，表示不再承认章太炎为师。然而，师徒反目是一回事，学术传承则是另外一回事。周作人在关注"民史"和"民众"方面，倒是章门弟子中推进最深者。他接受西方和日本的民俗学思想后，曾经引申章太炎观点到"民史"与"民俗"的研究去。他称：

---

① 章太炎：《与梁启超》，马勇编《章太炎书信集》，河北人民出版社，2003，第 42 页。
② 顾颉刚：《〈古史辨〉自序》，王煦华编选《顾颉刚选集》，天津人民出版社，1988，第 26 页。
③ 吕思勉：《从章太炎说到康长素、梁任公》，章念驰编选《章太炎生平与思想研究文选》，浙江人民出版社，1986，第 180 页。
④ 〔日〕岛田虔次：《章太炎的事业及其与鲁迅的关系》，《章太炎生平与思想研究文选》，第 188 页。

太炎先生曾说，儒生高谈学术，试问以汉朝人吃饭时情状便不能知，这话实在说得不错。……汉朝人吃饭时情状不过是一个例，推广起来可以成为许多许多的问题。我们各时代地方的衣、食、住，生计、言语、死生的仪式、鬼神的信仰种种都未经考察过，须要有人去着手。横的是民俗学，竖的是文化史，分了部门做去，点点滴滴积累起来，尽是可尊贵的资料。想起好些重要事业，如方言之调查，歌谣传说童话之收集，风俗习惯之记录，都还未曾做，这在旧学者看来恐怕全是些玩物丧志的事，却不知没有这些做底子，则文字学文学史宗教道德思想史等正经学问也就有点站立不稳，由此可知，学问无孤立亦无无用者也。①

周作人的论述已经超出了"史界革命"的范畴，演变为民间文学和民俗学的内容，但其主旨仍如胡适在总结新文学运动时指出的，"简单说来，我们的中心理论只有两个：一个是我们要建立一种'活的文学'，一个是我们要建立一种'人的文学'。前一个理论是文字工具的革新，后一种是文学内容的革新。中国新文学运动的一切理论都可以包括在这两个中心思想的里面"。② 周作人强调"横的是民俗学，竖的是文化史"，说明对当时的史学研究是不满的，因此力图倡导民俗学的"以人为本"研究，以改写旧有的文字学、文学史、宗教、道德、思想史。他说：

我的本意实在是想引诱读者，进到民俗研究方面去，使这冷僻的小路上稍为增加几个行人。专门弄史地的人不必说，我们无须去

① 周作人：《女学一席话》，《药堂杂文》，止庵校订，河北教育出版社，2002，第61～62页。
② 胡适：《导言》，胡适编选《建设理论集》（赵家璧主编《中国新文学大系》第1集），上海文艺出版社，1981年影印本，第18页。

劝驾。假如另外有人对于中国人的过去与将来颇为关心，便想请他们把史学的兴趣放到低的广的方面来，从读杂的时候起离开了廊庙朝廷，多注意田野坊巷的事，渐与田夫野老相接触，从事于国民生活史之研究，此虽是寂寞的学问，却于中国有重大的意义。①

周作人的民俗研究是一种特殊形态的历史学。他曾以"仲密"的笔名撰文说："民歌是原始社会的诗，但我们的研究却有两个方面，一是文艺的，一是历史的。……历史的研究一方面，大抵是属于民俗学的，便是从民歌里去考见国民的思想、风俗与迷信。"② 他的号召和"引诱"引来了一些同路人，比较重要的一位学者是江绍原。江绍原在北京大学就学时与鲁迅、周作人等有所交集，受到周氏兄弟学术的影响。他后来留学于芝加哥大学、伊利诺伊大学，获得宗教学硕士和哲学博士学位，回国后很快将自己的注意力投入"迷信礼俗"的领域。1927 年，江绍原应鲁迅之邀前往广州中山大学任英语系教授兼代系主任之职，又在国文系开设了"迷信研究"课程，成为现代民俗学研究的奠基式人物。在 20 世纪二三十年代的民俗研究中，他提倡进行"法术宗教现象的调查研究"，主张收集民间宗教资料，其中包括仪式专家——喃无先生手中的宗教科仪文本，后来专门致信友人招勉之抄录。由于种种原因，此举未能达成，但显示了其对民间历史文献的重视程度。摘录该信如下：

> 查该书坊间向不印行，巫者所诵，均属个人手抄，常人知道，也得自巫者口喃，故不印而行有若不胫而走了。巫者——在广州是尊称为"喃无先生"的，读若"喃摩"。丧婚喜庆都要请"喃无先

---

① 周作人：《关于竹枝词》，《知堂乙酉文编》，止庵校订，河北教育出版社，2002，第 46 ~ 47 页。
② 周作人：《自己的园地》，止庵校订，河北教育出版社，2002，第 36 页。

生"来诵经，超度，请神，除凶煞，赶不祥等等，谓之"喃摩"，这两字是包含有 Action and Manes festation 在内的。……在上海的广东喃无先生很有许多，可惜弟没有认识半个，那是要抄也无从入手的。记得从前念英文时的同学中有好几位的父亲是这一界中人，然而如今都疏落了。而且儿子念过英文做了买办或洋行的高等职员之后，谁还愿意使自己长受身家不清白的委曲？虽则民国以来和革命之后是改革了，然毕竟是习俗移人，贤者不免！这儿是抄不到了，已写信到敝革命策源乡去请人抄一份来。听说这书很不薄，约一寸厚，抄也要慢慢儿来的，请等着吧，依弟看来是有的，而且可以抄得着的，不过时间问题吧了。①

　　新史学所引发的"眼光向下"之学风影响深远，即使以传统史学为研究重心的学者，其与"民史"的研究取向虽有所不同，但也时时在其视野内关注庶民文化，并阐述其存在意义。如钱穆可算是精英史观的代表人物，他强调"国史"，对"新史学"进行了另外一番解释："中国新史学之成立，端在以中国人的眼光，来发现中国史自身内在之精神，而认识其已往之进程与动向……中国新史学家之责任，首在能指出中国历史已往之动态，即其民族文化精神之表现。"② 民族文化史观由此而生，"历史与文化，此二者实际是一而二，二而一的。有了历史，才有文化，同时有了文化就会有历史。也可以说文化是'体'，历史是此体所表现的'相'。"③ "体"即后来陈述的"传统"，"我特别喜欢'传统'二字，因这传统二字，极端重要。任何一个民族，任何一个国家，必然有它的传统，并没有平地拔起，凭空产生，来一个无传统

---

①　江绍原：《中国礼俗迷信》，渤海湾出版公司，1989，第 255～256 页。
②　钱穆：《中国历史研究法》，三联书店，2013，第 156、159 页。
③　钱穆：《中国文化丛谈》，台北：素书楼文教基金会、兰台出版社，2001，第 1 页。

的民族与国家"。① 那么"体"或"传统"是什么呢？他注意到了"礼"与"俗"的相同之处，"国家"与"地方"的微妙互动，正如他后来告知邓尔麟的，"中国人以家庭和社区为中心正是中国人民对宗教和国家权力绝对化的反抗。一个国家的力量和一个文化的广度取决于人民对其乡土和家庭的眷恋"。② 钱穆对乡土和社区的感觉可见于《灵魂与心》序言，该书将中西宗教文化做比较，序言部分展现了其精英史观中很少出现的社区市井生态。

> 余生乡村间，聚族而居。一村当近百家，皆同姓同族。婚丧喜庆，必相会合，而丧葬尤严重，老幼毕集。岁时祭祀，祠堂坟墓，为人生一大场合。长老传述祖先故事，又有各家非常奇怪之事，夏夜乘凉，冬晨曝阳，述说弗衰。遂若鬼世界与人世界，紧密相系，不可相割。③

20 世纪初，"眼光向下"成为学术范式，除了钱穆，史学家柳诒徵以考史见长，也有类似的研究取向。他在《国史要义》中"以礼释史"，认为代表中国文化精神的"礼"是"吾国数千年全史之核心也"，颇有钱穆所谓"中国新史学"风气。不过，他在《中国礼俗史发凡》中认为，"俗先于礼，礼本于俗，言礼而不知俗，未可曰知礼"。④ 与钱穆相比，柳诒徵在史学实践上有研究民间历史文献的成果。1930 年，他从镇江大港赵氏祠堂借阅康熙版的《赵氏族谱》，撰文考证宋室赵氏的迁徙踪迹。⑤ 1931 年，他担任南京国学图书馆馆长，响应梁启超此前

---

① 钱穆：《国史新论》，三联书店，2005，第 117 页。
② 〔美〕邓尔麟：《钱穆与七房桥世界》，蓝桦译，社会科学文献出版社，1995，第 117 页。
③ 钱穆：《自序》，《灵魂与心》，广西师范大学出版社，2004，第 1 页。
④ 柳诒徵：《中国礼俗史发凡》，柳曾符、柳定生选编《柳诒徵史学论文续集》，上海古籍出版社，1991，第 613 页。
⑤ 柳诒徵：《读〈赵氏宗谱〉》，柳曾符、柳定生选编《柳诒徵史学论文续集》，第 506 页。

注重收集族谱的号召，致力于族谱征集和研究，以《长洲文氏谱》《长洲彭氏宗谱》《无锡秦氏宗谱》《武进庄氏族谱》等文献撰写《族谱研究举例》，并比较太仓王氏与武进庄氏，分析人口的数量与增殖，[①] 开创了利用家谱资料进行历史人口研究的先例。

清末民初，中国学术在欧美以及日本汉学的影响下，出现了由传统向现代的动向。桑兵先生总结了三个方面的转变：研究材料由单一的专注于文献转向考古实物和实地挖掘；研究对象由上层贵族精英下移到民间地方社会；学科形态体现了不同领域的互动与整合。[②] 在此过程中，每一位学者的学术领域显得极为多元，展现内容远比上述丰富，本文无法以过多笔墨去评述和追溯上述学者学术行为的历史因缘。总体而言，以梁启超提倡"新史学"为开端，章太炎等人应和，已可以看出时代潮流与必然趋势。新的史学革命已然展开，旧的史学范式将被取代，而且"向下"转变蔚然成风后，影响了史学、文学等诸多研究领域。新的研究取向离不开对旧史料的重新认识和对新史料的挖掘，账簿、族谱、宗教科仪书、民谣、戏曲等民间历史文献慢慢得到一定程度的整理与研究，并对学术研究有所助益。

二　"从民俗看历史"与历史文献收集的新旨趣

民间历史文献运用源自"新史学"所引发的"向下"学风，但是在此转变过程中，民俗学扮演着重要角色，并逐渐超越了史学在其中的作用。究其原因，主要与当时的学科态势有关。史学作为中国传统学术的主要组成，从"旧"到"新"需要一定时间过渡。1919 年，顾颉刚说："古今学术思想的进化，只是一整然的活动。无论如何见得突兀，

---

① 柳诒徵：《族谱研究举例》，柳曾符、柳定生选编《柳诒徵史学论文续集》，第 540 ~ 592 页。

② 桑兵：《晚清民国的国学研究》，上海古籍出版社，2001，第 21 页。

既然你思想里能够容纳，这容纳的根源，就是已在意识界伏着。这伏着的东西，便是旧的；容纳的东西，便是新的。新的呈现，定然为旧的汲引而出；断不会凭空无因而至。所以说'由旧趋新'则可，说'易旧为新'则不可。"① 民俗学作为新学科，处于发生阶段，包容性较强，没有学科界限，各种不同学科的学者可侧身于此。如钟敬文后来立足于成型的"民俗学"立场说："我国早期致力民俗学的学者，他们原来的所从事的专业，基本上是各各不同的。有的是搞文学的，有的是搞史学的，有的是搞语言文字学的，有的是搞社会学的。自然，也有人一开始就搞民俗学，但那只是众多学者中的极少数人而已。这种情形，也许是一种新学术（特别是从外国引进的）出现的初期，在还没有形成较多的专家的情况下所难免的。"②

当时民俗运动的最初参与者不是以"民俗学"的立场开展研究，无法产生民俗学的学科自觉，他们更多是依靠自己的专业特长和学术直觉进行"向下"的转变。顾颉刚是现代民俗学起步阶段最为关键的人物，学界有大量的研究成果对此进行阐述。需要辨析和强调的内容是，顾颉刚始终以史学家的身份参与民俗学活动，其所遵循的"从民俗看历史"的路径，如许冠三比较他与胡适的史学方法时指出的：

> 胡以研究历史的眼光和方法去研究故事；顾则反其道而行，以研究故事的眼光和方法去研究历史。其次，便是胡法的根基在版本源流；而顾法的大本在故事演变和角色塑造。……是以，要了解他治古史的门径……决不能忽视那"故事的眼光"和"角色的眼光"；要明白他的辨伪学说，决不能撇开他与民俗学的因缘。③

---

① 顾颉刚：《中国近来学术思想界的变迁观》，《中国哲学》第 11 辑，人民出版社，1984，第 302 页。
② 钟敬文：《从事民俗学研究的反思与体会》，《北京师范大学学报》1998 年第 6 期。
③ 许冠三：《新史学九十年》上册，香港：中文大学出版社，1986，第 178 页。

　　辩伪学说与民俗学成为一体的学术思路，要把顾颉刚"从民俗看历史"说清楚，首先要回到"层累地造成的中国古史"与民俗学方法论之间的关系上。"层累史观"是1923年5月顾颉刚在《努力周报》增刊《读书杂志》第9期上发表的《与钱玄同先生论古史书》论及的三个含义：（1）时代愈后，传说的古史期愈长；（2）时代愈后，传说中的中心人物愈放愈大；（3）我们在这上面，即使不能知道某一件事的真确的状况，至少可以知道那件事在传说中最早的状况。① 1923年6月，顾颉刚在《读书杂志》第11期上发表《答刘（掞藜）、胡（厪人）两先生书》，提出在推翻非信史方面必须打破的四个观念：一是打破民族出于一元的观念；二是打破地域向来一统的观念；三是打破古史人化的观念；四是打破古代为黄金世界的观念。② 此论一出，就确立了顾颉刚在中国史学界的地位，胡适还将其方法细化为四个步骤：第一，把每一件史事的传说，依先后出现的次序排列起来；第二，研究这件史事在每一个时代有什么样子的传说；第三，研究这件史事的渐渐演进，由简单变为复杂，由陋野变为雅驯，由地方的（局部的）变为全国的，由神变为人，由神话变为史事，由寓言变为事实；第四，遇可能时，解释每一次演变的原因。③

　　顾颉刚的"层累史观"以着眼"辨伪古史"为本，除了受到崔述、郑樵、姚际恒、康有为、胡适等人影响外，其灵感相当一部分来自民俗实践和生活体验，如其自谓，"我所以敢大胆怀疑古史，实因从前看了二年戏，聚了一年歌谣，得到一点民俗学的意味的缘故"。他还说，"要研究古史的内部，要解释古代的各种史话的意义，便须应用民俗学

---

① 《顾颉刚古史论文集》卷1，《顾颉刚全集》第1册，中华书局，2010，第180页。
② 《顾颉刚古史论文集》卷1，《顾颉刚全集》第1册，第200页。
③ 胡适：《古史讨论的读后感》，《努力周报》增刊《读书杂志》第18期，1924年2月22日，第1~3页。

了"。① 1926 年，顾颉刚花了两个月的时间写了《古史辨》第 1 册的自序，洋洋洒洒 7 万字，既解释"古史辨"的由来，又较为透彻地阐述学术心路。他注意歌谣俗曲、神话传说、历史记忆之间的"层累造史"关系，特别在叙及孟姜女故事时，他说：

> 使我亲切知道一件故事虽是微小，但一样地随顺了文化中心而迁流，承受了各地的时势和风俗而改变，凭借了民众的情感和想像而发展。又使我亲切地知道，它变成的各种不同的面目，有的是单纯地随着说者的意念的，有的是随着说者的解释故事节目的要求的。更就这件故事的意义上看去，又使我明了它的背景和替它立出主张的各种社会。②

在这个意义上，施爱东形象地刻画了顾颉刚一个接一个的追问："一件事实变为传说，在民间流传，总是处于变化之中。我们必须知道传说因何产生？从一个人到另一个人，从一个时代到另一个时代，从一个地区到另一个地区，都发生了一些什么变化？为什么要这样变而不那样变？"因此，顾颉刚对文献的多元含义也格外注意，认为"不能平行对待，不放在一个背景下处理，而采用历史的、发展的观点去分析"。③

如果说梁启超提出的"新史学"是口号，"民史"是期望，那么顾颉刚则在实践上推动"民间历史"展开。向民俗学的靠拢是为新史学寻找新的可能性。陈锡襄回忆 1927 年 1 月顾颉刚以厦门大学国学院名义与福建协和大学国学系共同恢复闽学会时的宣言："从旧有的经史子

---

① 顾颉刚：《我的研究古史的计划》，《古史辨》第 1 册，上海古籍出版社，1982，第214 页。
② 顾颉刚：《古史辨》第 1 册，"自序"，第 68 页。
③ 施爱东：《试析顾颉刚的民俗研究方法》，《民间文化》2000 年第 Z2 期。

集中打出一条'到民间去'的血路……新史学的眼光渐离了政治舞台'四库'式的图书馆，而活动于实事求是之穷荒的探险或乡土的研求。"① 后来顾颉刚在中山大学以《圣贤文化与民众文化》为题目进行演讲，又在1928年的《民俗》周刊发刊词中极力呼吁书写"民间历史"：

> 我们秉着时代的使命，高声喊几句口号：/我们要站在民众的立场上来认识民众！/我们要探检各种民众的生活，民众的欲求，来认识整个的社会！/我们自己就是民众，应该各各体验自己的生活！/我们要把几千年埋没着的民众艺术，民众信仰，民众习惯，一层一层地发掘出来！/我们要打破以圣贤为中心的历史，建设全民众的历史！②

《孟姜女故事研究集》出版时，以史学名目进行宣传，这也是顾颉刚追求民间史学的例证，"此书为本校史学系主任顾颉刚先生所著。顾先生为当今史学界泰斗，其对于孟姜女故事的探讨，乃他为研究古史工作的一部分，而成绩之佳，不但在中国得到很多学者的钦佩，便是日本许多民族学家、史学家及民俗学家也很为赞许"。③ 容肇祖对顾颉刚在民俗学中所持的史学立场相当清楚，他说："由顾先生的历史与民俗的研究，于是近来研究民俗学者引起一种的历史的眼光，知把民俗的研究和历史的研究打成一片，而在我国，可以使尊重历史的记录，而鄙弃民间的口传的人们予以一种大大的影响。"④ 对于顾颉刚从民俗看历史的贡献，今人

---

① 陈锡襄：《闽学会的经过》，《国立第一中山大学语言历史学研究所周刊》第1卷第7期，1927。
② 顾颉刚：《〈民俗〉发刊辞》，《民俗》第1期，1928年3月21日，第2页。
③ 《民俗学会新出三种丛书》，《国立中山大学日报》1928年4月7日，第3版。
④ 容肇祖：《我最近对于民俗学要说的话》，《民俗》第111期，1933年3月21日，第15页。

刘宗迪的概括相当精辟："正是凭借（顾颉刚）这种（故事学的）眼光，传统的史官史学或正统史学的虚幻和偏狭才被彻底揭穿，中国史学才走出王道历史的狭小天地，走向风光无限的民间历史，原先被视为神圣不可侵犯的古圣先王被赶下神坛，为荐绅君子所不屑的民众野人成为历史图景和历史叙述的主角，原来被深信无疑的圣书经典遭到了前所未有的怀疑和诘问，落于传统史学之外的野史村俗却被当成活生生的史料。"①

顾颉刚把民俗当成历史的一个部分来研究，"要研究古史的内部，要解释古代的各种史话的意义，便须用到民俗学了"。② 在此视野之下，搜集材料成为第一要务，他说：

> 我们对于考古方面，史料方面，风俗歌谣方面，我们的眼光是一律平等的。我们决不因为古物是值钱的骨董而特别宝贵它，也决不因为史料是帝王家的遗物而特别尊敬它，也决不因为风俗物品和歌谣是小玩意儿而轻蔑它。在我们的眼光里，只见到各个的古物、史料、风俗物品和歌谣都是一件东西，这些东西都有它的来源，都有它的经历，都有它的生存的寿命，这些来源、经历和生存的寿命，都是我们可以着手研究的。③

从历史资料的侧重点而言，顾颉刚认为"眼光要一律平等"，但旧史料所形成的旧见太过于沉重，因此他认为新材料可成为冲破旧观念的有效工具。

---

① 刘宗迪：《用故事的眼光解释古史：论顾颉刚的古史观与民俗学之间的关系》，《合肥联合大学学报》2000 年第 2 期。
② 顾颉刚：《我的研究古史的计划》，《古史辨》第 1 册，第 214 页。
③ 顾颉刚：《一九二六年始刊词》，《北京大学研究所国学门周刊》第 2 卷第 13 期，1926 年 1 月，第 1~2 页。

　　在现在的时候，稍微知道一点学问的人都觉得学问上的一尊的见解应该打破，但至今还没有打破。所以然之故，只因打破一尊的话单是一句空话，实际上加入的新材料并不多，造不起一般人的新见解，所以旧见解还是占势力。加入的新材料何以不多，只因大家没有提起亲身搜集材料的兴致，翻来覆去总是这一点；即使钞来一些新的，也因没有自己的心得，说得不亲切，引不起人家的注意。学问上的材料原是无穷无尽，纵横历乱的布满在各人的旁边，随你要多少是多少。可惜我们只知道要它，却总不肯捋起了袖子去收拾它。鸟笼的门虽开，而大家依然麕聚在笼中，喞啾自乐，安度囚牢的生活，放着海阔天空的世界而不去遨翔，这是何等的不勇啊！我们因为感到这辈人懒惰的可鄙，所以要就可以着手之处做出几个榜样，藉以激起学术界的一种要求，这种要求便是凭自己的兴味去搜集材料，又自做研究工作。①

　　出于如此深刻的自我学术反思，以及对新材料的追寻，民间历史文献就进入了顾颉刚的史料收集视野。1924年，他利用自家或亲朋婚丧嫁娶时留在账房先生手中的文献，撰写了《两个出殡的导子账》②、《一个"全金六礼"的总礼单》③以及《一个光绪十五年的"奁目"》④等。其书写方式首先是不厌其烦地全盘抄录文献，其次是边抄录边写各个条目的要义，再次是编排目录，对内容进行详尽的归类和分析，最后是对古代礼制的比较和说明。在写作过程中，他感喟这些史料的意义：

----

① 顾颉刚：《妙峰山进香专号引言》，《妙峰山》，上海文艺出版社，1988年影印本，第8~9页。
② 顾颉刚：《两个出殡的导子账》，《歌谣周刊》第52号，1924年4月27日。
③ 顾颉刚：《一个"全金六礼"的总礼单》，《歌谣周刊》第56号，1924年5月25日。
④ 顾颉刚：《一个光绪十五年的"奁目"》，《歌谣周刊》第58号，1924年6月8日。

　　我想，如能把盛氏、奚氏或其他类似的人家的丧用账拿来一看，当不知怎样的有趣。办一殡仪要十余万，像我这种不入世的人，要教我造在一个假报销也想像不出百分之一来，然而他们竟做出来了。这种的大场面，只教人空叹恨，或空羡慕，未免可惜。几十年后看出殡的人都死了，你们的阔绰也就消灭了。你们何不趁现在拿了出来，给研究民俗学的人永远做一参考的好材料呢？①

　　除了对身边唾手可得的民间历史文献进行分析外，顾颉刚还比较早地进行了田野调查和文献搜集，这就是著名的妙峰山香会调查。后来该专号编辑出版后，顾颉刚还特地写了一段引言表明"到民间去"的实践主张。

　　本来我们一班读书人和民众离得太远了，自以为雅人而鄙薄他们为俗物，自居于贵族而呼斥他们为贱民。弄得我们所知道的国民的生活只有两种：一种是作官的，一种是作师的。此外满不知道（至多只有加上两种为了娱乐而联带知道的优伶和娼妓的生活）。……在从前的贤人政治之下，只要有几个贤士大夫就可以造成有声有色的政治事业，这当然可以不理会民众。但时移世易，到了现在，政治的责任竟不由得不给全国人民共同担负，智识阶级已再不能包办了，于是我们不但不应拒绝他们，并且要好好的和他们联络起来。②

　　妙峰山的实地考察并不等同于现代人类学的田野工作。顾颉刚以收集民间历史文献为主，他不厌其烦地抄录庙中的各种碑刻，并注重碑刻

---

① 顾颉刚：《两个出殡的导子账》，《歌谣周刊》第 52 号，1924 年 4 月 27 日。
② 顾颉刚：《妙峰山进香专号引言》，《妙峰山》，第 5 页。

中的职务名目和人员构成。与此同时，他还抄录各地香会的会启与各种文字材料，这些文献成为他撰写《妙峰山的香会》的基础。《妙峰山的香会》分为妙峰山香会的来源、妙峰山香会的组织、明代北京的碧霞元君的香会、清代的妙峰山香会、本年的妙峰山香会、香会的分类、香会的办事日期、香会的办事项目以及惜字老会会启说明。除了第一部分外，其余大部分资料为调查所得，或抄录，或口访。

有了妙峰山的田野经验和文献基础，后来顾颉刚考察苏州和北京东岳庙后认为，只有对民间信仰进行客观的、实际的田野调查，才能发现它的"真相"，民间信仰产生有其社会环境、过程和缘由。如果发生某些方面存在"荒诞"的情况，那么我们的研究宗旨就是阐明"荒诞"的道理。① 此论如洪长泰先生分析的：顾颉刚将"俗"与"民"并存考察，理解信仰与环境的有机结合，不像同时代的民俗学家或者民间文艺学家，只以形式主义研究"俗"，却把"民"悬置起来。② 其实，顾颉刚的认知与人类学的理论方法吻合，理解民众生活，就要通过实地调查记录他们的生活，然后将各个事项嵌入情境之中予以解释。沿着顾颉刚的思路，联系到文本，其意义是很明确的，就是将文本与活动主体联系，文本的意义不仅在于文本的物质形态，更在于它所存在的事件之中，包含主体对活动价值的认识。

1926 年，北京时局动荡，学者纷纷南下。在林语堂推动之下，顾颉刚收到厦门大学的邀请，8 月欣然赴职于厦门大学国学院。国学院诸人秉承北京大学歌谣研究会和民俗研究会的传统，利用厦门地处东南沿海的特殊文化资源，因地制宜，有所创新。③ 其研究计划包括：福建地

---

① 《顾颉刚民俗论文集》卷 2《北京东岳庙和苏州东岳庙的司官的比较》，《顾颉刚全集》第 15 册，中华书局，2011，第 491～499 页。
② 〔美〕洪长泰：《到民间去：1918～1937 年的中国知识分子与民间文学运动》，董晓萍译，上海文艺出版社，1993，第 277 页。
③ 张侃、李建安：《在"边缘"思考"主流"——20 世纪 20～30 年代厦门大学史学研究趋向探析》，《厦门大学学报》2005 年第 5 期。

区的家谱；与福建民族有关的资料；本省民族迁移及土地开拓的传说、史迹；海神、土地神及洛阳桥等的传说；朱子、郑成功、郑和及倭寇的传说、遗迹与记载；歌谣、谜语、绕口令、歇后语；儿童故事及游戏；福建省富有地方性的戏剧及其剧本；苗民（或散居各地之盘、雷、蓝等姓）之生活状况；关于各地古迹古物之调查记录等。①

以往研究叙及顾颉刚在福建的学术活动时较为简略，认为这是一个过渡阶段，反而着重讨论国学院风波中鲁迅和顾颉刚的矛盾冲突。② 其实，学者之间固有"文人相轻"的矛盾，但学术研究仍可继续推进。偏于东南一隅，顾颉刚在田野考察和文献搜集上有了更为切实的工作。较为重要的是 1926 年 12 月 15～24 日，顾颉刚与张星烺、陈万里共同前往泉州考察，现根据其日记整理行程如下（见表 1）。

表 1　顾颉刚等赴泉州考察行程

日 期	行　　　　　程
12 月 15 日	四时半,五时许出门,等小船,上海船。六点半开船,十一点半到安海,乘小船到镇,上汽车,一点半,到泉州,进城到开元寺
12 月 16 日	到文庙、泉苑、蚕魁宫,午饭后往铜佛寺、吴桂生宅、溥泉宫、清源书院、承天寺
12 月 17 日	到开元寺甘露戒坛,游元妙观、黄子铨宅、黄戴孙宅、李伯爵家、文昌庙、潘斯吉宅。到玉兰亭吃饭。到清真寺、三义殿、关岳庙、南校场、天后宫。到港仔乾陈宅、新桥
12 月 18 日	访洪承畴故宅、万娘娘庙,出东门,到洛阳桥,到蔡襄祠吃饭,乘汽车到灵山,访回教四贤墓、东岳庙。到东禅寺,回城,到崇福寺
12 月 19 日	游九日山。到九日山下延福寺,祀观音,予抽一签,又说了一数翻书,竟得同样的一签,故事为姜太公钓鱼妻送饭,诗句为"欲去长江水茫茫……常恐鱼水不相逢",为之泫然
12 月 20 日	到大街买风俗物品

① 《征求本省家谱启事》,《厦门大学国学研究院周刊》第 1 卷第 2 期,1927;《厦门大学国学研究院周刊社启事》,《厦门大学国学研究院周刊》第 1 卷第 3 期,1927。

② 桑兵:《厦门大学国学院风波——鲁迅与现代评论派冲突的余波》,《近代史研究》2000年第 5 期;施爱东:《倡立一门新学科:中国现代民俗学的鼓吹、经营与中落》,"导言",第 1 页。

续表

日期	行　　程
12 月 21 日	游（开元）寺中西塔。游西隅学校；日本教堂、莲心寺、北门刺桐；府城隍庙。饭后往访蒲寿庚后裔
12 月 22 日	导向李卓吾家。到天主堂所办之学校，看留府郡王枢七口
12 月 23 日	到华表山访摩尼教遗址不得
12 月 24 日	到安海寺街游，登五里桥。过龙山寺，乘同安轮回厦门

短短的十天行程不能算标准的田野工作，但顾颉刚不是漫无目标地走马观花，他希望借此回答历史上从"社"演化到"社会"的问题。"社坛所祭没有指实的神人，城隍神有省、府、县之别，有指实姓名的，也有不指实的。土地神或一个村落一个，或一城市多少个，指实与否，也与城隍神同。……这些神是如何成立的，是否由于天师的委派，还是由于民众的拥戴，实在很有研究的价值。倘使由于天师的委派，只不过是道士们的弄鬼，这要寻到了他们的簿册便可完事。若出于民众们的拥戴，那么，这里边自有复杂的因缘，不是可以急遽了解的了。……我很愿意把城隍神和土地神的人物历史弄明白，上接春秋以来有功而祀的人物，并看出民众的信仰的旨趣。"① 调查结束后，顾颉刚即动笔撰写《泉州的土地神》，开门见山地说明了这篇文章与古史辨之间的关系，"数年来，因为我辩论古史，注意到禹，又注意到社，又注意到社中祭祀的土地"。② 该文完稿于 1927 年 3 月，后于 1928 年发表在《民俗》周刊。

《泉州的土地神》是一篇通过田野调查，利用民间历史文献分析地域神明，进而上升论述国家制度的经典之作。顾颉刚根据空间分布，较为详细地记录了土地祠内所祭祀神明的种类，抄录了庙内《重修奏魁

---

① 顾颉刚：《古史辨》第 1 册，"自序"，第 74～75 页。
② 顾颉刚：《泉州的土地神》，原载《厦门大学国学研究院周刊》第 1 卷第 1～2 期，1927；又载《民俗》第 2～3 期，1928 年 3 月 28 日、4 月 4 日。

宫记》《重修溥泉宫记》等碑铭，并对泉州地区土地分境、分铺的大致
情形进行分析（见表2）。①

表2　《泉州的土地神》所载土地分境、分铺情形

地名或庙名	神明
奏魁	郑大帝及苏夫人
生韩	秦大帝
紫云	吴大帝、方官爷
古榕	温圣君及苏夫人、高桂大元帅、天霆吴大人、赵天君
约所	杨大帝、狄娘娘
津瀛	文武尊王
通天	通天文武尊王
西坡	西坡大元帅、广泽尊王、黄狄李三夫人
义全	义全大元帅
溥泉	太子爷
东鲁	方官爷
真济	勤氏仙姑
袞绣	广灵万氏娘娘
奇仕	顺天圣母、临水娘娘
许坑	刘星官、七大巡、古灵殿四王
安海	古灵殿四王、张文照七王
灵永	祀公、祀公妈

在此过程中，顾颉刚所关注的文献较为多样。一般民俗学者很少抄
录的宗教文献也在他的搜集范围之内，如各铺境神明降乩、建醮、演
剧、宴神等仪式活动的红榜。

（1）奉铺主郑大帝示：阳月初三、四日叩答天恩，各家交天
金，九金，神金，黄、红钞。是夜，各家门首犒赏神兵，以昭诚
敬。谨白。

---

① 顾颉刚：《泉州的土地神》。

（2）义泉唐陵烟阁功臣张真君示谕：择十月初六七日建设保安清醮并叩答上苍。铺中各家交桶金，男丁一桶。九金一千，黄、红钞各三千代人名一身。女人随愿。是夜，各家门首犒赏神兵，以昭诚敬。

（3）泉郡许坑古灵殿四王府刘星官七大巡：择十月十四日寅时起鼓，演唱目莲全部，谨白。

（4）涓阳月初三日，演唱庆司五名家全台叩答天恩，铺中诸蝼蚁叩答。

（5）本月廿八日，喜敬邢、朱、李三王府大筵一席，掌中班一台，弟子某某仝敬。①

顾颉刚还抄录了奏魁宫殿的楹联，一副为"奏鼓迎府，重新庙貌／魁杓献瑞，上应奎星"，落款是"民国辛酉仲冬，弟孝悌敬贺"；另一副为"庙貌仰巍峨，轮鱼常新垂万世／神明昭赫濯，宽仁大道美千秋"，落款为"中华民国壬戌正月旦，弟生韩敬"。顾颉刚对两副对联的落款者感到疑惑，经过访谈才知道孝悌、生韩均为不同宫庙的神明，由此揭示出地方社会中的神明可作为社区代表，进行人群与人群之间的交往。② 经过田野考察和整体系统的文献分析，顾颉刚对"社"有了新解释，认为其展现出国家与社会的互动过程以及民间的能动机制。

从历史上看土地神的原有的地位是很高的，他是后土，是和皇天上帝受同等的崇奉的神。安海的鳌头宫有一副对联，叫做"天下无双大老世间第一正神"。这实在不是过分的称誉。但自从变成了土地庙之后，学士大夫是不屑过问的了。凡是应该配祀于社的名

---

① 顾颉刚：《泉州的土地神》。

② 顾颉刚：《泉州的土地神》。

贤，都由学士大夫替他建立专祠，或合设乡贤和名宦祠。在民众方面呢，他们的知识是浅薄的，除了口耳相传的传说之外不能再有历史。但是他们虽没有历史的知识，而他们一样的要求有配社的名贤，所以他们除了福德正神以外，还有他们的某大帝，某圣贤，某元帅和某夫人。这些大帝，圣君……原是配祀于土庙的，意义甚为显著。只因福德正神的样子太柔懦了，神迹太平庸了，他虽然为民众所托命，但终不能获得民众的热烈的信仰。配祀的神既为民众的自由想象所建立，当然极适合于民众的脾胃。威严的是大帝，雄武的是元帅，俊秀的是太子，美丽的是仙姑，神的个性既甚发展，人的感情也自然满足。于是民众信仰土地庙中的配祀的神比正神深切得多，浸假而配祀的神占夺了正神的地位，升为土地庙中的主祀，把正式的土地神排挤到庑间或阶下去了。久假不归，由来久矣！①

与此同时，他对地域社会和民众历史有了新认识。这在他为吴藻汀编撰的《泉州民间传说》所写之序言中有所表达。

民间传说，是民众们的历史。他们所要的历史只是这一点，并不是像士人们要求四五千年来有系统、有证据的历史。这些传说，向来因为得不到士人们的同情，所有没有写上书本的权利；可是他们势力真大，它们能够使得一般民众把它们习熟于耳口之间，一代一代地传衍下去，经过了数千百年而不失坠，它们并不靠书本的保障……晋江自晋朝南渡之后，成为中国南部文化的中心。从唐宋到元朝为外国接触最盛时期，国外事物的介绍，国内文化的传布，为书本所不载而留存在民众口耳间的，政治方面如南宋幼主的播迁，留、陈两氏的立业，宗教方面如佛教、回教、摩尼教的神迹，交通

---

① 顾颉刚：《泉州的土地神》。

方面如阿剌伯人、南洋岛国人的居留，建筑方面如东西塔、洛阳桥的工程，以及名人的轶闻，如李卓吾、施琅等辈，当不知有多少。①

厦门大学是顾颉刚学术活动较为重要的一页，在厦门大学期间其辨伪学说和民俗学得到了较为成熟的融合，田野调查和民间历史文献解读得以有效展开。他对文献的理解也有了进一步的推进。1927 年 4 月，顾颉刚离开厦门大学，赴中山大学担任史学系教授兼主任、图书馆中文部主任，主编《国立中山大学语言历史学研究所周刊》，创办《民间文艺》，后改名《民俗》周刊。他为中山大学制定的《购求中国图书计划书》，批评以经、史、子、集为书籍全体的旧藏书观念，列出了十六类要搜集的图书，将家族志、个人生活之记载、账簿、宗教及迷信书、民众文学书等资料与经史子集、档案并列，民间历史文献进入了典藏范围。②

顾颉刚在福建期间的学术跟随者，成为他后来在广州创办民俗学会和《民俗》周刊的骨干。1927 年 4 月 10 日，顾颉刚离开厦门前的最后雅集是由厦门大学学生和本地学人组织的。《顾颉刚日记》有记，"同席：郑江涛、叶国庆（怡民）、苏甦（警予）、陈佩真、谢云声、吴世杰、伍远资（友竹）（以上主），亮丞先生、予（以上客）"。③顾颉刚于该年 4 月 15 日启程去中山大学。他在《民俗》周刊上发表的作品主要是在厦门大学国学院时所做的各种民俗调查。民俗学会在福建省的厦门分会和福州分会成为《民俗》周刊的主要撰稿人，如谢云声、薛澄清、翁国樑、魏应麒、黄仲琴、胡张政等人有不少成果发表。④从现在

① 顾颉刚：《〈泉州民间传说〉序》，《民俗》第 67 期，1929 年 7 月 3 日。
② 顾颉刚：《购求中国图书计划书》，《文献》1981 年第 1 期。详细论述转见程焕文《中山大学的民间历史文献与现代中国学术传统》，《图书馆论坛》2020 年第 7 期，https://kns. cnki. net/kcms/detail/44. 1306. G2. 20200403. 1532. 002. html。
③ 《顾颉刚日记》第 2 卷，台北：联经出版事业股份有限公司，2007，第 35 页。
④ 穆邵阳：《民国时期福建地区民俗学研究者的文化交往》，《文学遗产》2019 年第 4 期。

发表和留存的成果看，他们遵循从"民俗看历史"的路线，如谢云声在《民俗》周刊上发表的《厦门醉仙岩仙诞的调查》，其副题是"读妙峰山以后而作的"。①

顾颉刚的学术路线在中山大学没有得到完全落实。如他在《〈民俗〉发刊辞》中说："本刊原名《民间文艺》，因放宽范围，收及宗教风俗材料，嫌原名不称，故易名《民俗》而重为发刊辞。……我们要把几千年埋没着的民间艺术，民众信仰，民众习惯，一层一层地发掘出来!"② 但 1928 年 9 月钟敬文便公开表达了疑义："各人对于这个学问的意见，颇有未能尽同之处，这也是我们所觉得缺憾的。譬如，我们第一期所披露的《发刊辞》，便很可作这个的证见。这个发刊辞，是顾颉刚先生的手笔，顾先生是一位史学家，他看什么东西，有时都带着历史的意味。他那惊人的《孟姜女故事的研究》，据他在《古史辨》序的供词，便是为他研究古史工作的一部份。所以这个发刊辞，就是他用他史学家的眼光写成的——是否有意，我不得而知——我们只要把她和同期所载何思敬先生的《民俗学的问题》略一比看，就可明白。又在许多文字里，颇有些话，不很与民俗学的正统的观念相符的，我在看稿时，虽然很清楚的看到，但因为种种关系，也就容许过去了。"③ 钟敬文不满于用历史学的观点代替民俗学的"正统观念"和学理，在此理念之下，即便民俗学者开展田野调查，他们也往往以关注民间文学与口头歌谣为主，与历史关系较为密切的民间历史文献常常滑出他们的视野。

相比较而言，厦门大学的学生叶国庆进行的"平闽十八洞"研究算是"从民俗看历史"的继承。顾颉刚离开厦门后，叶国庆致力于顾颉刚的"妙峰山式"的研究。1929 年，他赴平和三坪寺调查，后撰成

---

① 谢云声:《厦门醉仙岩仙诞的调查——读妙峰山以后而作的》，《民俗》第 61、62 期合刊，1929 年 5 月 29 日。
② 顾颉刚:《〈民俗〉发刊辞》，《民俗》第 1 期，1928 年 3 月 21 日，第 18~25 页。
③ 钟敬文:《编辑余谈》，《民俗》第 23、24 期合刊，1928 年 9 月 5 日，第 83 页。

《三坪寺进香记》。① 1930 年，叶国庆受顾颉刚影响，辞去厦大教职，到燕京大学研究院历史部继续深造。叶国庆后来回忆这段往事，"（薛）澄清先生一九二九毕业于历史系，我也是一九二六年厦大毕业生。嗣后我们在厦门先后认识历史学家顾颉刚和张星烺两先生，又动了升学之念"。② 当时，顾颉刚已由中山大学来到燕京大学任教，开设"中国上古史研究"课程，指导学生研究《史记》，叶国庆和谭其骧等人均为选修学生。③ 此时，顾颉刚的学术兴趣已回归古史，对民俗涉足甚少。许地山成为叶国庆的指导老师。根据叶国庆回忆，"许地山先生讲《民俗学与历史》。民俗学在当时算是新学科，作为分析或辨别历史资料的引导。……后来，碰到说明历史演变和故事关系的问题，许地山师介绍我去看英国哥麦氏的《历史科学的民俗学》（ G. L. Gominse, *Folklore as an Historical Science* ）"，由此可见，许地山的观念与顾颉刚已比较接近了。《杨文广平闽十八洞》是一部在闽台地区以及南洋华人社会广泛流传的章回小说，版本甚多，林语堂曾在《厦门大学国学研究院周刊》第 1 卷第 2 期上发表《平闽十八洞所载古迹》。在许地山的具体指导下，叶国庆不断补充资料继续研究，完成了硕士毕业论文《平闽十八洞研究》。论文审查会由洪业、顾颉刚等人组成。④ 该论文受顾颉刚"层累史观"及"从民俗看历史"方法论的影响很深，叶国庆正式发表论文的最后部分阐述道：

> 此文之要点：一为整理陈元光之事迹，考证志书上之错误；一
> 在显示一部小说如何演变，如何采撷史实，变化史实，如何运用人
> 物；并示此一部小说之构造与其同性之小说如何关连，对于同一事

---

① 叶国庆：《三坪寺进香记》，《嘘风》第 3、4 期合刊，1934。
② 叶国庆：《回忆挚友薛澄清先生》，《笔耕集续编》，漳州市图书馆，2009，第 148 页。
③ 葛剑雄：《悠悠长水：谭其骧前传》，华东师范大学出版社，1997，第 24 ~ 25 页。
④ 叶国庆：《忆许地山师在燕大》，中国人民政治协商会议福建省漳州市委员会文史资料委员会编《漳州文史资料》第 18 辑，1993，第 82 ~ 84 页。

物取舍之趋向若何；又显示一故事之可信程度若何，转变之趋向若何。余料再作进一步研究，故事转变之倾向，必更明了。由是，史实与传说其间之关系若何，吾人当可得一较深切之认识。中国古史之记载，类同传说，差异殊多，而后出之记载，事愈夥愈详，顾颉刚师谓其层叠而成。此种层叠之材料，自故事与传说演变之现状推之，当为地方之色彩与时代之色彩所构成。余料若以此种眼光，加以分析，必有良好之获也。①

1932 年，叶国庆从燕京大学研究院毕业回到厦门大学历史系任教。他在对福建婚俗的调查中，极为关注文献，除了抄录传世史籍、地方志书中的相关资料外，还搜集了不少民间文书，如漳州地方普遍使用的《家礼会通》中各类书启、帖式等，并以地方歌谣册《媳妇仔唱本》《一岁手上抱》《童养媳》《漳州歌谣集》等进行对照说明。②

在现代学术转型过程中，民俗学作为新兴学科，其参与人员较为多元，涉及现代文学、历史学、语言学、人类学、社会学、民族学和宗教学等不同学科。总体而言，民俗学在初始阶段是以历史学的特殊领域这一身份出现的。毫无疑问，以"层累史观"而闻名的顾颉刚成为民俗学的中坚人物，民俗资料也成为他推进辨伪学说的基础和灵感。顾颉刚在民俗学方面的历史立场使其极为重视史料的搜集和整理，民间历史文献进入其视野，他在田野考察的摸索过程中，形成"从民俗看历史"的一整套研究方法。1926 年，由于时局转变，不少北方学人南下，顾颉刚也在其中，其研究方法和史料视野影响了闽粤两地年轻学人的治学方法，也在一定程度上形成了田野与文献相结合的分析路径。

① 叶国庆：《平闽十八洞研究》，《厦门大学学报》第 3 卷第 1 期，1935。对"平闽十八洞"研究的延续参见李亦园《章回小说〈平闽十八洞〉的民族学研究》，《中央研究院民族学研究所集刊》第 76 期，1993。
② 叶国庆：《福建的婚俗》，《嘘风》第 5、6 期合刊，1934，第 1~13 页。

三　"民间文献证史"引发的社会经济史研究新导向

学界追溯利用民间历史文献源头时，常提及"中国社会经济史学派"。陈支平指出："傅衣凌先生是中国社会经济史学的主要开创者，著名的明清史学家。在他的学术影响之下，以闽粤地区的一批学者为骨干力量，形成了一个以经济史和社会史等跨学科整合为学术特色的研究群体。"[①] 这个学派也被学界称为"傅衣凌学派""闽粤学派"。其学术特征如下：在搜集史料时，除正史、官书之外，注重民间记录的搜集，以民间文献证史；广泛地利用其他人文社会科学理论、知识和研究方法，进行社会调查，把活材料与死文字结合起来，以民俗乡例证史、以实物碑刻证史；在探讨经济史中，特别注意区域性的局部分析，秉承以小见大，从微观到宏观，又从宏观审视微观的研究理念。相比其他评述，杨国桢追随傅衣凌先生治学多年，熟谙其学术要义，他总结了社会经济史研究的"范式"。

　　傅衣凌教授对历史学的贡献，主要在于开创了中国社会经济史学派。这个学派，在研究方法上，以社会史和经济史相结合为特征，从考察社会结构的总前提出发，探求经济结构与阶级结构、经济基础与上层建筑的互相联系和相互影响。特别注意发掘传统史学所弃置不顾的史料，以民间文献（诸如契约文书、谱牒、志书、文集、帐籍、碑刻等）证史；强调借助史学之外的人文科学和社会科学知识，进行比较研究，以社会调查所得资料（诸如反映前代遗制的乡例、民俗、地名等）证史。特别注意地域性的细部研究和比较研究，从特殊的社会经济生活现象中寻找

---

① 陈支平：《〈傅衣凌著作集〉与中国社会经济史学派》，《史学集刊》2008 年第 4 期。

经济发展的共同规律。①

众所周知，历史是被叙述和诠释才得以呈现的。学术史本身呈现出了层累史的特征，比如王学典在《近五十年的中国历史学》中对"傅衣凌学派"进行了另一种脉络化的梳理。他以"会通派"称呼"傅衣凌学派"，以区别于"史料派"和"史观派"。

当下中国史坛最富有生机的这个学派部分渊源于当年的《食货》杂志。这一学派在 1949 年后的大陆史学界史观派与史料派此起彼伏的对抗的夹缝中顽强地延续着。"资本主义萌芽问题"讨论、"中国封建社会土地所有制形成问题"讨论、"中国农民战争问题"讨论、"中国古代史分期问题"讨论等，特别是"萌芽问题"讨论，为这一学派学统的延续提供了一定的空间。看得出来，在相当长的一段历史时期内，中国社会经济史学派是寄生在史观派

---

① 杨国桢：《傅衣凌治史五十年文编·序言》，《傅衣凌治史五十年文编》，中华书局，2007，第 1~2 页。杨国桢还比较了梁方仲与傅衣凌的研究特色："梁方仲的研究特色，是把典章制度和社会经济发展变化联系起来考察。他对田赋制度的研究，注意名物术语、史料的考订，又做到本末兼备，源流兼探，既继承了传统制度史的成果，又具有社会经济史的特色。傅衣凌的研究特色，是注重私经济的研究，发掘大量前人所不重视的契约、族谱、墓志铭、乡规民约等资料，以民间文献证史，以民俗乡例证史，以实物碑刻证史。"可参考杨国桢《明清社会经济史的学术源流和研究方法》，《史汇》1997 年第 2 期；《吸收与互动：西方经济社会史学与中国社会经济史学派》，侯建新主编《经济－社会史：历史研究的新方向》，商务印书馆，2002，第 8 页。不过，梁方仲不是没有关注或利用民间文献，他特别重视民间文献和实物证据的搜集、研究与利用。当然由于研究旨趣的不同，梁先生重点在于研究赋役制度中的各种票据凭证，如他在《易知由单的研究》中所说：过去中国田赋史的研究，多以正史和政书为限。这些材料，皆成于统治阶级或其代言人之手，当然难以看到实际状况。比较可用的方法，我以为应当多从地方志、笔记及民间文学如小说平话之类去发掘材料，然后运用正确的立场、观点去处理这些材料，必须于字里行间发现史料的真正意义，还给他们真正的面目。然而这类工作无异于沙里淘金，往往费力多而收获少。除了书本上的材料以外还有一类很重要的史料，过去不甚为人所注意，就是与田赋有关的实物证据，如赋役全书、粮册、黄册、鱼鳞图册、奏销册、土地执照、田契、串票，以及各种完粮的收据与凭单。梁方仲：《易知由单的研究》，《岭南学报》第 11 卷第 2 期，1951 年 6 月。

身上的，或是作为史观派的变种而存在的。这一学派真正独立于史观派与史料派而作为第三种力量存在，仅是近20年来的事情。从傅衣凌到吴承明，从吴承明到李伯重，大体可以看作这一学统传承并光大的过程。这一学派的出现与崛起，使得原本界限分明的史坛两大学派的对垒变得日渐模糊起来。从史观派与史料派隐蔽但很深刻的分裂走向建立在"重材料但不轻理论"共识下的史界整合，很可能是社会经济史学派对中国现代史学的贡献，这一整合可能也意味着五四以来中国现代史学的更趋成熟。从传统史学向现代史学一个世纪的转型过程至此可以宣告终结。[①]

　　史学史的研究梳理的优点在于线索清晰、壁垒分明，但其最大挑战来自史学实践者思想的复杂性和变动性。王学典的认识可能并不完整，存在一些推测，以对立性的"学派"来划分史学实践，本身可视为想象。以"第三种力量"来指称傅衣凌等人所引领的社会经济史学派，在某些方面已歪曲史学实践的演变事实。不过，史学理论总结者作为"史学研究"的局外人，其看法也有值得思考之处，即傅衣凌"注重私经济的研究，发掘大量前人所不重视的契约、族谱、墓志铭、乡规民约等资料"与20世纪20~30年代史学格式有何联系？它来自怎样的学术渊源与脉络？从起点而言，傅衣凌的相关研究本身就以"民间文献证史，以民俗乡例证史，以实物碑刻证史"为本，还是另有转变机缘？较好的切入角度就是回归史学实践本身的切入细节，以此落实相关问题。

　　1930年，傅衣凌从私立福建学院经济系转入厦门大学历史系学习，并于1934年毕业。由于该时期资料的缺乏，诸多学人进行学术回顾时往往简略带过，甚至由此屏蔽了傅衣凌学术取向的内在动力。[②] 其实，

---

① 王学典：《近五十年的中国历史学》，《历史研究》2004年第1期。
② 刁培俊：《主流与潮流：傅衣凌教授的史学研究与国际学术主流趋向》，陈支平主编《相聚休休亭：傅衣凌教授诞辰100周年纪念文集》，厦门大学出版社，2011，第25~45页。

学生时代的追求成为傅衣凌进行学术思考的原点，时时会出现在他的相关论著中，影响了其社会经济史研究的进程。可借助傅衣凌在 20 世纪80 年代的自述回溯当时的学术态势和氛围：

> 转到厦门大学，本来还想念经济系的，后来选修肖炳实先生（即萧项萍）的中国文化史，诱导我学习历史的兴趣，进了历史系。当时国内学术界正展开社会史的大论战。郭沫若的《中国古代社会研究》出版了，神州国光社的《读书》杂志也出了好几辑的"社会史论战"专号，引起了我们的浓厚兴趣，肖炳实先生又替我们购买北平出版的新书刊，于是，和陈啸江（现在美国）、庄为玑等几个同学组织了"历史学会"，我负责编辑股，出版了"史学专刊"，附在《厦大周刊》内发行。①

在这段追述中，"社会史论战"无疑是关键所在，而引导他们进行思考和讨论的老师是肖炳实。傅衣凌对肖炳实的印象极为深刻，1951年在纪念厦门大学 30 年校庆时，他特地发表了《回忆与期望》，叙及这位老师。

> 那是在一个早晨，我们的宿舍——囊萤楼、映雪楼——突然间都被反动的军警所包围，结果，有几位同学被逮捕了。再一次，便是历史系萧先生的失踪，萧先生教过我们的中国文化史，为同学们所敬仰的一位老师，他不仅循循善诱，还介绍许多新书，像蔡和森的《社会进化史》，摩尔根的《古代社会》等，使得我对新史学和马克思主义有初步的认识。可是在一天上课时，萧先生不见了。这

---

① 傅衣凌：《傅衣凌自传》，《文献》1982 年第 2 期。

两个印象，一直占据着我的脑子里，恍然昨日。①

肖炳实是一位共产党员，毕业于之江大学外语系，后来又在燕京大学随容庚治甲骨文，曾任教于上海大学。他当时的任务是以历史系教授的身份在厦门大学建立中共福建省委的秘密据点。② 在此期间，肖炳实推荐学生阅读马克思主义著作，其中包括根据蔡和森在上海大学任教时的讲义整理出的《社会进化史》，此书运用马克思的历史唯物主义，也运用中国神话资料和古典文献，说明有史以来的社会由奴隶社会、封建社会向资本主义社会，最后向社会主义和共产主义社会发展的一般进程和规律。蔡和森用马克思主义理论进行中国古代史研究的尝试，不仅在宣传马克思主义历史观上功不可没，而且以其规律性的分析和探讨，给当时以疑古思潮为主的古史研究注入了新风气，受到青年学生的欢迎。③ 肖炳实在《厦大周刊》上发表《革命对象的历史的研究》，概要地说明了阶级与革命的关系。④ 在此过程中，最为重要的是肖炳实引导傅衣凌、陈啸江等人阅读神州国光社所出《读书杂志》上的"社会史论战"专号，对具有马克思主义色彩的史学理论或史学论证予以关注。傅衣凌自己也说，"在这次论战中，我开始接触到一些马克思主义的书籍，学到一些马克思主义的知识（不用说，那是极初步的点滴知识），尤其对社会发展诸形态以及亚细亚生产方式等问题，最喜谈论，并时和同学邓拓、陈啸江等人交换意见"。⑤ 可以这么说，20 世纪 30 年代，步入史坛的青年傅衣凌在学术研究的探索道路上，经历了中国社会史论战和农村性质论战的洗礼。

---

① 傅家麟（衣凌）：《回忆与期望》，《新厦大》1951 年 4 月 6 日，第 4 版。
② 陈炳三编著《隐蔽战线之星肖炳实》，中央文献出版社，2010。
③ 王建国：《马克思主义在中国传播的独特路径——蔡和森〈社会进化史〉文本构成解析》，《马克思主义研究》2014 年第 4 期。
④ 肖炳实：《革命对象的历史的研究》，《厦大周刊》第 9 卷第 3 期，1930 年 3 月 25 日。
⑤ 傅衣凌：《我是怎样研究中国社会经济史的?》，《文史哲》1983 年第 2 期。

　　一位青年学者的成长需要同路人与阵地，在傅衣凌的早年学术生涯中，其挚友陈啸江扮演了重要角色。肖炳实离开厦门大学后，陈啸江转学到中山大学历史系，得到朱谦之的赏识。朱谦之出资创办的《现代史学》由陈啸江主持，董家遵、戴裔煊、王兴瑞、朱杰勤等年轻学子成为骨干。这份刊物的意图非常明确，贯彻朱谦之的"现代史学运动"，一方面对傅斯年等在中山大学所办的语言历史学研究所持保留意见，"历史本是一个破罐子"是傅斯年提出的，朱谦之反对这种说法；[①]另一方面，对社会史论战中的空泛之说表示不满。朱谦之认为，考证史学成绩固然不少，但"不谈思想，不顾将来，其心理特性完全表见着对于眼前社会剧变之无关心，而只把眼光放在过去的圈套里面"，且误将作为历史辅助学科的史料学看作史学的全部，理应受到唯物史观派的"无情批判"。而唯物史观派也有"理论多而事实少"，"拿着马克思的公式来解决中国社会上之复杂问题"的缺点。[②] 在此主旨之下，《现代史学》的同人展现了批判精神，他们注重历史研究的现代性，认为历史应是活的而不是僵死的。在治史风格上，他们主张从为史料而史料的考据中摆脱出来，认为史料应用以解释社会，因而着意以经济、政治、文化等综合因素解释历史上的社会形态变迁。

　　陈啸江离开后，厦门大学历史系学生组织的历史学会基本停止活动，但陈啸江在中山大学开创了一片天地后，很快向傅衣凌约稿。傅衣凌撰写了《秦汉的豪族》[③] 和《论中国的生产方式与农民》[④] 等文章，发表在《现代史学》上。1934 年 12 月 1 日，经顾颉刚提议，在陶希圣

---

①　参见朱谦之《经济史研究序说》，《现代史学》第 1 卷第 3、4 期合刊，1933；《中国史学之阶段的发展》，《现代史学》第 2 卷第 1、2 期合刊，1934。

②　朱谦之：《中国史学之阶段的发展》，《现代史学》第 2 卷第 1、2 期合刊，1934。王学典：《"二十世纪中国史学"是如何被叙述的——对学术史书写客观性的一种探讨》，《清华大学学报》2008 年第 2 期。

③　傅衣凌：《秦汉的豪族》，《现代史学》第 1 卷第 1 期，1933，第 155～170 页。

④　傅衣凌：《论中国的生产方式与农民》，《现代史学》第 1 卷第 3、4 期合刊，1933，第 297～317 页。

的努力下，以北京大学法学院的名义创办的《食货》半月刊由上海新生命书局发行。刊物原名《史心》，后受正史中"食货志"的启发，取名《食货》，成为1949年之前"最著名的社会经济史杂志"。陶希圣认可了《现代史学》在经济史研究方面的学术主张和突出贡献，于是他邀请《现代史学》同人为其撰稿，主要联络人为陈啸江。据统计，《现代史学》同人在陶希圣主编的《食货》半月刊上发文较多：陈啸江4篇、王兴瑞2篇、曾了若2篇、朱杰勤1篇。陶希圣对这些人均有介绍，并坦承中山大学是"本刊稿子主要的来路"之一。《现代史学》同人通过《食货》半月刊扩大了影响，《食货》半月刊的发展也离不开《现代史学》同人的支持。傅衣凌作为《现代史学》的重要撰稿人，在《食货》半月刊上发表了《辽代奴隶考》。[1]

　　傅衣凌在参与《现代史学》《食货》的学术活动后，确定了以社会经济史为研究领域，而且他得以开始思考"社会史论战"的热潮中所遗留的问题。"社会史论战"涉及战国以后到鸦片战争前的中国是商业资本主义社会还是封建社会，或是别的什么社会？中国历史上是否存在亚细亚生产方式？中国历史上是否存在奴隶社会，如果存在，它存在于什么时代？结果是"一场混战"。正如陶希圣所说，"中国社会史的理论争斗，总算热闹过了。但是如不经一番史料的搜求，特殊问题的提出和解决，局部历史的大翻修，大改造，那进一步的理论争斗，断断是不能出现的"，应当潜下心来"从事于详细的研究"，将关注的重点从"革命家的历史"转向"历史学家的历史"。[2]

　　由政治兴趣和论争转向学术反思以及潜心治学，这是青年傅衣凌的心路历程。有学者认为傅衣凌在20世纪30年代发表文章的论证方

①　傅衣凌：《辽代奴隶考》，《食货》第1卷第11期，1935。

②　陶希圣：《编辑的话》，《食货》第1卷第1期，1934。

法基本沿袭了清代以来的乾嘉考据学风,① 虽无大误,但剥离了问题意识的时代背景,极易言之过当。还是郑培凯所言较为中肯:"有人以为傅先生对明清时期阶级斗争的研究仅限于明末奴变、佃变、抗租之类,系他研究明清社会结构的副产品,并非他真正兴趣所在。其实不然,傅先生对农民战争所导致的巨大社会变革一直都有很强烈的研究兴趣。"②

需要追问的是,后来与众不同的"民间文献证史,以民俗乡例证史,以实物碑刻证史"的研究风格是从哪里来的呢?如今常被引用的一段傅衣凌自述,形象再现了当时搜集、整理和利用民间契约文书进行农村经济研究的"历史现场"。

> 一九三九年,我又回到永安,在省银行经济研究室任编辑课主任。虽然工作更换了好几次,但对历史的研究,我从未停止过。有一次,因躲避日机轰炸,撤退到永安城郊黄历村,在一间无主的破屋里,我发现一个大箱子,打开一看,是从明代嘉靖年间到民国的土地契约文书,其中有田地的典当买卖契约,也有金钱借贷字据及分家合约等,还有两本记载历年钱谷出入及物价的流水账,这些都是研究农村经济史的可贵资料。狂喜之余,于是我利用这批资料,再查阅一些有关地方志,从地权的转移与地价、租佃关系、借贷情况等方面系统地研究永安农村社会经济的结构。我发现明清时代农村虽然有些变化,但在山区农村仍然保持闭锁的自给自足的形态,一切的经济行为,差不多都是在血族内部举行的,而这氏族制的"产不出户"的残余,即所谓"先尽房亲伯叔,次尽邻人"的习

---

① 刁培俊:《主流与潮流:傅衣凌教授的史学研究与国际学术主流趋向》,陈支平主编《相聚休休亭:傅衣凌教授诞辰 100 周年纪念文集》,第 25~45 页。

② 郑培凯:《按语》,香港《抖擞》第 39 期,第 31 页,转引自陈支平《傅衣凌与明清社会经济史研究》,傅衣凌:《明清社会经济史论文集》,商务印书馆,2017,第 581 页。

惯，成为中国历代地方豪族能够保持其特殊势力的基础，这一点是中国农村社会经济的秘密。后来我把这些资料写成《明清时代永安农村的社会经济关系》和《清代永安农村赔田约的研究》等文章。这种引用大量民间资料，即用契约文书、族谱、地方志来研究经济史的方法，以前还很少人做过。我深感到，这种研究方法，不仅可以进一步开拓新资料的来源，而且还能发人之所未发，提出新的见解。所以，自此以后，我就把它作为我的研究方法之一。①

毫无疑问，傅衣凌利用民间契约文书整理成三篇文章，先发表于《福建文化》，后整理成《福建佃农经济史丛考》出版，② 这是中国学者第一次引用民间契约文书研究中国社会经济史的著作，也是里程碑式的作品。傅衣凌给该书写了很长的引言，表达了完整的学术思路。他的引言可整理为以下几个方面。

第一，问题意识仍来自"社会史论战"。"在中国社会经济史的论坛上，对于秦汉以后的中国社会经济形态，异说颇多……所谓的佃客、客户、佃户等等都为国家的自由佃农，其与地主所发生的关系，是契约的，而非为身份的隶属，这一个推论，和历史的事实是否相符合呢？我愿意提供本文所搜集的资料，让大家好好地推敲一下，看看他们主佃之间的关系，到底是怎样的呢？"③

第二，民间契约文书对社会经济史研究具有重要意义。"谁都知道社会经济史的研究，应注重于民间记录的搜集。所以近代史家对于素为人所不道的商店帐簿、民间契约等等都珍重的保存、利用，供为研究的素材。在外国且有许多的专门学者，埋首于此项资料的搜集和整理，完成其名贵的著作，而在我国则方正开始萌芽，本书对于此点也特加注

---

① 傅衣凌：《傅衣凌自传》，《文献》1982 年第 2 期。
② 傅衣凌：《福建佃农经济史丛考》，私立福建协和大学中国文化研究会，1944。
③ 傅衣凌：《福建佃农经济史丛考》，第 1 页。

意，其所引用的资料，大部分即从福建的地方志、寺庙志以及作者于民国二十八年夏间在永安黄历乡所发现的数百纸民间文约类辑而成，皆为外间所不经见的东西，这一个史料搜集法，为推进中国社会经济史的研究，似乎尚值提倡"。文中所提及的"外国且有许多的专门学者"，应指日本学者。①

第三，他指出社区研究与区域研究的重要性。"近十数年来中国社会经济史的研究，至今尚未有使人满意的述作，其中的道理，有一大部分当由于史料的贫困。这所谓史料的贫困，不是劝大家都走到牛角尖里弄材料、玩古董；而是其所见的材料，不够完全、广博，因此，尽管大家在总的轮廓方面，颇能建立一些新的体系，惟多以偏概全，对于某特定范围内的问题，每不能掩蔽其许多的破绽，终而影响到总的体系的建立。所以近来一般的社会经济史家颇积极地提倡经济社区的局部研究，以为总的体系的解明的基础。本书即是站在历史学的立场上，考察福建农村的经济社区的一个尝试。"②

第四，指出利用民间历史文献可能出现问题，即不能以偏概全，"本书的内容，虽侧重于福建农村的经济社区的研究，然亦不放弃其对于中国社会经济形态之总的轮廓的说明，尤其对于中国型封建主义的特点的指明的责任。譬如中国封建社会史的分期和氏族制残存物在中国封建社会史所发生的作用这一些问题"。③

民间历史文献形态上可视为"新材料"、"新史料"或"新文献"。有关史料"旧"与"新"的辩证关系，傅斯年说，"每每旧的材料本是死的，而一加直接所得可信材料之若干点，即登时变成活的"。最后他总结，"必于旧史料有工夫，然后可以运用新史料；必于新史料能了解，然后可以纠正旧史料。新史料之发见与应用，实是史学进步的最要

---

① 傅衣凌：《福建佃农经济史丛考》，第 2 页。
② 傅衣凌：《福建佃农经济史丛考》，第 1 页。
③ 傅衣凌：《福建佃农经济史丛考》，第 2 页。

条件；然而但持新材料，而与遗传者接不上气，亦每每是枉然"。① 从这些言论来看，傅衣凌对利用民间历史文献的认识与傅斯年接近，是希望依托新史料分析农村社会的阶级关系及其社会性质，借此使对中国农村社会性质的模糊认识逐渐清晰，以揭示与西方历史发展的不同之处，获取中国社会变迁的新认知。

在模糊之中，总觉得中国历史的发展虽没有脱离人类历史发展的总规律，但不同于欧洲国家。特别是对于中外学者提出的中国社会长期落后的理论有所反感，不同意人们所提出的外铄论。在长期的摸索中，我一面注意学习外国的社会经济史，资为比较；一面则广泛的搜集史料，作为立论的根据。最初我是从研究中国农村经济着手的，注意到明清时代的农民阶级斗争。引起我的极大兴趣的是明正统年间（1436～1449）福建沙县佃农邓茂七的起义，起义军高呼反对送租和冬牲的抗租口号，这是中国农民战争史上划时代的大事，曾为文论之。抗战开始，我从沿海城市来到福建永安农村，无意中发现一大箱土地契约文书，达数百纸之多，自明嘉靖年间开始一直到民国时期都有。其中有一张嘉靖年间的土地文书，还有缴纳冬牲的记载。这些新材料的发现，又促使我从事中国封建土地制度的研究。永安的设置时间，是在镇压邓茂七起义之后。这件事唤起我的思考：虽然经过农民军的猛烈冲击，封建地主势力却依然强大。封建土地所有制照样牢固存在着。这是什么原因呢？对此，不能简单地从土地制度本身去寻求解答，还必须考察其他社会诸因素，这样又把我的研究面扩大了，即从农村扩大到商业上面来。②

---

① 参见桑兵《近代学术转承：从国学到东方学——傅斯年〈历史语言研究所工作之旨趣〉解析》，《历史研究》2001 年第 3 期。

② 傅衣凌：《我是怎样研究明清资本主义萌芽的》，《文史知识》1984 年第 3 期。

在搜集和整理民间历史文献过程中，走向乡野，与乡老交流，自然会有田野调查的感受。对此傅衣凌曾在另一场合谈及那种历史现象的感受："一九三九年我曾居住在永安的黄历乡，中间有一个很大的碉堡，四周则是一些矮小的平屋，佃户环之而居。我置身于这样的情景中，使我恍惚联想到中世纪的封建城堡制度，是不是还存在于今天的中国社会？"①

田野与文献的相互结合，是傅衣凌研究风格的重要特点。在他早期求学生涯中，田野考察曾是其大学历史学习的一部分内容。他自己回忆，"有一次，我们还组织去泉州参观，由林惠祥老师带队，从厦门坐船到安海，参观石井乡和郑成功遗迹，然后乘车到泉州，参观开元寺、清真寺及郑和行香碑等，扩大了眼界"。② 1941 年，傅衣凌任教于福建协和大学后，参加福建文化协会活动，当时共事者有顾颉刚曾经的追随者叶国庆、翁国梁、魏应麒等，因此他的研究可能还受到具有民俗风格的史学研究的影响。应该说，在 20 世纪 30~40 年代，傅衣凌还没有将历史学与人类学相结合的学术自觉，他只认为"这一个史料搜集法，为推进中国社会经济史的研究，似乎尚值提倡"。③ 20 世纪 50 年代，傅衣凌参加了福建的土地改革，在与乡民的实际接触中，进一步丰富了对城市和农村阶级构成的认识，认为这"很有力的启发我们研究中国社会经济史的人们将怎样去搜集材料、探索问题，从而得出新的解释"。④

20 世纪 80 年代，傅衣凌进入了其学术研究的春天，随着到美国、日本、加拿大等地访学，与国际汉学界有了充分接触，他总结了田野调查与民间历史文献的方法论原则。

---

① 傅衣凌：《我是怎样研究中国社会经济史的？》，《文史哲》1983 年第 2 期。
② 傅衣凌：《傅衣凌自传》，《文献》1982 年第 2 期。
③ 傅衣凌：《福建佃农经济史丛考》，第 2 页。
④ 傅衣凌：《我是怎样研究中国社会经济史的？》，《文史哲》1983 年第 2 期。

历史工作者的重大责任，他绝不能枯坐在书斋里，尽看那些书本知识，同时还必须接触社会，认识社会，进行社会调查，把活材料与死文字两者结合起来，互相补充，才能把社会经济史的研究推向前进。这样，就初步形成了我的中国社会经济史的研究方法，这就是：在收集史料的同时，必须扩大眼界，广泛地利用有关辅助科学知识，以民俗乡例证史，以实物碑刻证史，以民间文献（契约文书）证史，这个新途径对开拓我今后的研究方向是很有用的。……我每于下乡时在和本地人的访问、谈话中，也常常得到文字上无法得到的材料，足以引人思考，从中得到启发，我也认为这是我们史学研究者应该注意的事。①

就此，民间历史文献研究方法论的基本轮廓形成，顺应了史学发展的趋势，也产生了历史学与人类学结合的学科效果，"社会经济史"与国际学术接轨，获得了向人类学转向的机会。如李伯重指出，"在他的影响下，社会人类学的民间取向逐渐得到历史学家的认同，并开始以'从下往上看'的视角和价值立场重新审视历史。在此时期，社会史研究有了长足的发展"。② 更确切一点讲，李伯重认为的"长足的发展"，是由于族谱、书信、碑刻、账簿、科仪书等民间历史文献得到重视后，中国史研究中的"私"的系统获得较为深刻的揭示，犹如郑振满进一步强调了在此过程中，田野调查与民间历史文献的互动而带来的学术创新。

傅先生的社会经济史研究方法，强调用"自下而上"的眼光研究历史，因此对民间文献、地方文献包括族谱、碑刻、契约文书

① 傅衣凌：《我是怎样研究中国社会经济史的?》，《文史哲》1983 年第 2 期。
② 李伯重：《回顾与展望：中国社会经济史学百年沧桑》，《文史哲》2008 年第 1 期。

等等的收集、整理和运用特别重视。在傅先生的指导下，我们在福建各地长时期地进行了民间文献和地方历史文献的普查、收集工作，获得了一批很有价值的资料。而在这些资料中，绝大部分都跟家族有关……因此，我对家族的研究可以说是由资料本身促成的，是资料所反映的经验事实本身给了我研究的灵感。①

社会经济史向社会史、文化史发展，民间历史文献获得关注并逐渐成为基本资料，"私"的层面逐渐成为研究主体并以此重新审视"公"的系统，显示了"社会经济史"的方法自觉。王学典在这一点上有较好的论述，"傅衣凌在《食货》、《中国社会经济史集刊》和'史学研究会'之后，对社会经济史的最大贡献在于他最终完成了这一领域的'范式'构筑，并在此基础上形成了一个学统清晰、特色鲜明的学派。……社会经济史的研究者表现了高度的理论和方法自觉，正是这份自觉，让我们感到20世纪以来的中国现代史学已趋于成熟"。②

余　论

在20世纪上半叶的民间历史文献的利用与研究过程中，学理性内涵有一个从隐到显的过程。本文梳理学术脉络，意在指出，民间历史文献没有在其起源处就一劳永逸地被固锁，而是在各个学科的学者不断地追问之下，逐渐转变为历史学的基本文献。可见学科问题是学科的先驱者和后来人不断对话的结果，背后是学科、学术团体、学人的学术思想互动。如英国历史学家杰弗里·巴勒克拉夫引用爱丁堡大学历史学教授哈里·狄金森的话总结了当代史学发展的过程和学科特点："比历史知

---

① 郑振满、黄向春：《文化、历史与国家——历史学与人类学的对话》，《中国社会历史评论》第 5 辑，商务印书馆，2007。

② 王学典：《近五十年的中国历史学》，《历史研究》2004 年第 1 期。

识的巨大增长更为重要的是学者们在如何对过去进行研究的方法和态度上发生了重大的革命。"① 所谓的"重大革命"，就是历史学家在研究视角、研究对象、研究方法上有了与传统史学完全不同的认识。田野工作要把当地的、眨眼即逝的、非文字的资料转为可供长期参考的资料，需要关注不同类型的民间历史文献，注意搜集日常生活中自觉或不自觉创造的文献，如婚帖、讣告、账簿、人缘簿、分单、乡村告示、符纸等。随着田野调查的深入，民间历史文献的不断增加，郑振满提出了"民间历史文献学"的概念，希望借此为推进中国本土人文社会科学的发展寻找新的突破点。② 本文对 20 世纪上半叶的民间历史文献研究进行学术梳理，希望再提供两点意见供学界继续讨论。

第一，重建历史文献体系与文本网络。从古到今，历史学最擅长"文献"的搜集、整理和诠释。民国时期，傅斯年提出"史料即史学"的观点即着眼于此。他明确指出，第一，凡能直接研究材料，便进步。换句话说，历史的研究能直接研究材料，则会有很大的进步。第二，凡一种学问能扩张其研究的材料，便进步；以前都是利用文献，如果能扩大更多的材料，那学问就有前途了。第三，凡一种学问能扩充其做研究时应用的工具，这门学问可以有更大的发展。③ 史学发展到今天，通过田野工作、寻访乡老，历史文献的范围被大大拓宽后，碑刻、日记、书信、契约、科仪书、族谱、账本、民谣儿歌、戏曲唱本、民间传说、签诗、宗教榜文、日用杂书等已成为史学工作者必须面对的历史文献；雕塑、画像、庙宇、祠堂、纪念碑、坟墓、日常生活与生产用具等物质实

---

① 〔英〕杰弗里·巴勒克拉夫：《当代史学主要趋势》，杨豫译，上海译文出版社，1987，第1页。
② 郑振满：《民间历史文献与文化传承研究》，《东南学术》2004 年 S1 期；郑振满、郑莉、梁勇：《新史料与新史学：郑振满教授访谈》，《学术月刊》2012 年第 4 期。
③ 傅斯年：《历史语言研究所工作之旨趣》，《中央研究院历史语言研究所集刊》第一本第一分，1928，转引自欧阳哲生主编《傅斯年全集》第 3 卷，湖南教育出版社，2003，第57 页。

体也慢慢成为历史研究的重要内容。除此之外，戏曲表演、宗教仪式以及各种日常礼仪、年节庆典等也被纳入历史文献的范围。借助于这些历史文献，历史学家最大可能地下移研究视线，从大人物、大事件的历史走出，深入民众的日常生活；从传统的、简单化的政治史、王朝史走出，转移到大众心态、地方风俗、民间宗教、村落文化等，这无疑是历史学的进步。

面对如此庞杂的文献系统，如何给予合理的分类？民间历史文献来自庶民，因此文献分类离不开田野工作，必须在历史情境中思考文献分类系统，因此需要追问以下几个方面的问题。文献的社会基础来自哪里？文献为什么被生产，它有怎样的价值、功能？文献活动与社会活动是怎样相互影响的？文献有怎样的传播过程和传承经历？其组织形式和社会控制途径如何？它们是按照怎样的系统编造出来的？如果能把这些问题梳理清楚，进而发现各自系统的不同机制，对于历史文献学、历史编纂学的发展，特别是对于我们理解不同史料的价值，具有重大的意义。除此之外，还可考察民间历史文献和地方社会之间的关系，从而剥离出地方文化在历史变迁中的形态以及所保存的某些不变的东西，换而言之，民间历史文献可以展现地方社会的"自主性"，进而可通过其分析乡民在日常生活中的基本要素及其嬗变特征。

20 世纪下半叶，在后现代思潮影响之下，文献被质疑、史学典籍被解构，文献并不完全可靠几乎成为定论，即使如日记和书信等第一手资料也不例外。如果文献被打了问号，历史的真实还能存在吗？因而后现代思潮对文献所提的问题，迫使人们重新思考历史文献的生产过程及其背后的社会历史意义。应该说，历史文献是一种社会现象，它的形成从来无法逃避社会的影响。文献记录者所处的社会文化背景、价值观念、阶级倾向、社会经验、角色身份都会被带到文献中去。正因为文献的生产过程与社会发展脉络相联系，它在文本之外就传达了作者不曾表达或可能不想表达的意涵。

各类民间历史文献并存，既因属于不同形式和内容的文本而相对独立，又因共同的社区生活场景而相互关联，因而有必要加以综合的、整体的、系统的考察分析。这里所说的"整体"，不仅在于追求社区民间历史文献类型上的多样和数量上的全部，更在于强调不同类型和形式的民间历史文献对社区历史的不同方面的反映以及相互间的内在关联。田野考察中，搜集和分析的各类历史文献往往不是孤立的个体，而是有机的整体，需较好地保持文献的系统性。在民间历史文献研究范畴中，由于田野工作方法的介入，历史学者通过口述访谈进入"临场"状态，不仅获得现在的体验、经历与经验，而且往往捕捉到文本—口传之间的有机联系。田野即历史现场，置身其中阅读文献，可最快地感知各种文献互相依存的关系、最大限度地体验历史整体。获得一种"文化体验"，并通过这种体验去捕捉解读文献时所产生的"灵感"，去培养对历史过程的洞察力和问题意识。因为"努力从乡民的情感和立场出发理解所见所闻的种种事件和现象，常常会有一种只可意会的文化体验"。①

第二，展现人的主体与寻找"地方"的形而下之理。地方史在历史学的研究中，本来不是一个新领域。"地方"原本就是一个相对性的定义，小自一个村落、一个国家，大到一个文化地理区，相对固定。政治史、经济史、社会史、文化史研究等取径，都以某个地理区域为研究对象。以一地与一地地方间的关系为叙述单位。田野工作以地志学的面目出现，既需关注社区内部在空间上的共时结构，又要追问社区的历时变迁，同时还要观察社区内与社区外的关系。民间历史文献与田野工作结合，首先强化了历史学家的社会整体观。如前文所述，村落或地方的历史有三个层面的内容："成文的历史"、"不成文的历史"和"建构的历史"，完整的社区文献能最大限度地体现多重历史。学者们

---

① 陈春声：《中国社会史研究必须重视田野调查》，《历史研究》1993年第2期。

借助民间历史文献，可以更为综合地、具体地去分析"大传统"与"小传统"、"国家"与"社会"、"王朝制度"与"村野民俗"、"地方性知识"与"跨区域流动"等在同一时空中的意义。没有地方研究的"大历史"是不可靠的，只能是悬置的"宏大叙事"，甚至是虚构理论下的演绎。

在民间历史文献的支撑之下，以历史人类学的眼光予以审视，地方历史的脉络和细节就会凸显，地方可以得到重新理解。通过民间历史文献，可以追问，王朝的建立对庶民生活和组织的影响是什么？地方神灵的敕封对庶民有什么影响？宗族的成长——包括宗族祠堂、支堂的建造以及支堂所组织的邻里等——对社会生活逻辑有什么影响？有关户籍登记、徭役和税收政策究竟如何在地域社会中运行？士绅阶级的存在与否对社区又有什么影响？地方领导层如何随时间而发生变化？每个村落有何独特之处？

近年来，"地方"到底意味着什么成为学界的重要命题。正如文化地理学者段义孚所讨论的，之所以是"地方"，是因为它经历了社会形构，从地理或物理意义的"空间"（space）变成具有人文意义的"地方"（place），其中包含历史知识生产在内的各种社会、文化实践。口述传统或文字的、学院的、民间的各种文献对这一转变过程起到推动作用。空间在地方化过程中被赋予人文意义。①

刘志伟和孙歌在《在历史中寻找中国——关于区域史研究认识论的对话》一书中的诸多深刻认识，对我们理解地方与民间历史文献有重要启发意义。他们提出了"形而下之理"，涉及的问题有地方史如何可能、地方有什么可能性、地方如何成为中国等。民间历史文献可以从文字系统部分揭示"形而下之理"和"人人"的动态运行，"人们在他的现实生活中如何经营自己的生活，他如何和其他人发生关系，因此形

---

① 〔美〕段义孚：《空间与地方：经验的视角》，王志标译，中国人民大学出版社，2017。

成了社会，在这个形成社会的过程当中，过去的普通人，他们如何把国家机能作为生活的需要而引入自己的生活当中"。① 可以这么说，民间历史文献就是地方社会的结构化过程的有机组成，民间历史文献不仅改造与产生了新的话语和表述体系，而且产生了观念、思维、实践行动、行为惯习的间断、连续和重构。

---

① 刘志伟、孙歌：《在历史中寻找中国——关于区域史研究认识论的对话》，香港：大家良友书局有限公司，2014，第15页。

《区域史研究》2020 年第 1 辑（总第 3 辑）
第 68～87 页
© SSAP，2020

19世纪江北的漕政与漕乱[*]

——以阜宁县为例

张瑞威^{**}

摘　要： 江北的漕粮征收在 18～19 世纪经历了两次改变，首先是从本色到折银，然后是从折银到折钱。在漕粮以本色缴纳的年代，民户对县衙门的不满主要来自多收米谷和改折金钱，这些不满导致的地方官民冲突，被称为“漕乱”。但当漕粮由本色改为折色缴纳后，并不意味着漕乱终止。从阜宁县的例子可以看到，江北折漕之后，漕乱仍有发生，只是民户改以灾荒作为抗漕的理由。本文以阜宁县为例，分析了清末江北地区的收漕情形，并在此基础上进一步理解在运河失效后，知县在税收方面遭遇的困难。

关键词： 漕乱　江北　阜宁县

江北是指江苏省在长江以北的地区。江苏省包括江南和江北两个地区，相对江南来说，江北的土壤比较贫瘠，人口亦比较贫穷。不过，无论是江南还是江北的民户，都要向朝廷缴纳漕粮。这些漕粮，是为供应京畿一带的官员和八旗兵而征收的。

---

* 本文获得中国香港特别行政区研究资助局优配研究金研究项目（CUHK 14611817）的支持，特此致谢！

** 张瑞威，香港中文大学历史系教授。

本文以阜宁县为例，分析清末江北地区的收漕情形，并在此基础上进一步理解在运河失效后，知县在税收方面遭遇的困难。

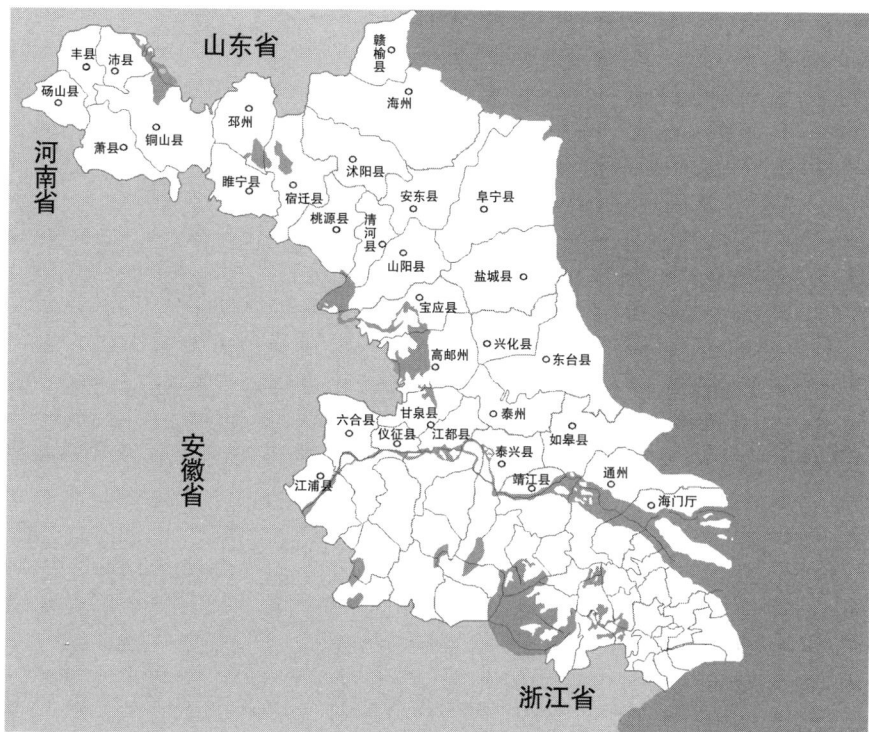

图1　清中叶江北州县

一　阜宁设县

阜宁县的大部分地区，本是两淮的一个盐场，叫作庙湾场，跨山阳和盐城两县。洪武初年，朱元璋在全国的产盐区次第设官管理，他把两淮盐区分成三十个盐场，而庙湾便是其中之一。洪武初年先设庙湾司巡检，到了洪武十八年（1385），则改以盐场大使、副使各一负责盐场的日常行政,至于兵防事宜则派把总负责。① 食盐在庙湾场生产之后,可以沿着串场河源源不断运往南面的扬州。串场河,是唐宋年间已修建的人工河道,顾名思义,就是用来贯通两淮盐场的运河。除了串场河,庙湾场的居民也可经过射阳河东行出海(射阳河口),将盐转运至其他地方。临海带来好处,也有危险。明朝中叶,此地屡遭兵燹,尤其是倭患最烈。嘉靖年间,倭寇袭击两淮时便曾攻打庙湾场,幸得盐场副使成功抵御,居民力保不失。② 万历二十三年(1595),朝廷深感庙湾场欠缺防卫,遂在射阳河畔建立城池,城高二丈二尺,周围四里五十丈五尺,池深九尺,以海防同知率领营弁守之。③ 自建城后,射阳河的角色更加重要,它成为地方军事中心与海连接的通道。崇祯三年(1630),山东不靖,漕艘迟滞,严重影响了辽东军区的粮食补给。此时,中书舍人沈廷扬便上书请海运自庙湾受载,费省而期速,愿先试运二万石。崇祯帝批准,授户部主事,给敕驻庙湾交兑。一个多月之后,海舟载着这二万石的粮食到达了天津,崇祯帝大悦,命加运十万石。海运漕粮一直持续了三年,皆应时抵津,并赴辽给军无稍误。④

雍正十年(1732),朝廷以庙湾场为主体,设置了阜宁县,又以万历年间建立之城作为县城,将海防厅衙署用作县署正堂。阜宁县所辖地区,"以庙湾镇为阜宁县治,划山阳县之马逻、羊寨等乡地八十里,盐城县之仁义、长乐诸里地四十五里,合之场灶暨海滩升涨之地,归县管辖"。⑤ 因此可知,阜宁县所辖地方的来源有三:一是从山阳县割让出

---

① 阮本焱编《阜宁县志》卷 1,光绪十二年刊本,台北:台湾学生书局,1968 年影印本,第 83 页;阮本焱编《阜宁县志》卷 6,第 489 页;吴宝瑜修,庞友兰纂《阜宁县新志》卷首,民国 23 年铅印本,台北:成文出版社,1975 年影印本,第 24 页。

② 光绪《阜宁县志》卷 1,第 129 页;民国《阜宁县新志》卷首,第 25 页。

③ 乾隆《阜宁县志》卷 2,《故宫珍本丛刊》第 91 册,海南出版社,2001,第 9 页。这是现存最古的《阜宁县志》,但只有卷 1~7,而卷 7 也不完整。

④ 光绪《阜宁县志》卷 1,第 125 页。

⑤ 光绪《阜宁县志》卷 1,第 85~86 页。

来的，二是从盐城县割让出来的，三是原本属于庙湾场由盐场大使管辖的部分。因此，阜宁县具有两种行政体制：一是原来的灶户，他们仍旧归盐场大使管辖；二是一般的民户，管辖他们的是阜宁知县。本文讨论的重点，主要是在民户方面，因为只有民户，才需要负担钱漕赋税。

清朝在田赋上的征收方法，是把一县内的村落组合成粮区，然后由知县委派粮区内的乡绅帮忙进行催收。这种方式，有学者称为"图甲制"。简单来说，这是自明代一脉相承的两层催税方式，这两层组织便是"图"和"甲"。① 不过，用"图甲"来作统一名称不一定准确。雍正十年，阜宁县初立，知县便以县衙门为中心，将周围的乡村分作仁、义、礼、智、信五个里，每个里分作若干图，全县共有 59 图。换句话说，阜宁县不是"图甲制"，而是"里图制"（见表 1）。

表 1　阜宁县的里图

里	图	地点
仁字里	一至十图	县治东北一带庄村
义字里	一至十图	县治直西一带庄村
礼字里	一至十图	县治西南一带庄村
智字里	一至十图	县治西南一带庄村
信字里	（共 19 个图）	县治直南一带庄村

资料来源：乾隆《阜宁县志》卷 1，第 6 页。

按乾隆年间编修的《阜宁县志》，阜宁县这 5 个里，有额田 9729 顷 48 亩，其中熟田 8375 顷 88 亩，而其余荒废和豁免赋税的田地有 1353 顷 60 亩。户口方面，共有 54756 户，总人口是 221407 人，实在人丁为 6707 人。据此，各方面的正杂税项加起来，知县每年须征收至少 10068 两白银（见表 2）。

---

① 关于清代的图甲，参见刘志伟《在国家与社会之间——明清广东里甲赋役制度研究》，中山大学出版社，1997，第 237～275 页。

表 2　乾隆年间阜宁县税收组成

赋役名称	税额
丁银	2135 两
河工银	2047 两
衙门官役俸工	1584 两
升科地租银	2932 两
芦课	1349 两
牧马草场地（52 顷 7 亩）	21 两
总数	10068 两

资料来源：乾隆《阜宁县志》卷 3，第 14～15 页。

除了这一万多两地丁钱粮外，阜宁五里还需负担漕米 9936 石。① 这些漕米，由知县征收后，兑交给旗丁。旗丁则利用河船沿大运河向北运至北京，给驻扎京畿的八旗兵作为甲粮之用。按照清朝的规定，漕粮必须是本色缴纳，《漕运全书》："漕粮耗米，例应征收本色给军，如有私自改征折色者，各该督抚题参，照私自改折漕例粮议处。"② 不过，在两种情形下，缴漕民户是可以折交白银的。第一种情况是天灾，《钦定户部漕运全书》③ 有载：起运漕粮，例不改折，间有被灾地方，准其暂时折解。即是说，若是遇上天灾，那么全区民户可以用金钱改折漕粮。另一条规定则说，若是民户连折银也无力上缴，可以将当年的漕粮（本色或折色）延到下一年再缴纳，或"分作两年三年带征"。④ 第二种情况是因为地方的田地不产米或类似原因，得到朝廷批准永远折漕，称为"永折"。乾隆年间，江北不少州县在漕粮缴纳方面已经经历了本色到折色的过渡。《钦定户部漕运全书》记载："江苏山阳、宝应、高邮、

---

① 乾隆《阜宁县志》卷 3，第 15 页。

② 《漕运全书》卷 11，《北京图书馆古籍珍本丛刊》第 55 册，书目文献出版社，1989，第 255 页。

③ 潘世恩辑《钦定户部漕运全书》卷 7，道光二十四年本，《故宫珍本丛刊》第 319～321 册，海南出版社，2000，第 88 页。

④ 道光《钦定户部漕运全书》卷 7，第 88 页。

甘泉、江都、盐城、阜宁等七州县漕粮例征本色，乾隆二年（1737）因淮阳一带冬季挑河筑坝，舟楫难通，民间输漕，须用陆运，未免竭蹶。钦奉上谕改征折色，每石征银一两，以纾民力，钦此。"① 这是说，因为淮阳一带挑河筑坝，谕准江北七个州县可以折漕。不过，这看起来只是临时措施，不是"永折"漕粮。

　　乾隆年间得到朝廷批准永折漕粮的江北州县，比较确定的是邻近山东省的海州和赣榆县。《钦定漕运全书》是这样记载的："江苏海州赣榆二州县，漕粮向征本色兑运。乾隆二年题准，海州正兑米每石折银九钱五分一厘三毫零，改兑米每石折银八钱五分一厘三毫零；赣榆县正改兑米每石一例折银七钱，令民折价交官买兑。"② 相关事情，《清实录》也有记载，在乾隆二年十二月间："户部议准，两江总督庆复疏称：江南海州赣榆县二属，滨海之区，土性不宜米谷，情形实难办运，请将漕米改征折色。从之。"③ 由于地不产米这个问题是长久性的，我们可以断定海州和赣榆县从乾隆二年开始永折漕粮。操作方式是民户将规定的折漕银两缴纳给知县，再由知县买米兑给运官。制度初立的时候，如上所述，海州折漕定价是每石 0.9513 两，而赣榆县是 0.7 两。两个地方，折价相差这么大，原因是海州民户缴纳的是价格比较贵的粳米，而赣榆县缴纳的是粟米。《清实录》记载，乾隆八年"户部议覆，两江总督宗室德沛疏称：海州赣榆二属漕粮，前任督臣庆复，以地系滨海，土性不宜米谷，小民苦于购纳，题请折征解部，经部议，仍令民折官办？请嗣后于海州糟粮粳米？每石征银一两二钱；赣榆粟米，每石征银一两，遇时价过昂，另题请旨，或年丰价贱，征有赢余，核抵下年征额。耗米一项，亦应照数征收等语？所奏纷繁，恐官吏捏报滋弊，应照议定江西泸溪县糟粮之例，各依时价采买，先动藩库银，及时购办兑运，随示谕里

---

① 道光《钦定户部漕运全书》卷 7，第 92 页。
② 道光《钦定户部漕运全书》卷 7，第 93 页。
③ 《清实录》第 9 册，中华书局，1985，第 951 页。

民如数归款，从之"。① 这条资料透露出一个事实：到了乾隆八年，两江总督德沛上疏请求将海州粳米的折价由 0.9513 两增至 1.2 两，将赣榆县的粟米折价由 0.7 两增至 1 两，但户部没有批准，只容许两县官府根据采买的"时价"向民户征收。

民国《阜宁县新志》载，阜宁县是在乾隆二十七年永折漕粮的："漕米于乾隆二十七年奏改民折官办，每石定价二两。"② 不过改折的事情，《清实录》和《漕运全书》中都没有记载。其实，在乾隆二十七年，获得批准永折的州县，只有清河、桃源、宿迁和沭阳这四县。《清实录》记载："户部议准，调任江苏巡抚陈宏谋奏称，清河、桃源、宿迁、沭阳四县，地不产米，民间完纳漕粮不便，请嗣后照海赣二处例，折价官办，于每年秋成时，赴司领银采买，令产米各州县，及该管道府，加结转详，核实征收，如有浮冒，照例查参，从之。"③《钦定户部漕运全书》则记有具体运作的规则："江苏清河、桃园、沭阳、宿迁四县，地不产米，漕粮买运维艰。于乾隆二十六年题准官为采办，民纳折价，于秋成时确访产地实价，详明核定，赴司领银采买，定限十月内买足，十一月内兑运，取具该四县并产米州县印结，该管道府州核实加结，详报应完银数，出示征收，于次年二月全完解司，不许浮冒。价平之年，据实开报，稍贵之岁，所需价脚，总不得过二两之数。"④ 即是说，与海州赣榆一样，该四县地方官府，先行按照时价买运漕粮，再在下一年向民户征收。不过这里面多了一项规定，无论市价多高，征漕（大米）的价格不得超过每石二两银。这项规定，似乎是朝廷为防备地方政府滥征而定的。

阜宁县永折漕粮，要到乾隆三十六年才出现，那是由江苏巡抚萨载

---

① 《清实录》第 11 册，第 374 页。
② 民国《阜宁县新志》卷 5，第 503 页。
③ 《清实录》第 17 册，第 564～565 页。
④ 道光《钦定户部漕运全书》卷 7，第 96 页。

奏请的："户部议准，江苏巡抚萨载奏称，淮安府阜宁县，额征漕米九千余石，该县滨临湖海，产米无多，漕仓又设淮城，距县窎远，实多未便，请照清河、桃源、宿迁、沭阳民折官办之例，在本县易银完纳？从之？"① 根据这段文字，朝廷批准阜宁县漕粮改折的理由有二：一是这个地方靠海，因而产米无多；二是兑交漕粮的米仓不在阜宁，而是建在距县窎远的淮安府城里面，这给缴税者造成很大的不便。

综合来说，乾隆年间，江北地区共有十个州县获得朝廷批准永折漕粮，而其他大部分州县，应该仍然是缴纳本色漕粮的。不过，到了 19世纪中叶，由于出现了两大收漕危机，基本上江北所有州县都已经是缴纳折色漕粮了。

二　漕运的两大危机

19 世纪中叶，对清廷来说，最影响漕运的有两件事。一是咸丰年间因黄河改道而出现的运河破坏问题。清朝的统治是建立在几个朝代以来不断修建的运河运输网络之上的。在这一运输网络中，清朝政府主要依靠一条长达 1700 多公里的南北大运河，贯穿自西流向东的三大河流（长江、淮河和黄河），将全国物资（尤其是白银和米谷）源源不绝地运送到北京和边防。三大河流中黄河从西流向东，远古时代是在华北出海，不过大概在北宋时，因为夹杂的河沙太多，河床升高，黄河南徙，汇入淮河合流出海。黄淮由西东流出海，必定与南北大运河有一个交汇点，那就是令清朝河道总督最为紧张的清口（淮安城附近）。不过到了咸丰初年，清口已经不再有黄河泛滥的危险，因为那条被黄河所携带的黄沙堆积了千年的河道，已经不能再容纳黄河庞大的水量，黄河再一次北徙。于是，黄河在河南溃堤，折向山东，带着大量泥沙冲破山东运河

---

① 《清实录》第 19 册，中华书局，1986，第 921 ~ 922 页。

堤坝，再东流入海。大运河运输系统完全被毁，漕粮运输岌岌可危。①
二是自咸丰三年（1853）开始，太平天国已经盘踞南京，使长江中上
游省份的漕粮不能运输到下游再转上京师，而下游地区（如苏州和松
江）即使没有长期被占据，也受到战火波及，农业收成减少，不少民
户无力交漕。不过，从历史进程来看，随着后来太平天国的覆灭，漕运
便恢复，所以这个政治影响只是暂时性的。

　　针对运河破坏和太平军问题，清廷采取两个办法来应对。南京以西
的省份，包括湖北、湖南、江西和安徽，漕粮改折白银，再经过安全的
水陆运输到北京或指定军区。而南京以东的江苏、浙江两省，则转为海
运，自上海黄浦至天津。只是这一沿岸海道浅滩不少，需要利用平底沙
船，而海运初期，沙船不足，因此只能处理两省的部分漕粮，其余的还
是需要改折白银。据李文治等的研究，咸丰二年江苏省内的苏、松、
常、镇、太五府州改行海运的漕粮只有 100 余万石，约是原额的二分之
一，浙江省情况大体相同。②

　　对于州县官员来说，如何在遭遇天灾和兵祸威胁的长江流域征收税
项，是另一个巨大的挑战。咸丰年间，地方知县往往难以完成足额的税
收任务。乡村没缴足额的税项，最直接的理由，当然是农村凋零、农业
失收。面对这些理由，知县除非劳民伤财地亲自查探，否则难以证实；
强行征收，又容易激起民愤，引发地方反抗，在与太平军战争期间，这
是非常不明智的。解决的办法是，地方知县与地主一同上报灾情，只要
中央同意，他们便可顺利完成差务。

　　对于高级官员来说，首要任务是尽快消灭太平军，而要做到这一
点，就需要取得江南地方精英的支持。同治二年（1863），战争还在进
行中，淮军将领丁寿昌便已上奏："欲寒今日之贼胆，必先收今日之民

---

① 李文治、江太新：《清代漕运》，中华书局，1995，第 430～431 页。关于黄河变迁，参见
　　岑仲勉《黄河变迁史》，人民出版社，1957。
② 李文治、江太新：《清代漕运》，第 450 页。

心；欲收今日之民心，必先减最重之粮额。苏、杭等府所最苦者漕粮之重，苏、松为甚，常、镇、太、杭、嘉、湖次之。"① 亦即是说，以减赋来换取支持。丁寿昌的建议有一个论据，就是苏松重赋。他说："窃惟漕粮一项，以江浙二省为大宗，而江浙之漕，以苏松常镇太杭嘉湖七府一州为尤重。从前全漕四百余万石，而江浙二省几及三百万石，居天下漕粮四分之三。"② 淮军统领同时又是江苏巡抚的李鸿章也支持这一建议。同治三年，减漕方案还在审议期间，曾国荃攻入天京，正式荡平太平天国。减漕的方案最后在同治四年被定了下来，苏、松、常、镇、太五府州，正耗原额漕粮是 203 万石，改为 149 万石，减少了 54 万石，减幅约为 27%。至于浙江杭、嘉、湖三府，正耗原额漕粮是 100 万石，改为 73 万石，减少了 27 万石，减幅为 27%。③

江南减赋，可以稍稍满足江南地方精英的需求，对太平天国之后的江南社会起到稳定作用。不过，在这场减赋运动中，江北地区没有得到明显的好处。与江南相比，江北土地贫瘠，于是地主们更倾向于抗漕，这是当地州县官员乃至江苏巡抚要面对的问题。

三　江北折漕章程

同治六年，李鸿章被擢升为湖广总督，他原本的职务江苏巡抚由江苏布政使丁日昌继任。丁日昌是一个富有地方行政经验的官员。他原籍广东潮州丰顺县汤坑乡，道光二十二年（1842）中秀才，亦办过地方团练，最显赫的功绩莫过于在咸丰四年率汤坑乡勇三百人剿土匪，解潮州府城之围。咸丰六年选琼州训导，同年以军功奉旨以知县用，咸丰九

---

① 丁寿昌：《请永减苏松漕粮疏》，盛康辑《皇朝经世文编续编》卷 37，《近代中国史料丛刊》第 84 辑，台北：文海出版社，1972，第 3865~3866 页。
② 丁寿昌：《请永减苏松漕粮疏》，第 3865 页。
③ 李文治、江太新：《清代漕运》，第 419~422、426~427 页。

年任江西万安县令，咸丰十年调摄江西吉安府邑庐陵县令，然翌年太平军攻占吉安府，丁日昌以弃城罪被革职，旋入曾国藩幕，很快就以卓越的行政能力获得曾国藩的赏识，仕途从此一帆风顺。同治元年，丁日昌开复原职；同治二年以功补用直隶州知州，未几又补为直隶州知府；同治三年奉旨以道员用，署理苏淞太兵备道；同治四年正式被任命为苏淞太兵备道，八月任两淮都转盐运使司盐运使；同治六年，丁日昌 45 岁，正月初一日升为江苏布政使，年底擢为江苏巡抚；同治九年闰十月，其母亲去世，遵例丁忧，离开抚台，回乡守制。① 丁日昌的政务文件被时人编为《抚吴公牍》，该书收录了他当江苏巡抚那三年（同治六年底至同治九年底）的官方文件。

《抚吴公牍》中的重要文件是有关江北的钱漕章程，也是丁日昌改革江北漕粮征收的根据。引发这个钱漕章程出台的，是所谓王声金京控一案，大概发生在丁日昌当江苏巡抚的第一年（同治七年）。王声金是江北通州（俗称"南通"）民人，当时他连同一二州民，京控以该州册书侯廷芝为主的众多收漕书吏在收漕过程中"浮收逼完""包揽黧粮""索费勒息"等，每石收漕高达 12000～18000 文不等。丁日昌亲自提审，肯定确有其事，将该册书杖革，其余书吏也分别责惩和革役。② 丁日昌认为，王声金一案显示江北漕政出现了问题。他说："通州漕价，每石收至十余千，自难怪百姓之京控。"③

丁日昌主张江苏布政使应对江北漕政进行改革，不过他同时警告那是一项非常困难的任务。在一封给布政使的信函中，他分享了前一年他还在布政使之位时，在江南进行税收改革时所遭遇的挑战。大意是，当时他访闻江南收漕，各县有大户小户之分，"大户或至一文不收，甚有

---

① 孙淑彦：《丁日昌先生年谱》，黑龙江人民出版社，2006，第 20～21、78、226 页。
② 《札饬王声金京控案内究出讼棍张本治发府审办》，丁日昌：《抚吴公牍》卷 19，宣统元年（1909）南洋官书局石印本，第 3 页。
③ 《加函钞案致藩司》，《抚吴公牍》卷 19，第 4 页。

包揽小户者；小户则每石十余千，或七八千，并无在六千以内者"。①
丁日昌认为缴税不应该有大户小户之分，但更重要的是漕价过高。于是
他"酌中定价"，米贵时每石收数不得超过 4000 文，米贱时不得超过
3000 文，平时则以 3400 文为准。谁知改革告示一出，"谣言谤书，如
蜂起、如雷轰、如决堤之奔流、如乘风之暴雨，盖数百年之积弊，欲一
朝廓而清之，众何为而不汹汹"。丁日昌没有说明那些"谣言谤书"的
来源，但极有可能就是来自各地的大户。面对这些攻击，连两江总督曾
国藩也劝他"从渐变法"，以免寡不敌众。但命令既出，难以中止，
"骑虎难下"，只好硬着头皮坚持下去。不过，丁日昌认为此项改革最
后还是成功的，"今各县照价兑收，业已年余，并令将告示泐碑，以垂
永久，想不至再有变更"。他劝勉布政使"江北欲改漕章，度必众谤沸
腾，我辈惟有持之以静，挟制者自无所施其伎俩矣"。②

丁日昌很快便发现江北情况与江南不同，特别是这个地区的米价较
贵，即使在邻近长江旁边的江都、甘泉、仪征等县，"米价定五千文则
太多，定四千文则太少，若定为四千余文，又觉数目参差，与江南一律
三千四百文者过相触背"。③ 曾国藩也提醒丁日昌，江北州县无论"漕
数之多寡"，"州县之入款"差异极大，这种情况与安徽比较接近，若
要把江南酌中定价直接引入江北，在实行上会有困难。④

丁日昌最终参考了当时安徽（而非江南）现行的办法，拟定了一
份《江北钱漕章程》出来。他首先把纳漕州县分为大、中、小三类：
以额漕二万石以上者为大额，一万至二万石者为中额，一万石以下为小
额。然后决定每石漕粮的折钱情况，原则是大额少减（因州县盈余较
丰），小额多减，但总仍在 5000～6000 文（见表 3）。

---

① 《加函钞案致藩司》，《抚吴公牍》卷 19，第 4 页。
② 《加函钞案致藩司》，《抚吴公牍》卷 19，第 4 页。
③ 《咨商拟办江北钱漕章程》，《抚吴公牍》卷 22，第 1 页。
④ 《咨商拟办江北钱漕章程》，《抚吴公牍》卷 22，第 1 页。

表 3   江北州县折漕情况

州　县	额征漕粮	实征漕粮	额类	每石折征
泰　州	32332 石	16735 石	大额	5000 文
东台县	18054 石	9925 石	中额	5800 文
铜山县	17550 石	10470 石	中额	5200 文
盐城县	17268 石	10879 石	中额	6000 文
萧　县	14700 石	5260 石	中额	5200 文
兴化县	12741 石	7462 石	中额	5300 文
山阳县	10460 石	6366 石	中额	6000 文
沭阳县	9233 石	4962 石	小额	5500 文
阜宁县	8460 石	4504 石	小额	6000 文
江都县	7616 石	4771 石	小额	5000 文
砀山县	6916 石	2300 石	小额	5500 文
高邮州	6727 石	4072 石	小额	5600 文
沛　县	6587 石	3409 石	小额	6000 文
宝应县	6467 石	3867 石	小额	5000 文
如皋县	6184 石	6184 石	小额	5400 文
宿迁县	5399 石	3540 石	小额	6000 文
甘泉县	5321 石	3618 石	小额	5000 文
赣榆县	4962 石	2596 石	小额	5000 文
海　州	4701 石	1500 石	小额	5500 文
泰兴县	4620 石	3286 石	小额	5300 文
丰　县	4320 石	2813 石	小额	5000 文
桃源县	3329 石	2245 石	小额	6000 文
清河县	2931 石	862 石	小额	6000 文
邳　州	2615 石	1420 石	小额	5600 文
通　州	1718 石	1671 石	小额	5000 文
仪征县	1559 石	938 石	小额	5000 文
睢宁县	1270 石	874 石	小额	6000 文
海门厅	（资料缺）	（资料缺）	小额	6000 文
安东县	无漕	无漕	—	无漕

资料来源：《酌拟江北钱漕章程》，《抚吴公牍》卷 22，第 1 页下～第 17 页上。

丁日昌制定江北州县折漕数目的同时，下令每逢征税的时候，亦应照江南办法，将税收的资料"刊刻简明告示千数百张，遍乡分贴，俾愚夫愚妇一目了然，书差不能高下其手"。① 丁日昌注意到，江苏有不少州县官员是将钱漕的征收工作下判给出价最高的书差承包。这种书差，也称作"总书"。如"照得江苏州县征收钱漕，向有总书一役，各房书吏，每于本官到任之时，及地漕启征之前，以千数百金，为雏媒钻谋点充，其或数人凑集成数，大都由办漕门丁，代为说合"。② 丁日昌认为，若县令将税收工作外判，不单令"小民暗受其朘削，甚至挟制本官，以至太阿倒持，〔县令〕稍不遂欲，公事每至迟误"。③ 他认为将每乡的折漕金额公开张贴出来，可有效打击这些书差的不法行为。

其实，《江北钱漕章程》最具革命性的地方，不是张贴告示，而是从根本上改变了征漕的方式，这种改变，似可有效遏止"包漕"的非法行为。所谓"包漕"，就是包揽漕粮，即某中间人通过替缴税者缴纳漕粮，赚取利润，这在江苏一直很流行。在早期漕粮还是缴纳本色的时候，中间人已经在乡下折收漕粮，再持金钱到县城仓库附近的米铺购买劣质米谷交漕，以此赚取利润。当然，负责收漕的书差也不是那么好妥协的，他们想通过同样的方式得到利益，于是往往借口漕户上缴的米质不好而要求折银。双方的矛盾，使得每年官民交兑漕粮之际，往往会发生以下其中一种情况：一是包漕者与书差达成协议，彼此瓜分利益，或者书差与包漕者是同一人；二是双方不能达成协议，书差成功威吓了包漕者；三是双方不能达成协议，但包漕者不堪就范，有可能像通州王声金那样上京控诉，向中央政府揭露县衙门的收漕陋规，甚至引发"漕乱"。漕粮折银，理论上可以解决这些问题。如上所述，从乾隆年间开始，江北一些州县可以折银，到了咸丰年间，由于太平天国起义以及黄河改道冲毁运河，折银更加普遍。不过，折银多少是根据"时价"而定，但"时价"多少，是由知县决定的，这又易与民间对时价的预期

---

① 《咨商拟办江北钱漕章程》，《抚吴公牍》卷 22，第 2 页上。
② 《札饬各属不许点充总书由》，《抚吴公牍》卷 31，第 3 页下。
③ 《札饬各属不许点充总书由》，《抚吴公牍》卷 31，第 3 页下。

出现差距而造成纷争。而且，将折银措施放在普遍使用铜钱的江北地区，问题更大。漕米折银已经出现一个兑换价，而白银折钱便出现第二个兑换价，折外加折，书差有机会重重剥削，小民难以应付，只有具有地方势力的土豪才能与收漕书差讨价还价，于是继续滋养了包漕的环境。同治七年，在江北折漕的问题上，丁日昌以一个固定的铜钱米价去代替两个"时价"，再利用告示公告乡民，这些措施可以大大减少交漕过程中的套利活动。利益减少，不独书差难以上下其手，包漕活动也应因此大为收敛。新制度减少了包揽者和书差的上下其手，是否就可以让江北知县们在他们的辖区内顺利收漕？

四　阜宁县的漕乱

因缴纳漕粮而出现的官民冲突，被称为"漕乱"。在漕粮还是以本色缴纳的时候，间有漕乱出现。丁日昌巡抚江苏期间，即使江北已经折漕，漕乱仍然时有发生。例如，阜宁知县便曾向丁日昌禀告，县内有大曹上下两图，一直拖欠税粮，此因县内钱漕历来为地方豪强所把持，并且勾串粮差地保，侵蚀大部分的税项，他向巡抚请求容许他"带炮船前往拿办"。不过这个公然与地方社会对抗的办法，遭到了巡抚的反对。丁日昌警告"设办理不善，转致激成事端，试问该县能当此重咎否？所禀未便准行"。丁反建议"豪强惩办一二，以儆其余，此风渐可渐革"。① 丁日昌持此态度是有其理由的，若官府"带炮船前往拿办"，必定立即造成官府与地方社会的对立，这是刚刚经历太平天国战争的江苏巡抚最不愿意见到的事情。

但是单单"惩办一二"，并没有使阜宁县的县民乖乖交漕。沈国翰，安徽泗州人，同治八年至十三年，两度出任阜宁知县（见表4）。

---

① 《批阜宁县禀大曹图粮户借团抗完漕赋由》，《抚吴公牍》卷1，第4页下。

在任期间，他试图在几个长期拒绝缴纳漕粮的图甲中严厉征收，结果遭到村民"聚众树旗相抗，种种放肆，可恶己极"。① 同治十三年二月，关枢接替沈国翰出任知县，又"试开数图"，随即两千多人聚众持械，并闹至县衙门大堂，幸得乡绅调停才稳定局势。②

表 4　清末阜宁知县

阜宁知县	就任年月	阜宁知县	就任年月
张光申	同治五年二月	葛毓清	光绪元年七月
张锦瑞	同治七年闰四月	苏超才	光绪二年四月
沈国翰	同治八年七月	蓝采锦	光绪五年
董堃臣	同治十一年六月	朱公纯	光绪八年三月
沈国翰	同治十二年闰六月	苏超才	光绪九年六月
关　枢	同治十三年二月	阮本焱	光绪十年正月

资料来源：光绪《阜宁县志》卷 7，第 519 ~ 520 页。

　　光绪三年（1877），知县苏超才为了应付县内的亏空问题，与阜宁县的士绅达成一个协议，即任命他们作"里董"，协助税收工作，里董则包赔县内税收的"尾欠"。③ 自此，里董在税收工作中便有了一个特别的角色，以收漕为例，衙门规定"漕粮号条，应由各册书知照总董，会同庄头地保及各督催妥为散给各花户查收，赴柜完粮，不准粮差经手代散"。④ 所谓"总董"，等同里董。亦即是说，由总董负责在乡间散发税收通知书"漕粮号条"，再由粮户"自封投柜"，以往由差役负责的工作，现由总董负责了。这个做法，对知县来说，一举两得：阜宁县的亏空主要来自抗粮，若由里董包赔，里董必定为知县追收税项；而里董是义务工作，知县不需要付任何工资。简单来说，知县是以最少的行政

---

① 阮本焱：《上各大宪试开老灾图禀》，《求牧刍言》卷 5，《近代中国史料丛刊》第 27 辑，台北：文海出版社，1968，第 196 ~ 197 页。

② 《上淮安府孙海岑太守老灾图滋事禀》，《求牧刍言》卷 6，第 213 页。

③ 《上各大宪整顿里征钱粮禀》，《求牧刍言》卷 5，第 188 页。

④ 《南北科钱粮柜示》，《求牧刍言》卷 5，第 195 页。

经费进行地方管治。

丁日昌说过，"绅董之不自爱，其弊甚于书差"，苏超才的决定，很快便印证了这句话。① 当时具有地方势力的士绅，得到官府的任命后，在乡间地位更加显赫，再挟着乡间的力量，以里董的名衔与知县在丁漕的问题上讨价还价。知县在这种情况下处于劣势，仍然收取不到税项。光绪五年至八年，蓝采锦和朱公纯这两位知县便曾分别责令里董根据协议包赔尾欠，结果那些里董纷纷辞职。② 这使知县处于一个尴尬的境地：没有里董，如何收税？即使重新任命里董，也不能确保收到足够的税项，而最大的问题是，当年的尾欠如何筹措？知县若无力收取钱漕，便形成亏空。

为了应付朝廷，阜宁知县只好一而再地接受里董的建议——虚报灾荒，普免钱粮。自此，每年开征丁漕的时候，知县与里董们"共同研究"灾情，而决定开征的熟田分数，一般来说，"董曰若干，官即遵定若干，准减不准增，稍有所增，非聚众抗完，即敛费上控，民知有董，不知有官"。③ 阜宁县的"天灾"，遂变得频密而严重。若知县强行征收，地方社会则武力抗衡。例如在朱公纯任阜宁知县时，便出现"益林镇纠团相抗"；在苏超才再任知县时，县内各董即提出秋成歉收，要求"全境停征"，幸得淮安知府派人来县再三开导，整个阜宁县才勉强收到 2419 石的折漕钱文，只相当于原额 8460 石的三成不到。④ 虽然此时阜宁县的折漕价格已从每石 6000 文增至 6500 文，但折价的调整，仍然弥补不了欠税上的损失。⑤

光绪十年正月，本籍浙江余姚的阮本焱，接替苏超才任阜宁知县。

---

① 《委查邳州墟董戴锡玲等勒派墟捐由加函》，《抚吴公牍》卷 47，第 8 页上。
② 《上各大宪整顿里征钱粮禀》，《求牧刍言》卷 5，第 188 页。
③ 《上各大宪整顿里征钱粮禀》，《求牧刍言》卷 5，第 188～189 页。
④ 《上各大宪整顿里征钱粮禀》，《求牧刍言》卷 5，第 189～190 页。
⑤ 《覆两江曾宫保爵帅查询地方事宜禀》，《求牧刍言》卷 3，第 122 页。

阮本焱曾当过江北清河知县幕僚，受知于漕运总督杨昌浚，被推荐接任
阜宁知县一职。不过，阜宁县是烫手山芋，历来没几个知县能做得长。
上任后，江苏布政使便向他做出批示："里董勾串把持，实属荒谬已
极。该署令既深悉改章以后之积弊，应即认真整顿，倘有里董书差刁
抗，立即详情，从严究惩，勿稍姑息。"① 虽然藩司对知县的税收工作
给予了支持，但这种支持是否足以改变阜宁民人抗漕的习惯，则很成疑
问。阮本焱曾坦白地说："此缺为淮属著名苦累，办公动多掣肘。"②

据阮本焱的报告，阜宁有一些积年报灾免粮的图甲，称为"老灾
图"，包括仁字里的二、三、四、五、六、七、八图，义字里的二、三、
四、五、六图，礼字里的九、十图，智字里的一图等。这些老灾图，
"其间不肖庄头，串同里董，每届秋成，借以报灾为名，按亩敛费，多
方煽惑，胁制把持，乡民为其所愚，业田不知有赋，及至控追佃租控
争，田息几忘，其与灾案大相悖谬，盖数十年于兹矣"。③ 阮本焱说：
"老灾图者，收成与邻近熟图相等，若祖父皆以抗不完粮，为能数十
年，已成风气。"④

阮本焱的记录让我们了解到，虽然这位知县意欲图强，但仍然是有
心无力。初任知县不久，阜宁县仁字里二、三图总董黄凤台和孙石麟便
往见阮本焱，告知两图天灾歉收，请求免粮。据阮本焱的报告，他在当
时"优礼相待"之余，亦答应了"准其酌减分数若干"。谁知总董并不
满意。此事不久，阮本焱乘轿去县内一个叫作六套的地方勘案。回县衙
途中，突然风闻有为数过千的县民正在天赐场守候，准备"拦舆告
灾"，乞求免税。这位知县知道后，于是转走另一条路，但当他走到某
个河道准备过桥的时候，发现有仁字里二、三等图数百人在这座砖桥的

① 《上各大宪整顿里征钱粮禀》，《求牧刍言》卷 5，第 188 页。
② 《覆两江曾宫保爵帅查询地方事宜禀》，《求牧刍言》卷 3，第 122 页。
③ 《上各大宪试开老灾图禀》，《求牧刍言》卷 5，第 196 页。
④ 《上淮安府孙海岑太守老灾图滋事禀》，《求牧刍言》卷 6，第 214 页。

上下盘踞。其中数十人一见阮本焱的轿舆经过，便立即走到轿前"跪呈灾词"。这种情况弄得阮本焱进退不得，他只好留在轿子上向群众"温言抚慰"一番，表示先过桥，再到附近饭店与他们慢慢讨论。不过他的提议并没有被接受，突然有"无知恶少年"数人攀爬上轿，将轿舆弄得几至倾侧。阮本焱立即出轿，并扭获一人交给随从，但此人随即又被数人上前夺回。阮知县光火之际，部分"老民"向他跪求放过犯事者。这位知县根本没有什么办法，反正人已跑了。于是过了桥，到达对面的饭店，他便邀请这些老民前来商谈，不过所有人已作鸟兽散。①阮本焱非常生气，对县治感到悲观，在一份给两江总督左宗棠的报告中，曾有感慨："阜邑民情，不知有官法久矣，绅士之众，讼案之多，犯上不已，必至作乱，池鱼殃及，势且玉石俱焚，言之可为寒心，闻者亦为发指。其号为能吏者，亦仅虚与羁縻。"②

结　论

19 世纪江北的漕政有一个特点，即普遍以折色缴纳。自清初开始，朝廷向江苏省征收以大米为主的本色漕粮。每年冬天，民户须把应纳漕粮交到县城内的粮仓，知县收了漕粮后，便依额交兑给"旗丁"操控的漕船，漕船则在一至六月间把这些漕粮沿着大运河运输至通州和北京的粮仓。咸丰年间，漕运一方面受到太平天国势力的阻梗和骚扰，另一方面面临因黄河改道运河破坏而产生的交通困难问题，因此江苏漕粮大多合法改折。

江北的漕粮征收在 18～19 世纪经历了两次改变，首先是从本色到折银，然后是从折银到折钱。在漕粮以本色缴纳的年代，民户对县衙的

---

① 《仁字二三四五六七等图灾呈批》，《求牧刍言》卷 5，第 207～208 页。
② 《上左季高爵相暨各大宪整顿阜邑地方情形禀》，《求牧刍言》卷 1，第 49 页。

不满主要来自多收米谷和改折金钱，这些不满导致的地方官民冲突，被称为"漕乱"。但当漕粮由本色改为折色缴纳后，并不意味漕乱终止。从阜宁县的例子可以看到，江北折漕之后，漕乱仍有发生，只是民户改以灾荒作为抗漕的理由。

《区域史研究》2020 年第 1 辑（总第 3 辑）
第 88 ～ 108 页
© SSAP，2020

明代中后期东南寇盗与地方社会秩序

陈博翼[*]

摘　要： 该文通过对以漳浦为中心的闽南地方社会的分析，从赋役和寇盗来源两个维度进一步说明倭寇、海寇这一类人群与编户之间的联系，以及东南寇盗在海上不断整合的过程。这种整合显示的反复性恰恰说明寇盗的实质以及陆海交界民众生存的常态和地方自在的"秩序"。这种"秩序"在这一百多年的时间里以"混乱"和"失序"的形式表现出来，说明的既是地方整合的"国家形成"过程，也是作为"边疆"的区域参与"国家建构"的过程。

关键词： 寇盗　秩序　漳浦

近二十年来，区域史研究取得了长足的进步。区域界限被打开，置身其间的人户与官府关系也在赋役制度研究之外获得了不同的审视。既有研究基于界内界外流动人群与王朝编户运作的视角，已讨论了人群实质与日常生活逻辑、倭寇海寇一类动乱及其势力的消长。这些研究从几大势力互动的空间框架和时间上绵延一个多世纪的倭寇海盗活动所体现的滨海社会结构两个维度，勾勒了 16 ～ 17 世纪南海东北隅人群及其活

---

[*] 陈博翼，厦门大学历史系副教授。

动所反映的日常生活逻辑和海陆之交社会自在的“秩序”。[①] 如果将研究范围缩小至闽南地区乃至一个县，更具体的问题和联系带来的不仅是微观层面认知的增进，更是所谓“地方性知识”深刻体现的日常生活逻辑。本文通过对以漳浦为中心的闽南地方社会的分析，从赋役和寇盗来源两方面说明倭寇海盗与编户之间的联系，最后讨论东南寇盗在海上不断整合的过程，这种整合显示的反复性恰恰说明寇盗的实质、陆海交界民众生存的常态和地方自在的“秩序”。

一　赋役：规制下的秩序与隐患

历来谈寇盗问题，不是就事论事说寇盗，就是绕回海禁政策上探讨。其实，如果谈政策甚或制度，赋役制度是比海禁政策隐藏得更深的结构性问题。明代中后期，里甲制度的松解带来了各种人群逃逸及相应的赋役无法完纳问题，体现在田与税上即为“有田阡陌而版籍无担石者，有实鬻田而留虚税者”。[②] 陆海交界地区的人们用“滨海崩陷”的借口混淆诡寄田土自然也很普遍，“其弊至于嘉靖之季而极”。[③] 面对财政不敷的状况，明政府“行加派”而“奸民”起，所谓“且海滨之民，疲弊甚矣！官司之所困，征役之所穷，富豪之所侵，债负之所折，怨入

① Boyi Chen, “Borders and Beyond: Contested Power and Discourse Around Southeast Coastal China in the Sixteenth and Seventeenth Centuries,” *International Journal of Asian Studies* 15.1, 2018, pp. 85 - 116；陈博翼：《16～17世纪中国东南陆海动乱和贸易所见的“寇”》，《海港都市研究》2009年第4号；陈博翼：《限隔山海：16～17世纪南海东北隅海陆秩序》，江西高校出版社，2019。

② 傅维鳞：《明书》卷67《土田志》，王氏谦德堂光绪己卯校刊本（1879），第15页a。

③ “于是有以官作民而粥之者，亦有户本重则急作轻则粥之者，田去产存，肌骨日侵，则有入钱里胥，飞诡旁射，或以滨溪滨海崩陷为词，或有以新垦收户，而浮粮赔貱实起于此。往往有户无浮粮，忽然增挂，忍为赔纳；又有实浮反行加派，而无浮反暗浮减者。其弊至于嘉靖之季而极。”见何乔远《闽书》卷39《版籍志》（明崇祯刻本），《四库全书存目丛书》史部第204册“地理类”，齐鲁书社，1996，第733页b；点校本见厦门大学古籍整理研究所、历史系古籍整理研究室校点《闽书》，福建人民出版社，1994，第962页。

骨髓"。[1] 基于地方不稳定的实态,典籍的表述中"奸民"勾引所谓的"倭寇"和"海寇"便很普遍,继而再无"奸民"而全部只剩"寇",贼即民。由于兵也源于民,所以贼和兵又很自然地相互转化。[2]

赋役强制牵动了满足王朝国家财政运作的需要,"奸民""奸人"则多是在官府强势话语下指称的那些干扰资源汲取和行政管理或不服从行政禁令继续维持原有滨海日常经济活动方式的人群,这种"又要马儿跑,又要马儿不吃草"的矛盾在海禁中得到了淋漓尽致的体现。

> 据海澄县番商李福等连名呈称"本县僻处海滨,田受咸水,多荒少熟,民业全在舟贩,赋役俯仰是资。……通行各省禁绝商贩,贻祸澄商。引船百余只、货物亿万计,生路阻塞,商者倾家荡产,佣者束手断飧,阖地呻嗟,坐以待毙"等情,批据漳州府海防同知王应乾呈称:"……东南滨海之地,以贩海为生,其来已久,而闽为甚。闽之福、兴、泉、漳襟山带海,田不足耕,非市舶无以助衣食;其民恬波涛而轻生死,亦其习使然,而漳为甚。……彼其贸易往来,籴谷他处,以有余济不足,皆小民生养所需,不可因咽而废餐者也。"[3]

特定经济形态与地理和空间密切相关,陆海交界地区社会的这种特

---

[1] 霍与瑕:《平广东倭寇议(平倭)》,《霍勉斋集》(一),收入陈子龙等选辑《明经世文编》卷 368,中华书局,1962,第 3974 页 b ~ 3975 页 a。

[2] "兵部尚书冯嘉会因言闽昔患夷,今乃患寇;昔患贼与贼合,今患贼与民合,且与兵合。何以言之?内地奸宄窟海为生,始而勾引,既而接济,甚至代为输转,所谓贼与民合者故也;自红夷已靖,闽以乏饷,故尽撤新兵。凡新兵皆市井亡命、狗吠而鸡鸣者,一隶行伍,心胆益粗,撤之使去,去将安适?计有浮梁剽掠而已,其与我兵向皆熟识,以其类群,间同猫鼠,所谓贼与兵合者此也。"见《明熹宗实录》卷 78,天启六年十一月戊戌,台北:中研院历史语言研究所,1962,第 3796 页。

[3] 许孚远:《疏通海禁疏》,《敬和堂集》,收入《明经世文编》卷 400,第 4332 ~ 4334 页。

性即反映了政策考虑和财政需求之间的矛盾。因此，滨海这类贼寇问题，归根结底还是断了生路又被逼交钱的问题，这也是禁令很难完全落实的原因。① 与迷惑性较强的海禁等政策相比，赋役问题实与动乱有更深层的联系。海禁等政策看似影响民众日常生活，实不及背后无形在场的赋役或者说王朝贡赋体系影响更甚。民众的日常生活除了物质上日常所需外还有"在场"国家的强制劳役的介入，这一显一隐正体现着"化外之民"与"编户齐民"的紧张。

赋役的征收对基层组织有较严格的要求，自然也是以编户为基础的。漳浦望族王氏中的王会就曾亲力亲为，招抚"叛徭"作为编户。② 此事也生动显示出民盗模糊的界线，全在于承担正供杂役的"编户"与否。当然，在整个里甲制度崩解的大势下，杰出个体并无回天之力。崇祯《海澄县志》讲佃农"逋租负税，莫可谁何"，时人周之夔谓"盘结之盗，叛服不常"，说到底都是编户的问题。③

漳浦县旧辖的云霄镇，"其地多险阻林丛，若壕仔林诸峒，地深睐

---

① "顾海滨一带田尽斥卤，耕者无所望岁，只有视渊若陵，久成习惯……一旦戒严，不得下水，断其生活，若辈悉健有力，势不肯搏手困穷，于是所在连结为乱，溃裂以出。"参见张燮《东西洋考》卷7《饷税考》，谢方点校，中华书局，1981，第131页。"闽人资衣食于海，骤失重利，虽士大夫家亦不便也。"见《明史》卷205《朱纨传》，中华书局，1974，第5404页。

② "王会……罢里正供，具宽逋负，赈济民，招抚叛徭，悉归编户。适三广大征，师出于道，兵使者逻得避兵者八十一人曰盗也。下州讯，会察其冤，上牍言诸人皆挟斧锯入山鬻枝者，不为盗。使者怒至系胥役刑劫之，不为动，八十一人者竟得释。"见陈汝咸修，林登虎纂，施锡卫续纂修《漳浦县志》卷15《人物志上·缙绅》，台北：成文出版社，1968，第1086页。

③ 周之夔《海寇策》："饥寒之盗，抚循安集之而已；桀骜之盗，天性喜乱，犯上恣睢，于法无赦；方张之盗，一举扑灭之而已。盘结之盗，叛服不常，党与日盛，使吾民离逖转徙，而彼安受其烬，终可以逞。闽今日寇患深矣！其始非有饥寒失业、迫使流亡也。生长海滨，衽席波涛，一二桀骜，智力自雄。既不能耕耘作苦，粗衣恶食，长贫贱而老子孙。……一寇未平，一寇复起。……三日谨间谍以携贼党。夫贼非异人，即吾民耳，掠商渔而乘其船、胁其人，故党日蕃焉。计一船之真盗巨盗无几，余皆被掳耳。"见贺长龄辑《皇朝经世文编》卷85《兵政十六·海防下》，台北：文海出版社，1966，第3045～3046页。

而多浮民，奸轨萌生出没，至不可究诘。……在浦封内，诸猾借公执仇，往往拘（构）为盗端，以耸上听。一行告许，诛连殆遍，豪恣耳不可戢，县官知而不敢问"。① 所谓"浮民"即"游民"，再重一点就是"化外之民"。周宣对多盗的解释是"林箐深蔚，瘴海外浮，故多盗"，但其后所言"其地在唐为郡城，民淳物阜，盗至先及焉"则进一步强调以前"民淳"，只是因为"盗至先及"才形成当日所见情形。② 事实上，一个地方是不可能纯粹地"盗至先及"的，周宣所见的"真实情形"只能说明此地许多人是未被编户的"盗"和"寇"。陈锦在"闽省遍地皆贼，城野焚掠将空"的危急时刻上奏建言，他虽然认为许多"民"被"贼"挟持，但也必须承认"贼"实为"朝廷赤子，咸有不得不为贼之情"。

> 今建府一城之贼虽除，其余属县以及延平府属，漫山遍野，无处非贼。若福州以上各府当梗阻无耗。见在侦剿，大约处处皆然也。大兵未到之地，则据城掠村；大兵一到，则奔逸山谷，林木蓊葱，道路险窄，不特马匹艰于驰骋，即步兵亦甚难行。若水路尽系溪壑，非大筏可驾。是地理既已险阻，而追截难以用功，故闽贼不易尽杀也。至于良善士民，其心固不从贼，然顺贼尚生，忤贼则死，势不得不行附和。官兵所到，则贼遁而民留，民未尝不归我也。官兵一去，则贼又至，而归顺之民被害矣。民之有产业不舍者，尚望官兵以除害。若游手赤贫之徒，尽为贼党矣。……亿万生民尽化为贼矣。况漳泉逼临大海，犹贼类出没之乡。……故闽省虽云已入版图，较之未入版图之地尤难料理。……故底定永安之策，惟有轸恤民隐，破格抚绥，使民皆利于为民，而不利于从贼，则贼

---

① 刘庭芥：《议云霄镇事纪》，《漳浦县志》卷 17《艺文志上》，第 1388 ～ 1389 页。
② 《新建云霄石城碑记》，《漳浦县志》卷 17《艺文志上》，第 1374 页。

势方孤，而歼荡不难。况各贼向亦朝廷赤子，咸有不得不为贼之情。今去其不得不为贼之事，即贼亦渐化为良民矣。①

陈锦特别提及的"闽省遍地皆贼"，"闽省虽云已入版图，较之未入版图之地尤难料理"，都点明了民盗一体这种实情，"又聚散倏忽，暮而剽掠，不知其为民（今贼之难别，亦以此）；朝而耕犁，莫辨其为盗，何忌惮而不为"。② 可见这种情况在东南许多地区是普遍存在的，只是程度有差。③ 直到清初，康熙都强调"海上原无贼，皆由内地而生"。④ 其解决之法，自然需要相应改变"内地"社会结构而不是海上清剿。王朝国家努力进行的对接济的惩处、逋逃的控制、连坐和保甲的推行，皆为对这种滨海流动人群进行管治的手段。

（巡抚福建刘忠问）三谓沿海居民，间有通贼接济，宜立保甲，互相稽察。如一家接济，则九家报官，敢有容隐则九家连坐，其甲保长另行重处。……臣窃谓近日剧贼林道乾、林凤等逋逃岛外，尚漏天诛，更有黠猾豪富托名服贾，勾通引诱，伪造引文，收买禁物，借寇兵而赍盗粮，为乡导而听贼用，诚有如督抚二臣所言者。⑤

总督两广侍郎刘尧诲会同巡按御史龚懋贤条陈：……一查编海

---

① 陈锦：《浙闽总督陈锦奏本》，《郑氏史料续编》卷1，《台湾文献丛刊》第168种，台北：台湾银行经济研究室，1963，第14～16页；《明清史料丁编》卷1，台北：中研院历史语言研究所，1951，第2页。

② 张瀚：《又上内阁书（粤寇）》，《张元洲先生台省疏》，收入《明经世文编》卷300，第3163页a。

③ 民盗的说法很多，以最近闽南的潮州为例，郭之奇《宛在堂集·为潮事可忧有四等事疏》："臣窃忧夫潮有盗而无民矣。潮岂无民，民将尽化为盗也，屠城破邑之魁，皆腰犀盖黄之贵，子女玉帛惟其意也，睚眦生杀惟其命也。富贵于是乎出，功名于是乎出，肆志快意于是乎出。民不为盗，而谁为乎？"见《潮州耆旧集》卷33，转引自陈春声《从"倭乱"到"迁海"——明末清初潮州地方动乱与乡村社会变迁》，《明清论丛》第2辑，紫禁城出版社，2001，第73～106页。

④ 俞正燮：《清初海疆图说·粤东海图说》，《台湾文献丛刊》第155种，1962，第60页。

⑤ 《明神宗实录》卷81，万历六年十一月辛亥，第1725页。

船以诘接济之奸，一稽查保甲以清接济之源……巡抚福建都御史耿
定向会同巡按御史教鲲各条议：……一稽核保甲禁缉接济，一商船
分番出洋量留防守，一漳潮互相关会稽察船只五事。部覆，均为闽
广沿海要务，从之。①

有些官员能短暂例行保甲之法，确实可获得片刻好转，例如，"漳
守臣施邦曜惩接济而绝勾引，行保甲而练乡兵，奸民稍戢"。② 但就特
定几十年的趋势看，明代后期王朝显然没有全面强化管制的能力，滨海
社会的民众也能以更接近惯常的逻辑谋划日常生活。

傅衣凌先生在给新修的《安海志》作序时特别引用了黄堪《海患
呈》这一嘉靖二十六年到二十九年（1547~1550）之间的呈文："有日本
夷船十数只，其间船主水梢，多是漳州亡命，谙于土俗，不待勾引，直
来围头、白沙等澳湾泊。四方土产货，如月港新线、石尾棉布、湖丝、
川芎。各处逐利商民，云集于市。本处无知小民，亦自乘风窃出酒肉柴
米，络绎海沙，遂成市肆。始则两愿交易，向后渐见侵夺。后蒙本府严
禁接济，是以海沙罢市，番众绝粮，遂肆剽掠劫杀居民。"③ 这一生动的
材料表明区域或所谓的地方原有自身的秩序，游离出王朝国家行政边界的
民众带着一些外国人回本土追逐利润，本是生活常态。他们根本不需要本
地人所谓的勾引接济，因为他们就是本地人，熟知港湾深浅和本地市场行
情。本地民众本着经济理性的选择自然地进行交易，市场在各处甚至在滨
海滩涂上发展起来，这也是滨海的生活常态和社会秩序。民众的交易一般
两相情愿，后来渐渐有一些抢掠和强迫行径，也是自然而然的事情。国家
权力试图保证秩序，一刀切地以接济外番的名义禁止所有交易，试图让社

---

① 《明神宗实录》卷 91，万历七年九月丙寅，第 1876 页。
② 《崇祯长编》卷 5，崇祯元年春正月己丑，台北：中研院历史语言研究所，1962，第 245
页。
③ 安海志编修小组编《安海志》，晋江县印刷厂，1983，第 2 页。

会回到以前的秩序，是王朝治理的正常逻辑。然而这种对自然交易市场和经济选择粗暴的禁止导致界外来的群体无法获利甚至危及基本生存需求（货物被贪利的"贵官家""势家"侵吞，自己又被王朝作为外来的"寇"或"倭寇"驱逐），这些人遂铤而走险转为武装劫掠，这仍是自然而然的事。社会秩序就是在这种冲击与调整中不断演化的，后来发生的许多史事，无非是地方势力、西欧殖民者加入逐利及各方博弈的各种变量而已，其基调不出这种滨海生活和社会秩序常态。在这个意义上，海禁说、商盗说等论断均只是涉及这种自在秩序的一方面而已，缺乏对于结构性问题的阐发。理解寇源，当然还是需要回到赋役规制下的乡土社会中。

二　寇源：乡土中的民众与豪右

如中国大多数郡县一样，县志记载漳浦质而朴，但"间有"一些不良行为。"近薄汀潮"的"民性愚悍梗化"，又由于"地固斥卤，锱銖之下，与海争权"，"面海多卤，抱山多礌田"，所以田讼多。[①] 不过，县志所录地方士人的记录则对自己所处之地持较为正面的看法，比如"何乔远《闽书》云：旧有金名焉，谚谓之'金漳浦银同安'"。[②] 县志还引用了几种不同材料来讲述该地的特征：农桑、网罟、田讼、质朴。

> 《宋史》：硗确斥卤之地，耕耨殆尽，亩直浸贵，田讼尤多。
>
> 《陈北溪谆札》：此邦民质朴谨畏，然间有奸雄健讼为良善之梗者。
>
> 成化《郡志》：漳浦之俗质朴谨畏、尚儒雅。依山者习乎农桑，处海者事于网罟。婚姻葬祭多依古法。间有专信鬼神、不事医

---

① 光绪《漳州府志》卷 45《艺文》，转引自林仁川《明末清初私人海上贸易》，华东师范大学出版社，1987，第 142 页。

② 《漳浦县志》卷 3《风土志·风俗》，第 193 页。

　　药者，有近薄汀潮、民性愚悍梗化、为良善之害者。

　　《闽省通志》：民阜讼稀，田亩浸贵，士质而文，民勤而朴。①

　　这些在传统表述约束下的说法前后已经隐含了矛盾，溢美词后所述的"愚悍梗化"一面似乎更近实态，这在碑志和旧志书中都能得到印证："盖漳浦为县，界乎闽广之交，其境阻山而负海，奸宄所出没。其俗悍，其民氓，以动岭海之间，厥为岩邑，故必得长民者举圣人之道以导之……然后俗易以化而政易以成也。"②"邑旧志云……俗好胜，健讼赌。恃强者武断乡曲，黠者挟持官府。小民因小忿则服断肠草图赖，官府有事追呼，拒捕殴打率以为常。"③ 漳浦三都更是"山林险恶，道路崎岖，官司难于约束，民俗相习顽梗……而阛乡抢夺，强凌众暴，视如饮食"。④ 明代中期以后则以"龙溪、嵩屿等处，地险民犷，素以航海通番为生，其间豪〔右〕之家，往往藏匿无赖，私造巨舟，接济器食，相倚为利"为普遍情形。⑤

　　所有这些对盗贼的记载和论述似乎都跟"奸雄""豪右"有关，可见此地乡族势力之强大。由文献中理想观念与本土实质的矛盾之处可见，该区是"难治"的充满"豪右"和"无赖"的地方，逃逸出王朝

---

① 《漳浦县志》卷 3《风土志·风俗》，第 192～194 页。
② 《漳浦文庙碑记》，见于绥安镇漳浦文庙内，康熙《漳浦县志》有收录，《漳浦历代碑刻》补录，见王文径编《漳浦历代碑刻》，闽新出（漳）内书刊第 90 号，漳浦县博物馆，1994，第 141 页。
③ 《漳浦县志》卷 3《风土志·风俗》，第 194 页。
④ 《奏设县治疏》，《诏安县志》卷 12《艺文》，收入《中国地方志集成·福建府县志辑》第 31 册，上海书店出版社，2000，第 585 页 a。
⑤ 《明世宗实录》卷 189，嘉靖十五年七月壬午，第 3997 页。后乾隆《福建通志》所载当抄自此处。龙溪、漳浦沿海"官司远离，威令不到"，因而盗寇会聚于此谋利。这一地区地理因素变化很小，但明中期以后盗寇"啸聚"，必然有其他的原因。类似的记载，还可见赵文华《条陈海防疏》："福地素通番船，其贼多谙水道，操舟善斗，皆漳、泉、福宁人，漳之诏安有梅岭，龙溪有海沧、月港；泉之晋江有安海；福宁有桐山；各地海澳僻远，贼之船主、喇哈、火头、舵工皆出焉。"转引自朱维干《福建史稿》下册，福建教育出版社，2008，第 174 页。

国家控制的"逋逃"当然也会更多。丁曰健《治台必告录》卷 2 所附《泉漳治法论》"察由""知难""械斗"三条分别记述反映了上述从民风到豪右、乡族的联系。

> 泉、漳之民，性极拙而易怒。……至其事关乎乡邑者，则率众合族，私相侵伐，由是有械斗之事。……第官不能，则移其权于民而已。①
>
> 虽督抚亦知泉、漳之难也，而不知非泉、漳之难也。②
>
> 若泉之同安、漳之漳浦，冤家固结，多历年所。杀父、杀兄之仇，所在多有。③

在丁氏的分析中，造成这种情形的原因，一是"泉、漳之民，性极拙而易怒"，一是"官不能治"和"官不能捕"，以致民众径直自己解决问题，乡族势力的强化大概许多出自这种需求。总之，"泉之同安、漳之漳浦，冤家固结，多历年所……此其不共戴天，非国法所能止也"。所有的这些都指向王朝国家在这个地区的控制力问题，政府在该地区的控制力不足与乡族力量和地方力量强大形成鲜明的对比，其认为需要加强管治又与倭寇海盗的兴起密切相关；不论是对豪右势家还是民众而言，王朝国家制造的"豪右""藏匿"等语，当然绝不仅仅是为了商业利益，更是寻求控制的逻辑。④ 但是这种控制对

---

① 谢金銮：《蛤仔难纪略·论证》附录《漳泉治法论》，丁曰健辑《治台必告录》卷 2，《台湾文献丛刊》第 17 种，1959，第 98 页。

② 谢金銮：《蛤仔难纪略·论证》附录《漳泉治法论》，丁曰健辑《治台必告录》卷 2，《台湾文献丛刊》第 17 种，第 99 页。

③ 谢金銮：《蛤仔难纪略·论证》附录《漳泉治法论》，丁曰健辑《治台必告录》卷 2，《台湾文献丛刊》第 17 种，第 102 页。

④ "时浙人通番皆自宁波、定海出洋，闽人通番皆自漳州、月港出洋，往往诸达官家为之强截良贾货物，驱令入舟。"见佚名《嘉靖东南平倭通录》，收入沈云龙选辑《明清史料汇编》第 8 集第 4 册，台北：文海出版社，1967，第 132 页。

明朝政府而言始终心有余而力不足。成化年间"大姓私造海舰，岁出诸番市易，因相剽杀"，① 其实就是一个竞争和并吞的过程，一旦政府无力更多干预这个地区，或是说放弃了对该地区的一些管制，地方自在的秩序就会更明显地呈现出来。在明中后期，也就是 16 世纪下半期，王朝基层控制方式的进一步松解最终令所谓倭寇海盗以剧烈爆发的形式表现出来。

寇盗虽然出现在文献中，其语境却值得进一步审视。漳浦的地理因素看似易于滋生寇盗：山峦位于中部、地处交界地带、滨海环境及附带许多小岛。② 但如果仔细分析寇盗的来源，就会发现本地寇盗为乱是极少的，仅万历三十四年（1606）一次寇乱较突出，还是"叛徒"某某"谋为乱"，所以其实可以说本地几乎是没有寇乱的，漳州府境内核心区比较活跃的贼寇多来自西面闽粤交接之处，连并非本区的《诸罗县志》也有提及这种流劫。当然，文献记载的"漳寇"也很厉害，王忬专门分了四种奖赏的情况，就有一项专门提到漳寇，与海寇相提并论。③ 但是，仔细阅读史料可以发现许多闽南的寇盗非如张琏一样"殴死族长"惧诛亡命的，而是族人知而不报的，他们与乡族有千丝万缕的联系，完全不是流劫乡土的"寇"。在滨海社会，通常本地"奸民"接应贼寇登岸后，是到其他村子劫掠，如前论"其导贼此处登岸，而别至一村劫掠"。④ 福建所遭受的寇盗多，多为"外来人口"流劫，"流寇""海寇""倭寇"皆属此类。譬如，嘉靖三十五年十月"有倭由漳浦登岸，所过焚掠无计。漳自此岁岁苦倭"的情况就属于这种外来流

---

① 《闽书》卷 48《文莅志·漳州府》，第 1215 页。
② 王忬《清漳十咏》其二："〔此〕池（地）多炉（烟）瘴，时清喜渐除。阻山犹盗贼，并海尽盐鱼……"其四："近岁兵戎候，民风亦稍衰，番船收港少，畲酒入城迟。"见康熙《漳浦县志》卷 7《艺文志上》，第 1469 页。
③ 《明世宗实录》卷 393，嘉靖三十二年正月戊寅，第 6893 页。
④ 严如熤：《沿海团练说》，贺长龄辑《皇朝经世文编》卷 83《兵政十四·海防上》，第 2961 页。

劫,当然漳浦自己的"化外之民"也会流劫其他地区。① 这些人群流寇其他地方而不流劫本乡,"无室家宗族之系累",而且都有自身固定归属区域,真正说明他们是一定程度上脱离了王朝管治的化外之民。海澄也遇到这个问题,浙兵到福建便肆无忌惮,"澄人苦焉"。② 闽南、粤东之"民"有相当数量在浙为盗,即便只是"协从",亦属同理,阮鹗"其在浙为贼,还梅岭则民也。奈何毕歼之"的名言足以说明这一点。很多击败寇的记录都会提及释放("纵")或"夺"回了多少"被掳"人众,这些数量达几千人的"男、妇",可能一开始是被劫掠胁迫的,但到后来就很难说了,报告说他们是被劫持的民众当然是军事将领非常精心审慎的说辞。③ 而在朝廷一方,首从区分对待也是很明确的。④

在这种地方秩序支撑下的民盗互相转化的问题、各种"勾连"和"接济"的问题,王朝国家若想有效介入,则必须利用原有的地方势力来运作相应的制度和组织。知道"皆由内地而生"的贼寇"其实多编户之齐民也"的屠仲律很清醒地认识到,乡族豪右这类人应该予以利用,"其有能团结乡民、保固村镇者,先与免其粮里押运重役及均徭一应杂差,获功者一体升赏"。这样才能最大限度地消除寇源。在他提出的一系列御倭策略中,依托豪民和村民抗"贼"却又要允许其有与政府有一定程度疏离的自由、发挥自主积极性的论述尤其精彩。

---

① 张燮:《东西洋考》卷6《外纪考·日本》,第114页。嘉定县人倪准嘉靖三十三年五月被"倭贼拦截上船,跟到彼处","只见漳、温两处人无数在彼,衣帽、言语一般","但来打劫,俱是漳州人指引"。

② 沈定钧等:《兵纪》,《漳州府志选录》,收入《台湾文献丛刊》第232种,1967,第3页。

③ "副总兵戚继光督浙兵至福建,与总兵刘显、俞大猷夹攻原犯兴化倭贼于平海卫,大破平之,斩首二千二百余级,火焚刃伤及堕崖溺水死者无算。纵所掠男、妇三千余人……"见《明世宗实录》卷520,嘉靖四十二年四月丁卯,第8523页。"四十一年七月,内总督尚书胡宗宪檄浙江参将戚继光部浙兵七千余人援之,令军中人持草一束,填河而进,遂大破贼巢,平之,生擒九十余人,斩首二千六百余级,焚溺死者无算,夺被虏三千七百余人……"见《明世宗实录》卷522,嘉靖四十二年六月庚戌,第8539~8540页。

④ "兵部言:闽中寇盗半系土著,此腹心疾也。……协从者许其首免,首恶不赦。诏如议。"见《明世宗实录》卷489,嘉靖三十九年十月丁未,第8142~8143页。

　　五、作勇敢。沿海如沙民、盐徒、打生手及村庄悍夫，皆勇可用。然多乐效用于私室，而不乐报名于公家，何者？以公家势远而文繁也。豪民以之保村里则有余，以之充行伍则无益，何者？以行伍人多而心力涣也。然则顺其情、相其宜，以振作鼓舞之，必有术矣。乞敕下各该有司通谕豪家大族及里巷豪杰，各为身家，并力拒守。其有能团结乡民、保固村镇者，先与免其粮里押运重役及均徭一应杂差，获功者一体升赏；其有愿受文职，审其果能保障一方及斩首十颗以上，民得比输粟例入监；系有职役者，并得起送赴部，与本等常选升授；同里之人，并得其功累增至赴部实选；其不愿官爵者，则重给赏优恤之。或以制贼之一策也。近苏、松、嘉、湖之民，常有纠集知（智）勇，乘贼怠玩或掩其昏暮，间能杀贼夺其辎重者，随为官军劫其财而夺其功。夫居民出百死之力，卒被劫夺，曾不获分毫之报，不亦激众怨而失民心乎！又有村民团结自相防护，志在全家保妻子耳，有司辄谓其能，遂报名入官，以致人各畏避，不敢复谋拒贼，此又沮民之气而抑其忿也。请谕地方官，凡义民不愿在官者，不得一切附报；且严禁官军，不得攘夺民功，则民见利而勤，无畏而奋，将各思所以自效矣。①

　　这是对基层组织和秩序本质相当深刻的理解，将王朝地方稳定维持与利益分配相结合，对人群的组织和对地方秩序的维持能发挥最大效果。在明后期纷繁的动乱和东南滨海社会流动人群活跃的背景下，势家的力量更加明显，其与王朝政治议程的结合更充分反映了地方自在的秩序。屠仲律对寇源的认定及整治思路相当清晰中肯，正所谓解铃还须系铃人，以赋役绑定消除为寇的地方性基础、以豪右作为执行者并领导民众，都是顺应地方固有"秩序"和日常生活逻辑的有效手段。与倭寇

---

　　① 《明世宗实录》卷 422，嘉靖三十四年五月壬寅，第 7316～7317 页。

海盗在陆上的流劫和兴灭一样，其在海上与海陆交界地区的活动遵循相
同的日常生活逻辑。

三　整合：闽海上的争战与重组

明代中后期，除了可以看到东南滨海社会基层控制松动和民盗一体
的现象外，西方殖民势力到达东亚海域更是引入了外部变量，其对华政
治经济活动的制约因素便是无法忽视的滨海社会广泛存在的"海寇"。
西班牙人颇受其扰，后来的荷兰人更是如此。这种现象提供了一个视
角，使我们得以观察一些滨海秩序激荡的细节和过程。16 世纪后期，
林凤事件后，福建把总王望高到马尼拉追寻林凤的下落，回程还顺便捎
上了几个奥古斯丁会修士，可见双方对存在潜在的共同敌人有体认。①
在这个意义上，拉维札理斯（Guido de Lavezaris，1499？-1581？）强调
的"侵扰中国沿海的大批海盗"对贸易造成损害是非常直观的。② 这种
现象表明"商盗说"解释力的局限：月港（海澄）与马尼拉之间的贸
易如此有利可图，所谓的商人集团何必自寻烦扰化身海盗危害自身的贸
易呢？值得注意的是，福建官府与西班牙殖民者追击的林凤为潮州人，
并非月港或者漳州府辖境内的"海寇"。漳州府辖境外周边滨海人群活
动对其造成的挑战才是赋予这些人"海寇"标签的核心点。隆庆时期
开洋本来"先是发舶在南诏之梅岭，后以盗贼梗阻，改道海澄"，亦即
王朝国家在某些行政区域接合部无法实现有效的行政管控，被迫转置于
府治旁政治和军事力量更强的区域，也说明许多劫掠漳州地区的"寇"

---

① Francisco de Sande, "Relation of the Filipinas Islands," (Manila, June 7, 1576)
(Trans. Rachel King, from MSS. *Doc. ined. Amer. y Oceania*, xxxiv, pp. 72 - 79) in Emma
Helen Blair, et al. eds., *The Philippine Islands*, *1493 - 1803* (Cleveland, OH: A. H. Clark
Co., 1903 - 1909), Vol. IV, 1576 - 1582, pp. 21 - 97.

② *The Philippine Islands*, *1493 - 1803*, Vol. III, 转引自中外关系史学会、复旦大学历史系编
《中外关系史译丛》第 4 辑，上海译文出版社，1988，第 276 页。

是来自区域外的流动人群。^① 就月港本身来看，从漳浦和龙溪分置的比照可见其从漳浦分置前后，盗和商都是有的。^② 分置之前漳浦各处包括月港多有叛乱，分置之后虽然文献多言其繁荣和谐之景象，却也不乏其遭受寇掠的记载。^③ 可见"市通则寇转而为商"之说尚不足以完全解释其时东南滨海社会动荡的史事，其逻辑需要到地方社会自在的"秩序"中去寻找。前文提到的这些"寇"与"豪右"等地方乡族势力的联系，也可以在西欧人的观察中体现——明代基层控制的松解在东南滨海反映出来，与此同时，强大的乡族势力体现了另一种组织和活动形式，以地方自在的秩序互为表里，荷兰人感觉到的"中国豪商巨贾的垄断贸易以我们的能力还不能排除"并非偶然。^④

在这种背景下，所谓的寇盗不断"整合"的情况也能被观察到。从嘉靖初到明末，"倭寇"与"海寇"的嬗递并不是一者代替另一者，而更多是一种延续——无论是从词语出现情况看还是从实质内容看。嘉靖后期，倭寇与海寇的称谓开始有了交叠。海寇与倭寇的关系是不易厘清的，但从时人含混的表述中大致可以推知他们存在一定的联系，以王直、洪迪珍为例，同一项记录里他们既是"海寇"又是"倭"首。^⑤ 而在嘉靖四十年月港二十四将反乱的事件中，洪迪珍作为倭首也被视为张维一类顽民构逆的"贼"首。对嘉靖三十九年到四十五年发生的寇乱的分析可以显见这一点。张琏乱起到四十三年戚继光"歼灭"闽境倭寇，其间则基本是"山海寇发""福建山贼、倭夷并起"，四十四年以后海盗吴平兴起，所以另两类贼被淡化。整体看就是"贼—倭—寇"，其中许多事件仍然是非常含混的，有些是贼与倭的结合，有些是贼与

---

① 张燮：《东西洋考》卷7《饷税考》，第132页。
② 林仁川：《明末清初私人海上贸易》，第101~105、288~289、292~293、317~319页。
③ 张燮：《东西洋考》"小引"，第15~17页。
④ 程绍刚译注《荷兰人在福尔摩莎》，台北：联经出版事业公司，2000，第98页。
⑤ 《明世宗实录》卷525，嘉靖四十二年九月丙申，第8567页。

（海）寇的结合，有些是倭与寇的结合，还有些是三者的混合。① "倭寇"与"海寇"二者之间攻击性和破坏性程度的差别同海防力量及经验的加强有关，与海上力量的分合有关，更与基层控制方式的变化有关。围绕无法掌控逃户的困扰而展开的编户（包括其特殊形式保甲）努力与海寇的勃兴同步，人户控制的斗争纠缠持续至明亡，东南海域流动人群一直"生生不息"而"前赴后继"，春风吹又生。② 各种势力有许多种整合的方式，但是整合的结果更多是一种代替而非清除。对寇盗进行一种编制和组织显然是各种力量整合过程中郑氏集团取得的巨大成就，其制海与商贸垄断的过程也是这种区域秩序被强调和体现的过程。

整合的过程无非几种形式，文献上最直观的是各种争战，包括官军的军事行动和各种势力的火并。第一种整合可以概括为官军攻杀剿灭。"（嘉靖四十三年）三月，归善盗温七、伍端作乱，总督张臬檄参将谢敕讨之。敕不为备，为盗所乘，杀指挥王佐等。敕惧逃归原卫。未几，温七兵亦败被擒。端自缚至军门，求杀贼自效。端即所谓花腰封也。总兵吴继爵、俞大猷受其降。提督吴桂芳至，因使击贼，官军继之，图倭于邹塘，连克三巢，焚斩四百余人。捷闻，上命各加赏赉。"③《明实录》里诸多平寇平乱的记载，包括戚继光盘陀之战皆属此类。④ 此外还有灭洪迪珍、张琏、吴平、曾一本等战役也都可以归入这一类，所谓"据已相次擒灭"。

第二种整合是招抚及"以贼攻贼"。明廷一直很重视招抚之术，并设法让招抚者去剿灭盗寇，即推动"化外之民"的火并（其亦利用在

---

① 陈博翼：《限隔山海：16～17世纪南海东北隅海陆秩序》，第84～95页。
② 欧阳泰注意到了荷兰、葡萄牙和西班牙等势力的政策和活动对海寇的影响，见 Tonio Andrade, "The Company's Chinese Pirates: How the Dutch East India Company Tried to Lead a Coalition of Pirates to War against China, 1621 – 1662," *Journal of World History* 15.4, 2005, pp. 415 – 444.
③ 佚名：《嘉靖东南平倭通录》，《倭变事略》，上海书店，1982，第51～52页。
④ 《明世宗实录》卷530，嘉靖四十三年二月戊午，第8641～8642页。

澳门的葡萄牙人逐寇海上流劫势力）。① 该做法在万历后期较为普遍，②
所谓"以狼制獐，譬之以猫捕鼠"。③ 后来，许瑞擒林容、郑青擒杨四、
刘香和李魁奇等"俱为芝龙所并"，都是明廷推动火并的结果。这些整
合以郑芝龙吞并其他势力最为显著。最终明廷借助郑芝龙这个大"寇
首"消灭了一帮大大小小的海寇，无怪邹漪说："凡贼遁入海者，檄付
芝龙，取之如寄，故八闽以郑氏为长城。"④ 不过，郑芝龙显然也借助
明廷招抚的各种便利成功完成了实力扩展和对海上活动人群的控制。招
抚的问题当然也很明显，即寇盗火并带来的是整合的势力，而非寇盗的
消失。明廷所招抚的寇盗不受节制，常坐视不救官军，例如把总洪应斗
在铜陵之战时孤军奋战，"降将杨六、杨七坐视不救，应斗自知不免，
抱铜铳自溺于海"。⑤ 这种情形相当普遍，或不受节制，或"复叛"，均
为常态。这种"叛服不定"显示明代王朝国家在 16 世纪中期以后对于
滨海社会的人群编制本质上并无有效应对手段。

诏安贼首吴平先闻二省官兵夹剿，惧而请降。总兵俞大猷受
之，使居梅岭杀贼自效。主（至？）是复叛，造战舰数百，聚众万

① 杨光先引述利类思（P. Ludovicus Buglio, 1606–1682）的话说："至嘉靖年间，广东海贼
张西老攘澳门，至围困广州，守臣招西客协援解围，赶贼至澳杀之。"见杨光先等《不得
已（附二种）》，陈占山校注，黄山书社，2000，第 129 页。
② "其寇闽最剧者，曰张琏。……（官府为倭饶乱，故用'以贼攻贼'之计，遣金币招致
洪迪珍攻倭。）"张燮：《东西洋考》卷 6《外纪考·日本》，第 115~116 页。
③ 《明神宗实录》卷 8，隆庆六年十二月癸丑，第 277 页。
④ 邹漪：《明季遗闻》卷 4，《台湾文献丛刊》第 112 种，1961，第 98 页。计六奇：《明季
北略》卷 11，《台湾文献丛刊》第 275 种，1969，第 173 页，"崇祯八年乙亥"之"郑芝
龙击刘香老"条："凡贼遁入海者，檄付芝龙，取之如寄。"陈寅恪先生《柳如是别传》
四《河东君过访半野堂及其前后之关系》引述此条。其他南明史料均有类似表达，见三
余氏《南明野史（附鲁监国载略、附唐王载略）》卷中《绍宗皇帝纪》，《台湾文献丛刊》
第 85 种，1960；川口长孺：《台湾郑氏纪事》卷上，《台湾文献丛刊》第 5 种，1958；林
绳武辑《郑芝龙事略（附）》，《海滨大事记》，《台湾文献丛刊》第 213 种，1965；王世
贞撰，王政敏订，王汝南补《明朝通纪会纂》卷 7《隆武》（清初刻本），《四库禁毁书
丛刊》史 013 册，北京出版社，1997。
⑤ 《崇祯长编》卷 5，崇祯元年春正月己丑，第 244 页。

余，筑三城守之。行劫广东惠、潮及诏安、漳浦等处。福建总兵戚
继光督兵袭之，平尽移其辎重入舟，率众遁入海，保南澳……①

抚寇李魁奇复叛，寇海澄，知县余应桂遣兵击败之。②

第三种整合是海上人群内部的分合争斗。根据其时对该海域尤其密
切留意的荷兰人的记录，这种矛盾和过程尤其生动。荷兰人描述了郑芝
龙手下海上人群的分分合合："该海盗成为厦门大官之后，他的 200 条
帆船与他分道扬镳，重新入海为寇。"③ 荷兰人记录了李魁奇的分叛：
"成为厦门大官的海盗一官，在福州巡抚那里时，他的一名将领李魁奇
率领大部分船只重新下海为寇。据说，他拥有 400 条船，阻止大员与中
国的航行，4 个月以来，大员很少或没有任何贸易。"④ 李魁奇手下的再
次分叛也被记录下来："12 月 30 日。晚上，我们的人获悉，李魁奇的
大将钟斌率领 30 条大帆船叛乱。"⑤ 其时李魁奇和郑芝龙同时在争取荷
兰人，⑥ 但李拦截商船更甚，也不符合荷兰人的利益："李魁奇……击
败一官的军队，攻占漳州湾，派兵包围厦门，导致商人不能在海上往
来，大员也因此而不见商船。"⑦ 荷兰人最后仍然选择与郑氏合作，除
了"共同驱逐海寇"的考虑外，亦慑于郑氏的实力（其他海盗例如刘
香不守约定攻击公司船只即立刻被抛弃）。⑧ "寇"的分化与重组反映的
正是"寇"的属性和本质问题——其不仅仅是商或是盗，更是"民"，

---

① 《明世宗实录》卷545，嘉靖四十四年四月己丑，第8806页。
② 林绳武辑《闽海海寇始末记》，崇祯二年（己巳），《海滨大事记》，第10页。
③ 程绍刚译注《荷兰人在福尔摩莎》，第88页。
④ 程绍刚译注《荷兰人在福尔摩莎》，第92页。
⑤ 程绍刚译注《荷兰人在福尔摩莎》，第109页。李魁奇推迟月饷发放，钟斌手下士卒不想再等，要求卖掉船上丝绸，李强力压制并不许钟斌再提此事。据《热兰遮城日志》1630年1月11日的内容和《巴达维亚城日记》1631年4月2日内容补充。
⑥ 程绍刚译注《荷兰人在福尔摩莎》，第107~109页，据1630年《热兰遮城日志》补充部分。
⑦ 程绍刚译注《荷兰人在福尔摩莎》，第102页。
⑧ 程绍刚译注《荷兰人在福尔摩莎》，第100、114、157页。

其反映出的流动、不稳定等属性，只有以"化外之民"才能予以解释。在那几个海盗集团中，并没有"市禁"还是"市通"的问题。

东南滨海社会流动人群整合的过程非常残酷，但以结构性的历史看则往往只是"浪花"性的多次重复事件在长达百余年的区域激荡秩序中的呈现。陈春声教授列举了大量潮州地区招而复叛的例子，并用材料生动地反映了整个安置过程与地方上的反应。潮州是一个典型的互不统属、叛服不定、互相火并的例子。①闽南虽相对而言有"一家独大"的特点，但类似的互相攻伐在江日昇《台湾外纪》中也多有描述。如果说傅为霖、施明良、陈典辉、陈荣、蔡恺、高寿、朱友等人仅仅是机谋巧算，那么施琅、黄梧、陈豹、朱天贵等人才是决定力量倾斜的关键人物。即便是潮州地区也深受福建政治势力变动的影响，例如许龙和郝尚久，在清郑两方之间徘徊，最终许被清廷遣去攻打苏利后就被拘上京归旗。这当然也是清初政权"迁海"的惯用手段和"英雄"个体的普遍结局。在整合的过程中，参与各方力量多少都有所消耗，但这些都不是根本性的。从明中后期地方社会"两广盗如落叶，随扫随落，蹊径无光洁之日"的普遍情形开始，②到清初三藩之乱期间东南滨海社会各势

---

① 陈春声：《从"倭乱"到"迁海"——明末清初潮州地方动乱与乡村社会变迁》，第103～104 页。一手材料可参见阮旻锡《海上见闻录》卷 1 "顺治五年、海上称永历二年十一月"（彭孙贻《靖海志》卷 1 所辑基本来自阮旻锡）、杨英《从征实录》"永历三年己丑（一六四九）"、江日昇《台湾外记》卷 3 "顺治六年己丑（附称永历三年）春三月"、川口长孺《台湾郑氏纪事》卷上 "三年庚寅（永明永历四年、鲁监国五年、清顺治七年）"、夏琳《海纪辑要》卷 1 ［又见《闽海纪要》"庚寅、永历四年，往潮州（即顺治七年）"］。

② 张瀚：《又上内阁书（粤寇）》，第 3163 页 a。广东的例子，还可见《明神宗实录》卷 4，万历元年八月戊辰，"刑科给事中李学一奏。岭海盗贼生发多年，所在地方皆为残破，顾（？）被祸有浅深，征剿亦有缓急。海倭二寇，去来有时，山寇常在境内，为害最甚。……如谓众多胁从不忍概诛，亦必许其散，不许其招。盖从贼之人多穷而无以为生者也，果真心愿降，则必差官清理，给以免死之票，发之各归其乡居，人不得报复私仇，有司尤当曲为存恤。如流民，势不能归，亦当分散所在乡村，令其佃田耕种，如此则一劳永逸，后患可除。不然使复归其本巢，今日彻（撤）兵，明日出劫，祸乱相寻，何有穷已！"（第 159～160 页）

力不计其数的倒戈和反正、忠诚和背叛，[①] 地方社会秩序看起来处于持续不稳定的状态。战争和争战在某种意义上是重复的，火并过后东南沿海各种势力依旧活跃，地方社会秩序的结构也未见改变。降叛剿杀等军事征伐和暴力手段伴随的是春风吹又生的结构性重复。陈春声教授已指出清初的"迁海"（暴力军事行动的延续）和保甲两项"破"与"立"结合的行动最终结束了长达百余年的倭寇海盗活跃的历史。这种过程可以理解为清洗与重建消弭了结构性制约引发的重复性动乱，后来相关的研究亦进一步论证了迁海及编户活动在漳浦与东南滨海其他地区共享的普遍性和自身地方堡寨历史演化的特殊性。[②]

余 论

对地域社会的研究往往需要考虑人群活动都是在特定的制度和背景下展开的。在东南滨海社会富余人群流动杀伐的背景下，贸易与海上劫掠都是日常生活的常态，强大的海上武力依托者顺时涌现。明代后期相继出现的以李旦、颜思齐、郑芝龙、李魁奇、刘香等为首的海上武装力量都较为强大，以漳泉为代表的闽南地区的贸易也在此背景下展开。此外，滨海人群在明清之际也陆陆续续被"整合"为大大小小的"群体"。可以说，区域被强势力量控制，是海澄、安海等港口得以顺利开

---

① 《闽海纪要》记录了很多倒戈和互相攻伐混战的事件，例如，"丙申、十三年（明永历十年）春正月，平海王尚可喜遣兵攻揭阳；及苏茂战，败之。可喜同潮镇刘伯禄来复揭阳，茂率左冲镇黄梧迎战，大败；可喜追至城下，黄廷出兵迎战，乃退。"见夏琳《闽海纪要》卷之上，《台湾文献丛刊》第 11 种，1958，第 16 页。后面还有耿精忠和刘国轩战于龙虎山的案例。

② Boyi Chen, "The Coastal Evacuation of Zhangpu County in Early Qing: Borders, Shifting Zones, and Social Change as Seen in Forts and Fortified Villages," *Chinese Studies in History* 52.2, 2019, pp. 163-180；陈博翼：《漳浦迁海考——堡寨所见迁界范围与社会变迁》，《历史人类学学刊》第 15 卷第 2 期，2017，第 89~127 页。

展营利性经济活动的前提，不论这一力量来自何方。① 从赋役、寇源和人群整合过程三个维度看，均体现出滨海社会的日常生活逻辑和区域自在的"秩序"。地方社会存在自身秩序的结果便是即便王朝国家缺乏对该区域的掌控力，其日常活动也不受影响，将东南滨海地区的这种情况置于南海东北隅看即更为显著。东南滨海地域流动人群及各种势力的整合更多反映的是一种地方自在"秩序"，而非在王朝国家解释框架下后验地视为新政权建立的"必经之途"。这种"秩序"在一百多年里以"混乱"和"失序"的形式表现出来，说明的既是地方与国家整合的"国家形成"过程，也是作为"边疆"的区域参与"国家建构"的过程。

---

① 陈博翼：《从月港到安海：泛海寇秩序与西荷冲突背景下的港口转移》，《全球史评论》第 12 辑，中国社会科学出版社，2017，第 86 ~ 126 页。

《区域史研究》2020 年第 1 辑（总第 3 辑）

第 109～131 页

© SSAP，2020

清代乾隆前期湖广部定盐价制度中的

政治博弈[*]

韩燕仪^{**}

摘　要： 清乾隆五年，在湖广市场盐价高涨的形势下，湖北巡抚崔纪奏请官定盐价，引起两淮官商的反对，最终朝廷基于民食考虑，决定部定盐价。在核算部定盐价的过程中，以五份成本清单为表现形式，两淮官商、湖北巡抚、户部官员、皇帝、江苏巡抚展开了激烈的争论，最终定价的出台是各方势力政治博弈的结果。此后，面对部定盐价制度的约束，扬州盐商利用巨额的捐输报效换取乾隆皇帝的支持，先是获准加价，继而暗中推行"市价"，导致部定盐价制度逐渐变得有名无实，最终于乾隆二十九年被盐价逐年奏报制度取代。朝廷定价决策的产生、部定盐价成本的核算、定价制度的逐渐失效，这一复杂过程揭示清代的盐价是各方势力不断博弈的产物。

关键词： 市场盐价　部定盐价　成本清单　政治博弈　湖广

---

*　本文系中山大学博士生高水平学术成果培育项目、2017 年度国家社科基金重大项目"明代价格研究与数据库建设"（17ZDA192）阶段性成果。

**　韩燕仪，中山大学历史学系博士研究生。

导　言

价格是市场机制的核心。基于这一认识，前辈学者多利用传统史料中粮食、棉花、丝织品、土地等商品的价格数据来研究物价趋势和市场整合等问题。[1] 除了这些普通商品，作为国家专营商品的食盐的价格也受到学界的关注。目前学界对于盐价的研究，多集中于通过史料中残存的盐价数据来探讨盐商利润和盐价增长趋势的问题，[2] 而对盐价如何制定的研究较少。汪崇筼在为徽商的盐业经营垄断性辩护的时候，曾指出盐价的控制权始终在朝廷手里。[3] 刘翠溶依据乾隆年间朝廷对不同盐区的定价规定，指出某些地区的盐价则由官方制定，另一些盐区的盐价则

---

[1] 彭信威：《中国货币史》，上海人民出版社，2015，第 605～645 页；全汉昇：《美洲白银与十八世纪中国物价革命的关系》《清中叶以前江浙米价的变动趋势》，《中国经济史论丛》（二），中华书局，2012，第 542～595 页；王业键、李必樟：《清代（1644～1911）物价的长期趋势》，《上海经济研究》1983 年第 2 期；〔日〕岸本美绪：《清代中国的物价与经济波动》第三章"清代前期江南的米价动向"、第四章"清代前期江南的物价动向"，刘迪瑞译，社会科学文献出版社，2010，第 85～160 页；Han sheng Chuan and Richard A. Kraus, *Mid‑Ch'ing Rice Markets and Trade*: *An Essay in Price History*, Boston: Harvard University Asia Center, 1975；陈春声：《市场机制与社会变迁——18 世纪广东米价分析》，中国人民大学出版社，2010。

[2] 何炳棣：《扬州盐商：十八世纪中国商业资本的研究》，巫仁恕译，《中国社会经济史研究》1999 年第 2 期；汪士信：《乾隆时期徽商在两淮盐业经营中应得、实得利润与流向试析》，《中国经济史研究》1989 年第 3 期；周志初：《清乾隆年间两淮盐商的资本及利润数额》，《扬州大学学报》1997 年第 5 期；汪崇筼：《乾隆朝徽商在淮盐业经营中的获利估算》，《盐业史研究》2000 年第 1 期；吴海波：《乾隆年间两淮盐商的资本积累与流向》，《四川理工学院学报》2006 年第 3 期；Ts'ui jung Liu, " Feature of Imperfect Competition of the Ming‑Ch'ing Salt Market," in Yung san Lee and Ts'ui jung Liu, eds., *China's Market Economy in Transition*, Taipei: The Institute of Economics, Academia Sinica, 1990, pp. 259–327；徐泓：《清代两淮盐商没落原因的探讨》，安徽大学徽学研究中心编《徽学》第 7 卷，黄山书社，2011，第 10～32 页；汪崇筼：《清代淮盐江广口岸价探讨》，《盐业史研究》2008 年第 2 期。

[3] 汪崇筼：《对"徽商勾结、垄断"说的学术思考》，《四川理工学院学报》2007 年第 2 期。

由"市场"决定。① 萧国亮则指出清代的盐价名义上由"封建国家"所规定，实际上受到盐商、消费者、地方官员、盐务官员和朝廷这几种力量的左右。② 这些学者的讨论为我们研究食盐定价机制提供了诸多启发，然而值得进一步追问的是：第一，在朝廷控制下，盐商是否对盐价制定仍然具有主动性，如有，这种主动性如何展开；第二，官方定价和"市场"定价的内在意涵是什么，这种略具二元色彩的说法是否能够揭示清代盐价制定的核心逻辑；第三，在朝廷的垄断贸易体系下，盐商、消费者、地方官员、盐务官员、朝廷等力量基于何种矛盾关系、如何通过互动作用于盐价，进而制定出最终的食盐价格。只有通过具体案例解决这些问题，我们才能真正理解清代食盐的定价机制，从而增加对传统中国市场运作机制的理解。

有鉴于此，本文以清代淮盐最大的销售市场——湖广口岸为切入点，通过湖广盐价的案例考察食盐定价机制。在对湖广盐价进行论述之前，需要说明的制度背景是，清代湖广淮盐引地并非实行严格到州县层级的专商引岸制度，而是采取一例通销政策，即各州县不用分地行盐，可以相互自由销售。在这一政策之下，有两点需要注意：第一，湖广食盐市场不是由单个或者特定的几个专商承担，而是开放给淮南所有运商，因此，湖广盐务往往关系淮南盐商群体，而决策权往往握于扬州总商之手；第二，汉口是湖广淮盐贸易的公共口岸和转运中心，淮南盐商只需将盐运到汉口口岸，再通过代理岸商批发给各地水贩，即可完成此次行盐任务，此后水贩在各州县的食盐销售，与扬州盐商没有直接关系。③ 也就是说，淮南盐商对湖广市场的垄断止于汉口，他们在汉口通

---

① Ts'ui jung Liu，"Feature of Imperfect Competition of the Ming – Ch'ing Salt Market，" in Yung san Lee and Ts'ui jung Liu，eds.，*China's Market Economy in Transition*，pp. 259 – 327.

② 萧国亮：《清代盐业制度论（续）》，《盐业史研究》1989 年第 2 期。

③ 何炳棣：《扬州盐商：十八世纪中国商业资本的研究》，第 63 页；杨久谊：《清代盐专卖制之特点——一个制度面的剖析》，《中央研究院近代史研究所集刊》第 47 期，2005，第 17 页。

过岸商卖给水贩的批发价即为汉口口岸价，清代文献往往将之称为湖广盐价。本文的湖广盐价具体所指即是汉口口岸价，笔者不用"汉口盐价"而用"湖广盐价"的原因是，这一环节的价格实际上代表了整个湖广市场，而不仅是汉口一地的市场，因此，采用"湖广盐价"更能说明其内在的重要意义。

清代湖广食盐市场，本质上是朝廷利用盐商收取盐课收入、授权盐商集体垄断①的市场。在这样的市场体系下，不同时期湖广盐价具有不同的定价制度。清初顺治、康熙年间，湖广盐价总体遵循"随时销售"的方针。"随时销售"，指的是盐商可以根据垄断市场的供求涨落制定盐价，但是盐政官员和地方官员可以根据盐商成本和民众接受程度调控盐价，② 因此，"随时销售"并不意味着盐价完全由市场关系决定，因为行政干预会对盐商定价造成一定制约。③ 到了雍正元年（1723），由于湖广总督杨宗仁核减盐价引起的风波，朝廷出台了"钦定盐价"，但是此次定价只短暂实行了一年，雍正二年便恢复"随时销售"体系。④直到乾隆五年（1740），湖北巡抚崔纪奏请定价，促使朝廷对盐价制度进行调整，产生了部定盐价制度。部定盐价指的是户部根据盐商各项成本统一制定出来的湖广盐价，并要求此后市场需要永久遵行这一价格。这一制度是朝廷试图以指令方式控制湖广食盐市场的固定盐价体制。

值得注意的是，盐政官员和地方官员虽然都可以调控盐价，但是他

---

① 按照经济学原理，垄断指的是一家大企业占据全部市场份额，而寡头指的是几家大的企业竞争市场份额。清代官盐市场其实是朝廷批准一些大盐商一起分享市场份额，不过，这些大盐商并非像寡头一样存在竞争关系和囚徒困境，而是联合起来共享信息、垄断市场，这种垄断形式具有某些"卡特尔"的特征，笔者将之称为集体垄断。

② 参见乾隆《钦定大清会典》卷 15《户部·盐法》，《景印文渊阁四库全书》第 619 册，台北：台湾商务印书馆，1986，第 148 页。

③ 在"随时销售"体系下，康熙年间有很多地方官员干预盐价的案例。参见韩燕仪《清代盐价制定中的地方干预——以康熙年间衡、永、宝三府为中心的考察》，《中国经济史研究》2019 年第 2 期。

④ 韩燕仪：《清代盐价制定中的政商关系——基于雍正初年湖广盐务风波和官员受贿案的考察》，《中国社会经济史研究》2020 年第 1 期。

们对于盐价高低的立场并不相同。作为地方官员的督抚，基于民众利益
和督销责任，希望盐价较低，而作为盐务长官的两淮盐政，身负盐课重
任，与盐商关系密切，维护盐商利益，希望盐价较高。[①] 因此，他们在
盐价问题上往往会出现很大分歧，这种分歧在此次部定盐价制度的产生
和推行中均有显现。本文利用盐法志、档案、实录、地方志、清人文集
等史料，着重展现两淮官商（两淮盐政和扬州盐商）、湖北督抚（湖广
总督和湖北巡抚）、江苏督抚（两江总督和江苏巡抚）、户部官员、皇
帝等各方势力在盐价制定过程中的政治博弈，进而阐释清代湖广盐价制
定的核心逻辑。

一　部定盐价的起因：市场盐价高涨与崔纪奏请定价

乾隆初年，湖广市场盐价呈现出在波动中持续上涨的态势。[②] 盐价
的短期波动与供需的季节变动有关，[③] 持续上涨则与当时物价整体上涨
的趋势紧密相关。[④] 不过，从根本上来说，扬州盐商对湖广食盐市场的
集体垄断是盐价高昂的根源。自从盐价回归 "随时销售" 体系之后，
他们重新获得盐价制定权，而当时人口快速增长、市场销售畅旺的情

---

① 萧国亮：《清代盐业制度论（续）》，《盐业史研究》1989 年第 2 期。
② 乾隆《两淮盐法志》卷 10《课入四·成本上》，《稀见明清经济史料丛刊》第 1 辑第 5
　册，国家图书馆出版社，2009，第 555~556 页。
③ 史贻直：《奏报湖北汉镇盐价及程世绥居官情形事》，乾隆二年五月二十九日，中国第一
　历史档案馆藏朱批奏折，档案号：04-01-35-0442-042；张楷：《奏报严禁抬高盐价
　并酌定施南等地销川盐引数等事》，乾隆二年十一月初十日，中国第一历史档案馆藏朱批
　奏折，档案号：04-01-35-0443-010。
④ 全汉昇：《美洲白银与十八世纪中国物价革命的关系》《清中叶以前江浙米价的变动趋
　势》；王业键·李必樟：《清代（1644~1911）物价的长期趋势》；〔日〕岸本美绪：《清
　代中国的物价与经济波动》第三、四章。需要说明的是，有些学者认为湖广盐价的变动
　与银钱比价有关，然而实际上，湖广公共口岸盐商卖盐和水贩买盐都是用银，并不存在
　银钱比价的问题，这一点已经为杨久谊所指出。参见杨久谊《清代盐专卖制之特点——
　一个制度面的剖析》，第 20~22 页。

形，有利于他们制定出相较于自由竞争市场更高的盐价。① 面对盐价高涨的情形，湖广督抚史贻直、杨永斌等多次核减市场盐价，不过，这些都没有从根本上改善湖广盐价上涨的局面。② 因此，乾隆三年至四年，刑部郎中樊天游、太仆寺卿蒋涟等中央官员先后呼吁朝廷出台措施，限定湖广盐价。③ 继而，到了乾隆五年二月，湖北巡抚崔纪上奏痛陈盐价高涨源于垄断盐商的"任意勒抬"，奏请朝廷"折中核定"盐价，取消盐商的自主定价权。④

崔纪奏请定价引起了两淮盐政三保的反对，三保利用朝廷对淮南盐利的重视，上奏强调"商人上输国课，身挟重资，冒长江数千里之险者，原图觅绳头之利耳"，如果"苛刻核减"盐价，则"商人折本而不肯运盐"，从而妨害"两淮数百万之课项"，实际上是提醒朝廷，要想获取盐课收入，就必须保证盐商利润，而保证盐商利润，就应该给予盐商自主定价权，以此否定崔纪官定盐价的提议。⑤ 同时，崔纪奏请定价还引起扬州盐商的停运抗议，造成汉口食盐供应紧张，汉口岸商借此先后发行"官票"和"草票"，民众持票才能买盐，而"地棍""奸民""贪利之徒"囤积盐票、转卖牟利，这样的销售方式和投机行为，严重影响了各地水贩和地方民众的食盐需求，导致汉口发生群众聚店哄嚷的骚乱事件，影响甚大，引起乾隆皇帝的关注。⑥

① 何炳棣：《扬州盐商：十八世纪中国商业资本的研究》，第 67 页。
② 史贻直：《奏报湖北汉镇盐价及程世绥居官情形事》，乾隆二年五月二十九日，中国第一历史档案馆藏朱批奏折，档案号：04－01－35－0442－042；乾隆《两淮盐法志》卷 10《课入四·成本上》，《稀见明清经济史料丛刊》第 1 辑第 5 册，第 555 页。
③ 乾隆《两淮盐法志》卷 10《课入四·成本上》，《稀见明清经济史料丛刊》第 1 辑第 5 册，第 559~560、582 页。
④ 崔纪：《奏陈楚省核定盐价并分地行盐以除积弊事》，乾隆五年正月初四日，中国第一历史档案馆藏朱批奏折，档案号：04－01－35－0444－023。
⑤ 三保：《奏报楚省盐价情形事》，乾隆五年二月二十八日，中国第一历史档案馆藏朱批奏折，档案号：04－01－35－0444－032。
⑥ 具体经过可参见张小也《清代私盐问题研究》，社会科学文献出版社，2001，第 54~56 页。

此外，应户部要求，两江总督郝玉麟和湖广总督班第也陈奏了对盐价的看法。其中，湖广总督班第与崔纪相呼应，站在湖广地方官府的角度，指责盐商不应将商捐银两摊入成本，造成盐价上涨，并请求皇帝敕令两淮盐政确查盐商各项成本，以此平减盐价。[①] 而郝玉麟身为两江总督，与两淮官商地缘关系密切，他提议通过"酌减窝价"[②] 和"加斤"[③] 减轻运商成本，从而降低湖广盐价。实际上，"酌减窝价"虽然一定程度上有损于纲商，[④] 但是有利于维护广大运商群体的利益，而"加斤"更是有利于运商。总体而言，这两项措施的目的都是为"官定盐价"提供转圜空间，暗中支持盐商。[⑤]

三藩之乱结束后，清朝进入政局稳定的时期，经过康熙后期的休养生息和雍正年间的改革整顿，国家财政面貌渐佳，国库日益充裕，乾隆初年户部银库存银已达3000多万两，并且逐年增加。[⑥] 正基于此，朝廷有更多的余力关注民众福利。而乾隆初年，不仅是盐价，包括米价在内的其他物价也面临着严峻的上涨形势。[⑦] 对此，朝廷不得不加以重视，以解决物价上涨对广大民众造成的冲击。所以，面对湖广盐价的高涨和崔纪的奏请，大学士和户部官员最终意识到"节年以来，商人唯利是

① 班第：《奏请敕盐官确查楚省商捐银是否摊入成本并酌减盐价事》，乾隆五年二月二十五日，中国第一历史档案馆藏朱批奏折，档案号：04－01－35－0444－031。

② 引窝原为明万历纲法以来纲商世袭之窝本，清康熙年间两淮出现纲商和运商的分离之后，出现引窝的买卖，其交易价格即为引价或者窝价。此后，窝价成为运商一项必不可少的行盐成本，窝价越高，运商成本越高，因此，"酌减窝价"也就是减少运商的成本。

③ "加斤"是指朝廷授权增加每引盐的斤重并免纳该部分盐课，其实是在不增加盐商纳课成本的同时增加盐商运销量，也就是减少盐商运销淮盐的单位成本。

④ 运商、纲商（亦可称为引商）以及总商、散商实际都属于我们常称的扬州盐商（即淮南盐商）群体。其中运商和纲商（引商）之别是因为引窝买卖的出现，总商和散商之别则源于资产的差别和管理的便利。这些商人之间往往存在重叠，比如有些运商就是总商，有些纲商也是总商，有些纲商同时是运商，而有些盐商既是运商又是纲商还是总商。运商是扬州盐商的主体，本文的扬州盐商所指亦为运商。

⑤ 郝玉麟：《奏报调剂盐斤价值以利楚省民食事》，乾隆五年三月十四日，中国第一历史档案馆藏朱批奏折，档案号：04－01－35－0444－033。

⑥ 史志宏、徐毅：《晚清财政：1851~1894》，上海财经大学出版社，2008，第48~52页。

⑦ 全汉昇：《乾隆十三年的米贵问题》，《中国经济史论丛》（二），第650~671页。

趋，借端摊派，任意递加"，使得"盐价大有增昂，抬价累民"。乾隆
五年三月，他们提议两淮和湖广方面分别将相关盐价清册上交户部，再
由户部"通盘确核、酌定价值"，这一决定获得乾隆的同意，由此开启
了朝廷部定盐价的序幕。① 与此同时，为了厘清是非、公平商议，乾隆
皇帝下旨令崔纪和三保分别前往北京，和内阁、户部官员共同会议
盐价。②

二　部定盐价的核算：各方势力的博弈

朝廷决定盐价部定之后，两淮盐政三保和湖北巡抚崔纪分别上交详
细的成本清单，③ 列出淮盐从淮南盐场运至汉口口岸的场价、自场至泰
坝每引包索水脚、坝客辛工火足抬价并扬关钞等 14 项成本支出以及合
计的总成本（盐价），其中三保所开总成本（盐价）为每引 7.1396 两，
崔纪所开总成本（盐价）为每引 3.4 两。④ 不过，三保上交第一份成本
清单之后，可能碍于一些官员的不满，⑤ 随后又上交第二份成本清单，
总成本（盐价）比第一份成本清单的数字有所降低，为每引贵价

---

① 鄂尔泰：《奏报遵旨会议楚省盐价事》，乾隆五年三月二十四日，中国第一历史档案馆藏
　　朱批奏折，档案号：04 - 01 - 35 - 0444 - 034。
② 《清高宗实录》卷 115，乾隆五年庚申四月己亥，中华书局，1985，第 697 页。
③ 朝廷的谕令是让两淮盐政三保上交成本清单、湖广总督班第上交汉口时价清单，作为定
　　价依据。不过实际上，可能是为营造有利的谈判局面，湖北巡抚崔纪也主动造报了盐价
　　成本清单，并且其成本单成为与三保博弈的有力工具，而湖广总督班第上交的汉口时价
　　清单，似乎没有成为重要的定价依据，因此也没有作为此次定价的核心材料录进乾隆时
　　期修订的《两淮盐法志》，通过其他途径，笔者也没有找到这份材料。
④ 乾隆《两淮盐法志》卷 10《课入四·成本上》，《稀见明清经济史料丛刊》第 1 辑第 5
　　册，第 638 ~ 678 页。
⑤ 《清高宗实录》卷 120，乾隆五年庚申闰六月乙巳，第 761 ~ 762 页；班第：《奏陈楚省盐
　　务应行调剂八项事宜事》，乾隆五年六月二十四日，中国第一历史档案馆藏朱批奏折，档
　　案号：04 - 01 - 35 - 0445 - 011。

6.5635 两、贱价 6.3635 两。① 所以，湖广和两淮方面一共上交三份成本清单。其中，两淮盐政三保先后所呈的两份成本清单，名义上是由其下属两淮盐运使徐大枚造报，其真正的主导者则是以黄仁德、汪应庚等为代表的扬州总商。② 而湖北巡抚崔纪身处湖广地方，对两淮盐运的具体开销并不十分熟悉，他开列的各项成本数据是根据自己平日的查访以及押运通判孙毓华调查估算所得。③

按照乾隆的旨意，以鄂尔泰、张廷玉为首的大学士和以讷亲、海望为首的户部官员，以及三保、崔纪共同会议湖广盐价。除此之外，曾任两江总督、熟悉两淮盐务的刑部尚书那苏图和即将接任三保出任两淮盐政的准泰一同参与会商。④ 根据"（会议）时有异议者，公（崔纪）争之力""吾（崔纪）官可弃志不可夺也，持其说益坚"的记载可以推测，在此次会商过程中，不同立场的官员应该展开了激烈的争论。⑤ 经过会商，户部根据崔纪单和三保单重新核定出盐价成本清单，并于乾隆五年七月向皇帝奏覆此次酌中核算的总成本（盐价），为贵价每引4.9397 两，贱价每引 4.3957 两，此为部议盐价。

尽管已经核算出总成本（盐价），但是内阁和户部上奏指出，淮盐从盐场运至汉口，各项费用极其烦琐，若非亲自详查难以确切，因此请求乾隆派遣一名钦差大臣和新任两淮盐政准泰一同前往扬州，重新查核

---

① 乾隆《两淮盐法志》卷 10《课入四·成本上》，《稀见明清经济史料丛刊》第 1 辑第 5 册，第 638～678 页。

② 乾隆《两淮盐法志》卷 10《课入四·成本上》，《稀见明清经济史料丛刊》第 1 辑第 5 册，第 556、577 页。

③ 乾隆《两淮盐法志》卷 10《课入四·成本上》，《稀见明清经济史料丛刊》第 1 辑第 5 册，第 639、656 页。

④ 乾隆《两淮盐法志》卷 10《课入四·成本上》，《稀见明清经济史料丛刊》第 1 辑第 5 册，第 608～609 页。

⑤ 彭启丰：《资政大夫总督仓场户部右侍郎崔公祠碑》，沈廷芳：《资政大夫提督江苏学政都察院右副都御史崔公墓志铭》，钱仪吉编《清碑传合集》卷 70，上海书店，1988，第 1 册，第 893 页。

成本，再行定价。① 乾隆批准了这一提议，他选定的钦差大臣是江苏巡抚徐士林。两淮盐区位于江苏省境，这种地缘使得包括两江总督、江苏巡抚在内的江苏官员素来与两淮关系密切，两淮盐商每年上交总督、巡抚的盐规银就达几万两，② 江苏经济、社会、文化的发展更是离不开扬州盐商的支持。③ 乾隆皇帝派遣与两淮关系密切的江苏巡抚同两淮盐政一起核定盐价，耐人寻味。

这一任命或许与乾隆皇帝所代表的皇室的财政需求有关。赖惠敏的研究显示，雍正朝两淮盐政衙门尚没有任何经费解交内务府，然而，乾隆皇帝登基之后，便一改其父的作风，内务府开始向两淮收取各种经费，并且呈不断增长之势。④ 可见，乾隆皇帝对两淮盐利有着极大的个人欲求。相信正是这一原因，促使乾隆选择江苏巡抚徐士林为钦差大臣。

乾隆五年八月，以部议盐价为依据，经过在扬州实地考察之后，徐士林重新核定盐价成本清单，总成本（盐价）为贵价每引 5.7802 两，贱价每引 5.3738 两。这一数据上交之后，得到朝廷的批允。⑤ 由此，徐士林所定盐价最终成为部定盐价。⑥

由此可见，从部定盐价的开展，直到最终盐价数据的出台，先后出现五份成本清单和盐价数据，显示出定价的曲折和复杂过程。而这五份成本清单的各项数据（见表 1），更充分展现了各方势力对于盐价核算的博弈。

---

① 乾隆《两淮盐法志》卷 10《课入四·成本上》，《稀见明清经济史料丛刊》第 1 辑第 5 册，第 619~621 页。

② 〔美〕曾小萍：《州县官的银两——18 世纪中国的合理化财政改革》，董建中译，中国人民大学出版社，2005，第 191~194 页。

③ 朱宗宙：《扬州盐商与十八世纪的中国社会》，《扬州文化研究论丛》2012 年第 2 期。

④ 赖惠敏：《乾隆皇帝的荷包》，台北：中研院近代史研究所，2014，第 219 页。

⑤ 光绪《两淮盐法志》卷 99《征榷门·成本上》，《续修四库全书》第 844 册，上海古籍出版社，2002，第 621~622 页。

⑥ 需要强调的是，部议盐价指的是户部根据三保清单和崔纪清单酌中议定的盐价，但是这一价格并不是部定盐价，钦差大臣江苏巡抚徐士林核定的盐价才是最终的部定盐价，因此不能将部议盐价和部定盐价等视之。

表1　乾隆五年部定盐价过程中产生的五份盐价成本清单

单位：两/引

		三保（一）	三保（二）	崔纪	部议	徐士林
生产费用	①场价	1.2	贵 1.2	0.55	贵 1.032	贵 1.032
			贱 1		贱 0.688	贱 0.8256
流通费用	②自场至泰坝每引包索水脚	0.25	0.18	0.139	0.15	0.18
	④自泰坝至仪屯船水脚	0.26	0.26	0.15	0.17	0.17
	⑤三汊河等处起驳	0.05	0.03	0	0.025	0.025
	⑧自仪至湖广水脚并钞关	0.5	0.5	0.5	贵 0.5	贵 0.74
				0.3	贱 0.3	贱 0.54
	③坝客辛工火足抬价并扬关钞	0.05	0.048	0.012 或 0.006	0.021	0.032
	⑥扬州辛工火足等	0.18	0.126	0	0.02	0.06
	⑦仪征掣盐抬脚捆工包索垣租房租辛工火足等	0.35	0.326	0.03	0.26	0.29
	⑨汉口充公四项并匣费辛工房租火足	0.48	0.432	0	0.11	0.264
	小计	2.12	1.902	0.831 或 0.625	贵 1.256	贵 1.761
					贱 1.056	贱 1.561
课费支出	⑩正项钱粮并经解部脚费	1.1727	1.1727	1.1727	1.1727	1.1727
	⑪带征公捐挑浚盐河	0.0479	0	0	0	0
	⑫织造铜斤河饷并盐规等等	0.9490	0.9490	0.095	0.4791	0.8141
	⑬钱粮加纳法	0.05	0.05	0	0	0
	小计	2.2196	2.1717	1.2677	1.6518	1.9868
购引成本	⑭引窝银	1.6	1.2	1 或 0.8	1	1
	⑮总成本	7.1396	贵 6.5635	3.4	贵 4.9397	贵 5.7802
			贱 6.3635		贱 4.3957	贱 5.3738

注：（1）对于文献中小数位超过四位的数字，笔者录入时采取四舍五入法，仅保留小数点后面的四位；（2）表中各项成本数据和总成本数据都是根据文献记载录入，由于各项成本十分繁杂、难以详尽，时人计算总成本时存在误差的可能，因此，表中呈现的总成本数据与各项成本数据之和可能略有差异。

数据来源：乾隆《两淮盐法志》卷10《课入四·成本上》，《稀见明清经济史料丛刊》第1辑第5册，第638~713页。

根据淮南盐运销体制，食盐生产、运输和批发分别由场商、运商和水贩负责，[①] 淮南各场场商，收买灶户产盐后，将其运到集散中心，交给此前已有预订协议的运商，运商收盐之后，途经仪征，溯江而上，将盐运至汉口公共口岸，然后通过岸商卖给各地水贩。[②] 因此，淮南运商行盐成本，包括表 1 所列的生产费用、流通费用、课费支出和购引成本。表 1 中数字排序的具体解释如下所示。

第①项指盐场灶户卖给场商的盐价。

第②项包索指捆盐出场所用的包袋和细索，水脚是从各盐场运盐至泰坝的船费。

第③项坝客是盐商在泰坝雇用的"料理引盐过坝之人"，辛工火足是坝客和经管补包人役的工食劳务费用，抬价指雇用抬盐脚夫的费用，扬关钞指引盐经过扬州税关所缴纳的船料银（钞关银虽是缴纳给朝廷的税课，但是从盐商角度来说，它是行盐所付出的流通成本）。

第④项指的是从泰坝至扬州、再从扬州至仪征的运盐屯船费用。

第⑤项三汊河是淮盐运至仪征必经之地，有时出现淤塞和拥挤的状况，需用小船驳载，所以产生起驳费用。

第⑥项指盐商在扬州大本营雇用商伙管理账目以及商厮使唤所花的束脩工食以及商人商伙商厮往来盘缠等各项费用。

第⑦项抬脚是雇用脚夫将盐从屯船抬进仪所称掣再抬入垣内堆贮所花的劳务费，捆工是雇用人役将盐从大包改捆成小包所花的费用，包索即是捆盐包袋和细索所花的成本，垣租房租是引盐在仪征堆贮之时租借当地房垣所花的租金，辛工火足则是引盐在仪征候掣解捆时，雇用商伙

[①] 场商是在盐场经营生产的商人；运商负责淮盐从集散中心至公共口岸的长途贸易；水贩是从各个州县前往公共口岸买盐的地方批发商。

[②] 岸商是运商的代理商，负责淮盐在公共口岸的销售事务。淮南运商行盐成本参见〔日〕佐伯富《清代盐政之研究》，顾南、顾学稼译，《盐业史研究》1993 年第 2 期；何炳棣《扬州盐商：十八世纪中国商业资本的研究》；汪士信《乾隆时期徽商在两淮盐业经营中应得、实得利润与流向试析》。

商厮照看所花的束脩工食盘缠费用。

第⑧项水脚指引盐从仪征运至湖广1600多里所花的船费，钞关指途经九江关所纳的船料银，这项费用一般"以每引连水脚一并包与船户"。

第⑨项汉口充公四项是汉口盐商上交给湖北湖南藩司衙门的公费银两，匣费是汉口盐商用来应付当地各项事务的公共基金，辛工房租火足是指雇用商伙商厮经营盐店所花的束脩工食盘缠费用以及租用店房仓库所花的租金。

第⑩项指朝廷的正项定额盐课。

第⑪项特指乾隆三年淮扬兴修水利挑浚盐河时盐商捐出的30万两白银，先由两淮运库垫支，商人分作五年每纲按引完纳归库。

第⑫项属于盐商缴纳给朝廷的杂项钱粮，包含织造银、铜斤银、河饷银等诸多繁杂的项目。

第⑬项源于市场交易用银和纳课用银因成色差别产生的附加课费。不过，此项有无存在争议，三保认为，商人在楚卖盐所收为市平银，完纳钱粮需要库平银，两者成色每两相差二分五厘，因此需要补足成色，即加纳钱粮，而崔纪指出，盐商在楚卖盐亦用库平银，因此不存在补足银色的问题。

第⑭项是运商向纲商购买引窝的价格。

第⑮项总成本，即各自核定的湖广盐价。

对表1中五份成本清单进行分析之前，需要说明的是，我们不能以今日的"成本""价格"概念来理解表中的"成本"和"价格"。现代会计制度中的"成本"，指的是产品生产、运输、销售过程中消耗的生产资料、劳动力以及管理等方面的成本，"商品价格"则是根据成本、市场供求、竞争程度、利润需求等因素决定的体系，"价格"与"成本"不能混为一谈。然而，本文的"成本"与"盐价"具有混同的意义，各方核算的单位总成本具有盐价的内涵。这一成本数据，一旦被朝廷认可，理论上就会成为市场上盐商销售时应该遵守的盐价。也就是说，从字面上看，运商所卖盐价等于其所付出的总成本。

这样的定价方式展现的逻辑或者伦理是，盐商代替官方运销食盐，是无偿付出，并不从中营利，即使有些许利润，也是朝廷施恩特许给付。① 但是，追求利润是商人的天性，无偿付出不符合盐商的经济理性。上述逻辑在事实上不可能成立，它呈现的只是表面现象。实际上，面对朝廷的食盐贸易制度，扬州盐商有一套自己的商业运营机制，这套机制以总商为主导，涉及整个盐商群体以及盐务的各个方面，在盐价如何制定上，扬州盐商面对复杂的市场行情，有其真实的成本和利润核算机制，而这套机密的核算数据，自然不能为外人知道。② 但是，为了应对朝廷的定价决策，盐商必须上交成本清单，它成为两淮盐政三保所交成本清单的基础。在这份成本清单中，盐商需要在表面上毫无利润的盐价体系中，寻找到自己的利润空间，从而在伦理或者逻辑层面符合朝廷垄断贸易的盐价价值观。

根据表 1 可知，三保第一单核定的盐价为每引 7.1396 两，实际上这一价格正好接近官府核定之前的湖广市场盐价，③ 由此可以揭示三保成本单的实质，那就是，为了维持行盐利润，扬州盐商制作出与实际市场盐价十分接近的成本清单，通过浮开各项费用的方式将大量利润隐藏在复杂的成本结构中，上交盐运使、盐政、户部。这体现在以下几个方面。

---

① 这种伦理可以从当时官员的话语中看出。参见乾隆《两淮盐法志》卷 10《课入四·成本上》，《稀见明清经济史料丛刊》第 1 辑第 5 册，第 2、248、249 页；光绪《两淮盐法志》卷 99《征榷门·成本上》，《续修四库全书》第 844 册，第 622 页；《两淮盐政高恒谨奏为奏闻请旨事》，乾隆二十九年二月十三日，《宫中档乾隆朝奏折》第 20 辑，台北："故宫博物院"，1984，第 555～556 页。
② 正因为此，对于两淮运司或盐政开送的成本，地方官员和户部往往认为"出自商口，不足凭据"，"各商所趁余利，谅已摊入"，怀疑其核算的真实性。参见乾隆《两淮盐法志》卷 10《课入四·成本上》，《稀见明清经济史料丛刊》第 1 辑第 5 册，第 577 页；光绪《两淮盐法志》卷 99《征榷门·成本上》，《续修四库全书》第 844 册，第 622 页。
③ 何炳棣：《扬州盐商：十八世纪中国商业资本的研究》，第 65 页。

第一，在官督商销体制下，两淮盐政官员仅负责征收盐课，不负责具体的盐商交易环节，因此包括场商和运商针对场盐（第①项）、引商和运商针对引窝（第⑭项）的交易价格并不在官方的控制之下，而盐商内部相互交织、关系密切，这使得扬州盐商呈报场盐价格和引窝价格存在"浮开"的可能性。

第二，各项烦琐的流通费用是盐商行盐重要的成本支出，这些支出都是盐商"自用自开"，外界难以知晓，这使得在包括自场至泰坝每引包索水脚（第②项）、自泰坝至仪屯船水脚（第④项）、三汊河等处起驳（第⑤项）、自仪至湖广水脚并钞关（第⑧项）相关运输费用和坝客辛工火足抬价并扬关钞（第③项）、扬州辛工火足等（第⑥项）、仪征掣盐抬脚捆工包索垣租房租辛工火足等（第⑦项）、汉口充公四项并匣费辛工房租火足（第⑨项）相关管理费用上，盐商都有虚开成本、暗藏利润的空间。

第三，盐商上缴朝廷的正课（第⑩项）、公捐（第⑪项）、杂项（第⑫项）以及附加（第⑬项），朝廷都有明确的档案记载，盐商无法随意虚增，不过，他们往往将名义上属于义务支出的巨额报效和进献等费用（主要体现于第⑪项和第⑫项），暗中摊入成本清单，以补偿所出，维持较高利润。

扬州盐商的虚报浮开，使得三保第一单出示的运销成本远高于实际成本，第二次所呈清单虽有降低，但实质未变，仍然远高于实际成本。与此同时，由于信息获取来源不足、诸项难以估算，加之对盐商各项琐费摊入成本的苛刻，崔纪单所开的运销成本低于实际成本。①

面对三保和崔纪成本清单的巨大差异，户部针对不同项目，根据是否"浮开"、是否"可以节省"、是否"有案可稽"和是否应该"摊入

---

① 乾隆《两淮盐法志》卷10《课入四·成本上》，《稀见明清经济史料丛刊》第1辑第5册，第638～713页。

成本"等原则，进行酌中核定，最后核定出的总成本（盐价）为贵价每引 4.9397 两，贱价每引 4.3957 两，介于三保和崔纪核定的盐价之间，而略偏向崔纪所定盐价。① 乾隆三年，生长于江南、熟悉两淮盐务的刑部郎中樊天游曾称，"淮南每引一道，正杂钱粮以及使费窝价共成本四两有奇"，② 由此可见，部议盐价比较接近最真实的盐价成本，应该算是较为公平的结果。③

部议盐价能够较为公平的原因，除了崔纪的努力争取之外，很可能源于会商主导者大学士和户部官员秉持较为客观公正的立场。这种立场与当时的中央行政体制和盐课收入情况有关：内阁大学士在行政上与两淮、湖广不相统属，不构成直接利害关系；④ 户部虽然要从两淮盐政衙门收取盐课，但是康乾时期，两淮盐商总体获利丰厚，拖欠盐课现象较少发生，户部不会有因湖广盐价降低而妨碍盐课收取的顾虑。⑤ 而这样的立场使得户部官员对盐价的考虑限于国家户部财政，较少顾及皇室财政和地方财政（尤其是江苏地方财政）对于盐利潜在的大量需求以及它们与盐商之间错综复杂的利益关系，由此导致部议盐价存在局限性，难以得到皇帝的真正支持。

此后，作为皇帝亲自任命的钦差，江苏巡抚徐士林所定总成本（盐价）比部议总成本（盐价）每引高出 0.8 ~ 0.9 两，增加的主要部分是运盐的流通费用和朝廷的杂项收入。其中，在流通费用的 8 个具体项目中，徐士林单的自场至泰坝每引包索水脚（第②项）、坝客辛工火足抬价并扬关钞（第③项）、扬州辛工火足等（第⑥项）、仪征掣盐抬

---

① 乾隆《两淮盐法志》卷 10《课入四·成本上》，《稀见明清经济史料丛刊》第 1 辑第 5 册，第 638 ~ 713 页。
② 乾隆《两淮盐法志》卷 10《课入四·成本上》，《稀见明清经济史料丛刊》第 1 辑第 5 册，第 559 ~ 560 页。
③ 何炳棣：《扬州盐商：十八世纪中国商业资本的研究》，第 64 页。
④ 冯元魁、程翌康：《略论清朝内阁的职掌与机制》，《上海师范大学学报》1989 年第 2 期。
⑤ 陈锋：《清代盐政与盐税》，武汉大学出版社，2013，第 217 ~ 228 页。

脚捆工包索垣租房租辛工火足等（第⑦项）、自仪至湖广水脚并钞关
（第⑧项）、汉口充公四项并匣费辛工房租火足（第⑨项）6 项成本都
比部议单有所增加，总共比部议单增加 0.5 两左右；而对于朝廷杂项盐
课（第⑫项），此前三保单核定为 0.9490 两，部议认为其中有案可稽
以及数目相符者只有 0.4791 两，便将此项核定为 0.4791 两，此次徐士
林单则核定此项费用是 0.8141 两，较部议单高出 0.335 两，仅比三保
单减少 0.1349 两，除去部议明言剔除的商人公捐 0.128 两，其他部分
仅比三保单少约 0.007 两。①

　　商人运盐都是自行经理，流通费用全凭商人查报，而杂项盐课账目
收支极其复杂，外人更难理出头绪，这些都是盐商最易虚报的项目，这
意味着即使徐士林在核定成本单时浮开这些项目，朝廷也很难辨别。②
实际上，徐士林单将很多难以核查、无案可稽的流通费用和杂项钱粮摊
入盐商成本之中。③ 因此，我们有理由猜测，徐士林核定的成本清单在
一定程度上偏向两淮盐商，对盐商成本有所浮开。不过，徐士林核定的
总成本（盐价）比三保最初所定或者此前汉口口岸市场价仍然降低很
多，足以对盐商利润造成一定冲击。

　　由此可见，徐士林核定的湖广盐价，在一定程度上维护盐商利益的
同时又不可避免地降低了盐商原有的利润，实际上协调了各方对于湖广
盐价的利益诉求，具有较大的平衡性。正因如此，徐士林单上交之后，
尽管户部认为存在许多数目不符的地方，但是朝廷最终同意了他核定的
盐价，这意味着徐士林所定盐价最终成了部定盐价。④ 从乾隆六年起，

----

① 乾隆《两淮盐法志》卷 10《课入四·成本上》，《稀见明清经济史料丛刊》第 1 辑第 5
　　册，第 665~670、688~711 页。
② 乾隆《两淮盐法志》卷 10《课入四·成本上》，《稀见明清经济史料丛刊》第 1 辑第 5
　　册，第 688~711 页。
③ 乾隆《两淮盐法志》卷 10《课入四·成本上》，《稀见明清经济史料丛刊》第 1 辑第 5
　　册，第 688~711 页。
④ 光绪《两淮盐法志》卷 99《征榷门·成本上》，《续修四库全书》844 册，第 621~
　　622 页。

部定盐价制度正式推行，湖广盐价理论上要按部定盐价发卖，与此同时，两淮盐政有权根据年岁丰歉，决定盐价按照贵价或贱价发卖，并且要将每年的市场卖价上报户部查核，而湖广督抚的责任是监察市场、防止盐商私增盐价。①

综上所述，自朝廷决定核定盐价之后，先后产生过五份成本清单。最后成为部定盐价依据的是钦差大臣江苏巡抚徐士林核定的成本单，这一成本单是以部议成本单为依据并经扬州实地考察之后修订而得，而部议成本单则是根据两淮盐政三保和湖北巡抚崔纪上交的成本单酌中核定。可以说，最后的部定成本单实际是在前四份成本单的基础上层层核定而成，而每一份成本单都因参与人员的不同立场和利益关系具有不同的价格取向。所以，最终的部定盐价会聚了扬州盐商和两淮盐政、湖北巡抚、阁部大臣、江苏巡抚、皇帝等多方人员的意志，是各方势力展开政治博弈的结果。这场博弈不仅反映了以户部为代表的国家财政、以江苏巡抚为代表的地方财政、以皇帝为代表的皇室财政对于盐利的不同需求，也体现出基于不同的地缘关系，两淮盐区内部江苏和湖北两地官府对于扬州盐商和湖广盐价的不同诉求。

三 部定盐价制度的推行：加价与"市价"

如上文所述，乾隆五年三保成本单核定的盐价是每引 7.1396 两，这一价格接近崔纪核减盐价前的汉口口岸市场价。部议盐价是贵价每引 4.9397 两，贱价每引 4.3957 两，平均值为每引 4.6677 两，这一价格接近盐商的真实成本或略高。最终成为部定盐价的徐士林定价是贵价每引 5.7802 两，贱价每引 5.3738 两，平均值为每引 5.5770 两。根据这三组

---

① 光绪《两淮盐法志》卷 99《征榷门·成本上》，《续修四库全书》第 844 册，第 621～622 页。

数据，我们可以大致推算，在部定盐价之前，盐商的行盐利润至少有每引 2.5 两，销售毛利润率不低于 35%，① 而部定盐价之后，盐商的行盐利润降至 0.9 两，销售利润率降至 16%。② 由此可见，部定盐价使得盐商行盐利润③大幅下降，降幅达 60% 以上。除此之外，部定盐价制度的推行意味着汉口盐价需要遵照部定，扬州盐商失去定价主动权。因此，面对部定盐价制度造成的利益损失和束缚，扬州盐商不断采取策略，先是通过相关官员奔走奏请谋取加价，继而在实际运作中逐渐摆脱官价，推行"市价"，使得部定盐价制度遭遇"有名无实"的尴尬处境。

乾隆五年十二月，部定盐价确定不久，徐士林即为盐商奏请"每引酌给余息银二三钱"，不过户部以其核定的部定盐价较之部议盐价"业已多增"为由，否定其请。④ 此奏被否之后，徐士林于乾隆六年六月再次奏请增加盐商余息，此次户部是何意见，材料没有明示，然而乾隆朱批同意了徐士林的请求，湖广盐价得以增加余息三钱。⑤ 此为部定盐价之后第一次加价。

继而在乾隆七年九月，两淮盐政准泰以天多阴雨为由，为盐商奏请暂增"成本三钱"。户部认为，部定盐价已有贵贱之分，贵价专为应付盐产荒歉而设，因此拒绝了准泰的奏请。然而，乾隆皇帝下旨，"今年江苏被水非寻常可比，着照依该盐政所奏，以次年四月为限"，推翻了

① 将接近汉口口岸市场价的数据 7.1396（两/引）减去接近真实成本的数据 4.6677（两/引），算出部定盐价之前盐商的利润为 2.4719（两/引），约为 2.5（两/引）。利润率为：2.4719÷7.1396×100%≈34.62%，约为 35%。

② 将部定盐价的数据 5.5770（两/引）减去接近真实成本的数据 4.6677（两/引），算出部定盐价后盐商的行盐利润为 0.9093（两/引），约为 0.9（两/引），利润率为：0.9093÷5.577×100%≈16.30%，约为 16%。

③ 关于淮南运商的行盐利润，何炳棣、汪士信、周志初、汪崇筼、吴海波等学者有讨论，结果不一，笔者的推算可能较为接近何炳棣的研究。

④ 光绪《两淮盐法志》卷 99《征榷门·成本上》，《续修四库全书》第 844 册，第 621 ~ 622 页。

⑤ 光绪《两淮盐法志》卷 99《征榷门·成本上》，《续修四库全书》第 844 册，第 623 页。

户部的决定，同意了准泰的请求。① 乾隆八年四月，当准泰请求将所加成本三钱展限至八年八月时，乾隆皇帝又朱批同意了他的奏请。② 此可视为部定盐价之后第二次加价。

乾隆八年十一月，准泰又为盐商奏请将"湖广匣费、汉口布税并充公四项"费用摊入盐价。③ 他声称，在乾隆五年的部定盐价中，该项共每引 0.194 两的费用没有摊入盐价成本，使得盐商每引亏损 0.194两，三年来亏本 40 多万两，因此，他不仅请求将这笔费用重新摊入盐价，还请求弥补盐商乾隆六年、七年、八年三纲的亏损，将这笔损失摊入乾隆九年、十年、十一年三纲的盐价之中。④ 乾隆又朱批同意了准泰的请求。⑤ 此为部定盐价之后第三次加价。

盐商多次请求加价的成功说明部定盐价是盐商随时加价的障碍，但实质并不妨碍盐商的涨价之举，只是增加了行政程序。在部定盐价制度实行初期，这一行政程序尚为盐商所遵守，他们通过相关官员上奏朝廷，实现提高盐价的目的。然而，乾隆十六年后，这一行政程序也被抛弃，造成这一转变的原因是乾隆发布支持盐商涨价的上谕。

乾隆十五年，由于淮南盐商在无灾之乾隆十二年、十三年、十四年也以部定之贵价销售淮盐，违反朝廷规定，户部下令追缴盐商乾隆十二年、十三年、十四年的"多卖价银"。⑥ 署两淮盐政吉庆连忙奏请免除追缴，但是遭到户部驳斥。乾隆得知此事后，发布一道上谕，下旨不用追缴盐商利润，并提出"民间物价本自不齐，只可随时调剂，不能概

---

① 光绪《两淮盐法志》卷 99《征榷门·成本上》，《续修四库全书》第 844 册，第 623~624 页。
② 嘉庆《两淮盐法志》卷 33《课程七·成本上》，《稀见明清经济史料丛刊》第 2 辑第 29册，国家图书馆出版社，2012，第 355 页。
③ 光绪《两淮盐法志》卷 99《征榷门·成本上》，《续修四库全书》第 844 册，第 624~625 页。
④ 实际上，准泰所称因匣费、布税充公银没有摊入盐价使得盐商每引亏损 0.194 两的说法并不准确，每引 0.154 两的湖广匣费已经摊入部定盐价，只有每引 0.04 两的布税充公银没有摊入。
⑤ 光绪《两淮盐法志》卷 99《征榷门·成本上》，《续修四库全书》第 844 册，第 624~625 页。
⑥ 光绪《两淮盐法志》卷 99《征榷门·成本上》，《续修四库全书》第 844 册，第 625~626 页。

绳以官法"的说法，这一表态成为盐商涨价的最大支持。①

乾隆十五年，户部得知盐商以贵价发卖淮盐，并下令追缴利润的事实说明，此时户部对湖广盐价保持着有效的监控，并且有针对盐商的惩罚措施，这对盐商形成一定的约束。因此，盐商虽然违反规定，在实际运作中不管年岁丰歉，都按照贵价发卖食盐，但是不敢完全突破部定盐价。然而，乾隆十六年的上谕给盐商涨价提供了有力的支持。

乾隆对盐商的支持，可视作其自由放任的市场观念所推动，② 更重要的是他对两淮盐利的需求。根据陈锋和赖惠敏的研究，在乾隆同意盐商加价的乾隆八年、九年，两淮盐政准泰两次将两淮每年余平银 9000 多两、闲款 12000 多两上交内务府，充当皇室财政；乾隆九年，以程可正为首的扬州盐商两次进献内务府备公银多达 31 万两；从乾隆十一年至十五年，两淮盐商因军需、赈济、内务府备公等对朝廷的报效金额高达 166 万两。③ 与此同时，乾隆十四年十月，当皇帝宣布不久之后将开始首次南巡时，两淮盐商即为此捐输 100 万两。④ 在正式南巡的乾隆十六年，盐商为讨圣心，所费更是不赀。⑤ 可见，扬州盐商通过不断地向朝廷捐输报效并在南巡期间取悦圣心的方式，获得了乾隆皇帝的支持，此举换得他们摆脱定价、谋取涨价的便利。⑥

乾隆十六年以后，部定盐价制度"有名无实"，户部对盐价的监控也渐成具文，盐价实际上回归盐商控制。盐商开始突破官价，推行所谓"市价"，由此，湖广市场盐价与部定盐价渐行渐远，到了乾隆二十八

① 光绪《两淮盐法志》卷 99《征榷门·成本上》，《续修四库全书》第 844 册，第 630 页。

② 〔美〕万志英：《剑桥中国经济史：古代到 19 世纪》，崔传刚译，中国人民大学出版社，2018，第 292 页。

③ 赖惠敏：《乾隆皇帝的荷包》，第 221～222 页；陈锋：《清代盐政与盐税》，第 296 页。

④ 嘉庆《重修扬州府志》卷 1《巡幸一》，《中国地方志集成·江苏府县志辑》第 41 册，江苏古籍出版社，1991 年影印本，第 35～36 页。

⑤ 朱宗宙：《乾隆南巡与扬州》，《扬州师院学报》1989 年第 4 期。

⑥ 盐商向皇帝报效进献与皇帝包庇盐商本质是一种互惠关系，这种关系源于纲法的特质。参见科大卫《中国的资本主义萌芽》，陈春声译，《中国经济史研究》2002 年第 1 期。

年，湖广市价已经涨到每引 9.5 两左右，贵时甚至达到每引 12 两，较之朝廷规定的部定盐价，已经高出一倍。① 最终，乾隆二十九年，朝廷决定实行另一种定价制度——盐价逐年奏报制度，即两淮盐政每年在淮盐开纲前根据淮南盐商开具的成本制定出盐价，上奏朝廷批准，并移文湖广、江西督抚照此执行，这一制度在定价方式上与部定盐价制度具有很大不同，由此，也意味着乾隆五年出台的部定盐价制度正式退出历史舞台。②

综上可知，面对部定盐价制度的推行，盐商利用各种策略摆脱其束缚。他们先是在行政上获得加价之权，继而抛弃行政程序，行"随时销售"之实。针对盐商的加价意图，户部似乎并不买账，这可能源于上文提到的户部与两淮盐利并无直接利害关系，因此秉持较为客观公正的立场。然而，乾隆皇帝一再支持盐商，使盐商最终在盐价博弈中获得胜利。

结　论

乾隆前期部定盐价制度的产生和推行，是朝廷政治决策的结果。这印证了汪崇篔所说，在盐价问题上，朝廷始终具有最终的决策权。不过，不能忽略的是，在整个事件过程中，盐商始终发挥自己的主动性，他们根据垄断性市场关系和自己的目标利润设定理想盐价，借助盐务官员表达利益诉求，并在与地方督抚的博弈中，通过大量的报效和进献，得到既有利益需要，又有市场观念的皇权支持，从而获得对定价的实际话语权。

① 《湖广总督李侍尧奏为奏闻事》，乾隆二十八年七月十四日，《宫中档乾隆朝奏折》第 18 辑，第 485~486 页。
② 《湖广总督李侍尧、两淮盐政高恒奏为遵旨筹议会奏事》，乾隆二十九年正月初一，《宫中档乾隆朝奏折》第 20 辑，第 206~207 页。

　　而定价决策的产生、盐价的确定、定价制度的推行这一系列过程，充分显示两淮官商、湖北督抚、江苏督抚、户部官员、乾隆皇帝在盐价问题上的多重利益博弈。正如萧国亮所说，清代盐价受到盐商、消费者、地方官员、盐务官员和国家力量的作用，是在各方的矛盾斗争中产生的。不过，值得注意的是，本文的研究显示：一方面，作为决策者的"国家"并不是一个利益共同的整体，"国家"之下的各种人群可能有不同的利益和立场，最为典型的是，户部和皇帝基于不同的利益导向对盐价具有不同的立场，这也影响到他们各自的盐价决策，使得所谓的"朝廷"决策呈现出更为复杂的面相；另一方面，通过"矛盾斗争"产生的盐价，自有其独特的诸如"部定盐价"等表现形式，而简单的"部定盐价"概念及其呈现出的价格数据，隐含着需要大量史料和丰满的想象力才能理解的深刻内涵。

　　事实上，对于清朝的盐价问题，"官方定价"和"市场定价"的表达都不具备现代经济学的意义。所谓"市场定价"，并非盐商完全根据市场供求状况做出的反应，而是他们以市场信息为基础，与地方官员、户部官员、皇帝等力量展开博弈后努力争取的获利更多的价格。所谓"官方定价"，也不是官方单方面根据调查制定的价格，而是他们与盐商、盐务官员、皇帝等力量根据民众福利、市场供求、财政需求等因素进行博弈后出台的限制盐商利润的价格。总体而言，不管是名义上的"部定盐价"，还是"随时销售"，清代的盐价都是市场关系和行政力量共同作用的结果，不能用简单的官方制定和市场决定来理解，这揭示出清代盐价制定的真正机制。本文的探讨，着重从政治博弈的角度阐述这一机制，其他诸如地方干预、政商关系、皇权庇护的角度，笔者另有专文讨论。

《区域史研究》2020 年第 1 辑（总第 3 辑）
第 132～164 页
© SSAP，2020

近代国家对天津民间金融的治理
（1900～1937）*

冯　剑　胡铁汉**

摘　要： 近代天津社会经济的迅速发展与变迁，导致民间金融异常活跃。民间金融在为天津城市社会经济发展提供动力的同时，也引发了一些社会问题，引起了国家的关注。近代天津政府对民间金融的治理经历了清末、北洋、南京国民政府等几个不同的时期，呈现出不同的特色。国家对民间金融的治理，一方面力图打击高利贷，维护和完善市场的秩序；另一方面为商业或私人提供有保证的低息借贷。但在近代天津，各种因素导致政府与民间社会难以建立良好的信任关系，使国家在解决民间借贷问题中面临诸多困难。

关键词： 近代天津　民间金融　国家治理

近代以来天津发展"为北方第一商埠，中外杂处而居。一些社会繁荣进化都有赖于商业的进步"，而随着商业的繁荣，天津社会也发生了剧变，"繁荣和富庶容易带来奸宄发生，兼之地狭人稠，容易成为藏

---

* 本文为国家社科基金后期资助项目"近代天津民间借贷研究"（16FZS032）阶段性成果。
** 冯剑，青岛大学历史学院教授；胡铁汉，青岛大学历史学院硕士研究生。

污纳垢之所"。商业发展与社会变迁带来了民间借贷的勃兴,[1] 也给国家的治理带来了不小的麻烦,民间金融在近代成为天津城市管理者高度重视的问题,而近代天津也"号称难治,非有精明干练勇于服务之人才"。[2]

随着战略地位和经济地位的提升,天津的政治地位也有了很大的提升。开埠后不久,"直隶总督,兼北洋通商大臣。每年自仲春节驻津门,至十月冰冻后,轮船停行",[3] 这是天津政治重要性的体现。民国后,天津在北方一直具有重要的政治地位。1913 年,天津为直隶省会所在地。1923 年 10 月,北京政府一度定天津为特别市。1930 年 11 月,河北省政府从北平移至天津,天津市改隶河北省政府。1935 年 6 月,河北省政府移至保定,天津市恢复旧制,改为直辖市。

随着经济的发展和政治地位的提升,天津的城市面积也不断扩大,20 世纪初的天津城区大约有 16.5 平方公里,到 1948 年已扩展到大约 153.3 平方公里。行政区域拓展较快,城市管理的水平难以跟上。[4]

国家与金融业的关系是近代金融史研究的重要问题之一。对于近代国家与民间金融的关系,一些学者已有所研究。[5] 本文依据近代天津的档案文献资料,拟对近代天津城市民间借贷的国家治理做一概述,从国

---

① 这里的民间借贷指私人借贷、高利贷,合会、典当、票号、钱庄等民间借贷机构以及银行、政府等针对民间个人及商铺的借贷。
② 《天津市长人选》,天津《益世报》1930 年 12 月 16 日,第 1 张第 2 版。
③ 张焘:《津门杂记》,丁緜孙、王黎雅点校,天津古籍出版社,1986,第 6 页。
④ 李竞能主编《天津人口史》,南开大学出版社,1990,第 78～80 页。
⑤ 罗炳绵:《清代以来典当业的管制及其衰落(上)》,《食货月刊》复刊第 7 卷第 5 期,1977;吴景平主编《上海金融业与国民政府关系研究(1927～1937),上海财经大学出版社,2002;杨勇:《近代江南典当业的社会转型》,《史学月刊》2005 年第 5 期;李一翔:《近代中国金融业的转型与成长》,中国社会科学出版社,2008;孙建华:《近代中国金融发展与制度变迁(1840～1945)》,中国财政经济出版社,2008。

家与民间金融治理的视角，对近代国家与金融关系的研究做出进一步的推进。① 近代国家对民间借贷的治理可以分为两个方面：一是消极干预，如打击高利贷、限制利率、立法规范民间借贷行为等；二是积极介入，如向受灾者借贷救助，或者在市场不景气的情况之下向民间借贷注入资金以及控制监管民间借贷机构等。近代以前，政府对民间借贷多以消极的干预为主，较少主动介入。② 近代以来，尤其是民国时期，情况有所变化，表现为政府对民间借贷的积极介入情况有所增加，如在 20 世纪 30 年代危机时期对农村进行借贷。③ 在近代天津，随着城市规模的扩大，人们对借贷的需要增加，民间借贷问题的影响日益彰显。政府对民间借贷既有消极的规范，又多有积极的参与，主要表现为吸收民间游资、向民间工商业借贷、充当民间借贷的中介人和保证人，在灾荒时期对民间慈善性借贷和市场衰微时向民间借贷注入资金，以及对民间借贷机构加强引导和管控等。

一　清末国家与民间金融的治理

晚清以降，城市社会经济发生了巨大的变迁，对外贸易的发展与沿海口岸城市的崛起，推动了城市民间金融的发展。民间金融的发展也带来许多社会经济问题，出现了国家治理的需求。关于晚清国家治理问

---

① 对近代天津金融与政府关系的研究，有龚关《近代天津金融业研究（1861～1936）》（天津人民出版社，2007）与史瀚波《乱世中的信任：民国时期天津的货币、银行及国家－社会关系》（池桢译，上海辞书出版社，2016），史瀚波一书主要对国家与中外金融机构和金融市场的关系进行了分析。
② 王卫平、黄鸿山：《晚清借钱局的出现与演变》，《历史研究》2009 年第 3 期。
③ 李金铮：《借贷关系与乡村变动——民国时期华北乡村借贷之研究》，河北大学出版社，2000；李金铮：《民国乡村借贷关系研究》，人民出版社，2003。

题，学界对边疆、漕运、交通以及乡村的治理有一定的研究，[①] 对城市社会经济治理问题的研究还相对薄弱。一般认为，晚清的社会治理不是很成功。[②] 但晚清时期，国家对社会的治理采取了一些新的举措，对社会的治理态度也更为积极，其治理不利的原因值得进一步探讨。晚清的天津为近代城市社会变迁的典型，兹以晚清天津城市民间金融的变迁为中心，分析晚清国家对城市民间社会经济的治理。

庚子之后，晚清政府对近代天津民间社会债务问题更为关注。此时，天津市面大乱，民间的债务问题非常严重，导致市场信用丧失，市面限于停滞。为了恢复市面运转，时任直隶总督袁世凯于 1904 年 5 月 24 日，在对商务公所绅商宁世福等公议《商会就地便宜章程二十条》的批示中，就天津民间的债务问题进行指示："其倒闭报穷之家，家产尽绝，在有资产仍准债主追讨；折阅之债分年归还，如或狡执禀官严追二条，是为惩贪狡警效尤起见，可以照准。懋迁财货首贵流通，欲保借款先严稽核，凡有银钱兑借，须将数目报明总会存档备查。如有立意吞骗，应将产业资财查封备抵。"他表示要对民间借贷中揩债不还的现象进行严厉的追讨，力图通过行政手段恢复民间信用，解决危机。同时，他还认可了商会在处理民间债务问题上的作用和权力。[③]

典当业的利息一直是民间社会和国家高度关注的问题。庚子后，当铺、社会和国家一直围绕这个问题进行博弈。庚子前，天津典当业利息普通价格低的一般为 2 分，价格高的为 3 分，当期可延至 30 个月，冬令

---

① 任念文：《西北与中原——从晚清西北回民起义透视中原王朝对西北边疆的治理》，博士学位论文，华东师范大学，2003，中国优秀博硕士学位论文全文数据库，https://kns.cnki.net/kns/brief/default_result.aspx；洪均：《财政变局、省区博弈与晚清国家治理能力——以咸同年间湖南盐政为中心》，《江汉论坛》2017 年第 11 期；高中华：《山东巡抚与黄河治理——兼论晚清时期河政体制的变化》，《江苏大学学报》，2012 年第 1 期；梁家贵、张青松：《晚清淮河流域匪患与治理——以捻党为中心之探讨》，《淮北师范大学学报》2012 年第 2 期。

② 高小平：《晚清治理体系变革失败的启示》，《南京社会科学》2015 年第 5 期。

③ 《天津商会档案汇编（1903～1911）》（上），天津人民出版社，1989，第 34 页。

减息的时间为 1 个月。在义和团运动之前的史料中，还未曾见在天津围绕当息发生斗争的事件。义和团运动期间，天津典当业遭到沉重打击，大规模衰退，"至于利率，在乱靖后，短时期中曾有为月息一律三分；后始减至一律二分五厘"。① 年终减息的习俗也一度停顿。为了应付局面，在典当商李安邦的要求下，当时的直隶总督袁世凯同意从光绪三十年（1904）开始将典当业利率一律上调为月息 3 分，并且试办 3 年，② 但是典当业在试办 3 年后又悄无声息地延办了两年多，这引起民间社会的严重不满。③ 庚子事变之后，随着清朝政局的变动，典当业面临着新的挑战。1907 年，天津成立了县议事会，经过选举，一些地方精英进入这一机构。议事会成立的第二年，就对天津典当业的利息上升表示了不满。有的议事会会员提议，应恢复此前计息和年终减息的传统，以缓解庚子以来的民生压力。对此，典当业"以三分取息，系禀准有案，每年减息，系照县示遵行"为由加以拒绝。随后，议事会又向天津县政府提出改正当息的要求，希望"规复二分取息之年限"，恢复冬季减息的成例，"俾利贫民，而广惠泽"。④ 之后，他们还要求把典当业多取的二年多的利润"追出作体恤贫民之举"。⑤ 1908 年 5 月，天津地方政府、商会及天津县议事会共同议定，依据天津本地情况，规定典当业月息从 3 分降为 2 分 5 厘，在灾重之年提前半个月减息，从旧历十一月开始减息，试办 5 年，"不得变更"。⑥ 在此期间，政府与地方社会及当铺之间反复博弈，稳定了当息。

---

① 张中龠：《天津典当业》，万里书店，1935，第 4 页。

② 《直督袁饬天津县示谕当商减息札》，甘厚慈编《北洋公牍类纂续编》卷 21，宣统二年刊本，《近代中国史料丛刊三编》第 86 辑，台北：文海出版社，1999，第 1626～1627 页。

③ 《天津绅商徐人杰等禀督宪请规复当商典息旧例文》，甘厚慈编《北洋公牍类纂续编》卷 24，《近代中国史料丛刊三编》第 86 辑，第 1832 页。

④ 《天津商会档案汇编（1903～1911）》（上），第 720 页。

⑤ 《天津县议事会禀筹议当商行息办法文并批》，甘厚慈编《北洋公牍类纂续编》卷 24，《近代中国史料丛刊三编》第 86 辑，第 1835 页。

⑥ 《津邑典当冬令减息，天津商务总会》（1916），天津市档案馆藏档案，档案号：J0128 - 3 - 004333。

　　当时在民间金融中执牛耳的票号、钱庄等在混乱中也受到了冲击。庚子后，天津票号开始衰落，"自变乱以来，情见势绌，票庄既不肯通融，银行亦不轻交易，一遇称贷，必咸以官家担保为请"。① 辛亥革命之后，票号更是出现了相继倒闭的情况，在此情形之下，对民间金融机构的监管成为政府关注的内容之一，尤其是与政府有着重要利益关系的金融机构，如票号等。湖广总督瑞澄在1911年上书，要求对票号等金融机构进行严密的监管以维护国家及市场的信用和利益。首先是调查票号资本账簿，"近来钱庄票号，倒闭日见，商民交困，日趋于敝。敢饬下部臣，对于商办各银行，施以严重之监察，予以实力之补助，时时稽核其基本金，禁遏其非银行应有之营业及违犯法律之行为。并饬国家银行，允许轻息与之优待，使存放款项者，得安收其利，而无危险之虞"。② 其他官员也有相似的建议，如田赋司行走学习员外郎陆定建议说："宜实行清查各票号之资本也。……若不经此日之清查，而异日设当市面奇窘之秋，偶有一二家之动摇者，则其市面更不堪设想矣，是岂保护商民之道哉！"他还提出了清查的具体办法："清查之法，宜将各票庄之股东姓名及其股本使先注册，并其存款若干，放款若干，年终汇结盈余亏损之账，均当令其报告，一切依银行条例而实行之。""部中宜别设银行调查处也。""宜由部中别立银行调查处，以为辅助之机关，择实心任事者数人，日事讲究，求实际不求铺张，以收改良之效。"调查的内容主要涉及"各省商家银行、钱庄、票号股本之多寡，股东殷实与否，每岁贸易之总额及其盈亏之比较，均造统计表，并揭载其沿革事由，苟有见闻"。此外，还需联合其他机构分总其事。③ 调查处与征信处类似，是国家对民间社会进行信用管理的机构，是国家深入干预民

---

① 《山西票号史料（增订本）》，山西经济出版社，2002，第296页。
② 《湖广总督瑞澄奏请改定度支部银行为国家银行并奖助商办各银行折》（宣统三年六月），《度支部档案》金融货币类，卷号99，转引自《山西票号史料（增订本）》，第362页。
③ 《山西票号史料（增订本）》，第362页。

间金融的一个重要表现。

这些建议在当时得到了清政府的同意,但是引起包括票号在内的商家的反对,"抽查一节,事属创举,闻风者不以为循例抽查,而以为犯事办,商人名誉重于性命,名誉少有动摇,基业立见倾覆"。^① 这段文字反映出商人对国家监察的心理,体现了传统信用习俗与现代信用管理的不适应。清末民国以来,国家为实现现代化,比以往任何时期对民间事务的干涉都要更深。但是自古以来,国家和社会的信任关系导致这一举动被民间视为对其信用的极大败坏,因为历来只有有问题的商号才受到国家的干涉。

庚子事变导致天津市面大坏,号称百业之主的钱庄倒闭了百余家,"兵祸之后,银根奇窘,竟至每千两加贴水三百数十两之多"。《辛丑条约》订立后,袁世凯为平息市面风潮,创立平市官钱局。在官钱局的积极引导下,金融风潮告一段落,市场逐步恢复,晚清"天津一埠之票号犹多至三十四家,重要钱庄计二十余家"。^②

近代天津政府还采取积极的措施吸收民间游资,对民间工商业借贷,并引导规范民间借贷的模式。天津官银号,亦称"天津银号""北洋天津银号",初名"平市官银号",是袁世凯主持于 1902 年 8 月在天津创办的,为当时市面迟滞之际,天津以及直隶金融之枢纽,1903 年 4 月改为"天津官银号"。1910 年 9 月,天津官银号为直隶省银行替代,前后共存在 8 年有余。天津官银号在正式营业的 8 年间,一方面,它借助公帑的划拨、储存和民间储蓄存款扩充资本,活跃社会金融。天津官银号为吸收民间资金,并为小本营业者提供借贷金,及向民间丧葬合会提供存储业务,准备设立博济储蓄银号。当时的直隶都督对此批示"候通饬各府厅直隶州各县出示晓谕,以开风气而裕民生"。1907 年 5 月 20 日,天津官银号为开办博济储蓄银号向天津商会递交了呈文,声称已在 4 月 25 日上市开标,并制定了拟

---

① 《山西票号史料(增订本)》,第 362 页。
② 王子建、赵履谦:《天津之银号》,河北省立法商学院,1936,第 3 页。

办博济储蓄银号宗旨六条，① 力图吸收民间的借贷资金和游资扩充资本。后来官方不想出钱，民间资本也撤回，袁世凯转向求助英、俄等外国资本，几经周折借来 150 万两，开始向民间社会收放资金。② 之后，天津官银号变成了直隶银行，这个博济储蓄银号被改为储蓄银行，并增订了八条章程，规定了直隶银行与这个储蓄银行的关系。③ 另一方面，天津官银号以低息贷款，将资金借垫、挹注于工商企业，促进直隶与天津民族工商业的发展，成为津埠初步具有银行职能的金融枢纽。④ 当时，袁世凯鉴于户部银行开办尚需时日，缓不济急，遂将平市官银号出入款目、银钱票据，一并归

---

① "一、设立博济储蓄银号，系为各项工徒、商伙、佣役人等以及妇女童稚，如有余资，皆可交本银号代存，以求子息，免致随手浪费。一、储蓄银号专为平民集资，可以维持风俗，保全良善，其为地方善政裨益无形，必须永久护持。将来无论官家如何更动，此项存款无须妥为安置，不可失信于人，致伤民气。一、凡有持资赴本银号收存者，报明姓名、住址，即行发给凭折，无庸另觅妥保。一、本银号为便民起见，并不图利。所有伙友人等，皆由天津银号调拨，期于支应灵通，概不开支薪水，以节费用。一、津邑五方杂处，人类不齐，往往积有余资不知运动，或竟放给小贩营生。脚夫仆役意在希图重利，一遇坑欠，亏折转多。有本银号代为收存，确系有利无害。一、津邑风气，向为父母存丧葬费者，必须联络多人，方能集资开会，所有入款交钱铺收存。自经拳乱，十荒其七，当时人皆视为畏途。嗣后如有承办此等会社者，无论集资多寡，本银号皆可代为存收，照章计息。"《天津商会档案汇编（1903~1911）》（上），第 746 页。
② 林纯业、郝庆元：《天津官银号记事》，庄建平主编《近代史资料文库》第 8 卷，上海书店出版社，2009，第 334 页。
③ "计开：第一条：为奖励人民储蓄，遵照奏定储蓄银行则例设立，就旧日天津银号兼办之博济储蓄银号，改名曰直隶省储蓄银行。第二条：本银行承领直隶省总行资本银五万两，按常年五厘行息。第三条：本银行附设于天津直隶省银行内，惟系另立门面柜台，以清界限。凡有直隶省银行分行之处，亦应随时酌量设立分行。第四条：本银行半年结账一次，核算所收储蓄存款总额，将现银四分之一，存入直隶省银行作为准备金，以昭坚实。直隶省银行亦须从优付给利息，以示提倡维持之意。第五条：储蓄银行既附设于直隶省银行，必当随时维持辅助。凡储蓄银行存款于直隶省银行，无论定期、来往，应比照其行中存款最有之利息，如有借用直隶省银行款项之处，应比照其行中放款最轻之利息。第六条：直隶省银行随时派员稽查所有帐目款项及贸易情形，听凭查核以昭慎重。第七条：本银行出入帐目每至月底，将本月分收付款项及盈绌数目，造列清帐一份，呈直隶省银行督理、总办、帮总办阅后存查。第八条：本银行为倡导人民崇尚居积，原非重在获利，所有办事人等，仍由直隶省银行调拨，期于支应灵通，所有薪水伙食概不另行开支，俟年终获有盈余，除付常年官息，并酌提办事人员等花红外，作为十成，以四成为公积以厚基础，下余六成，归直隶省总银行列入盈余项下，汇总核算。"《天津商会档案汇编（1903~1911）》（上），第 621 页。
④ 林纯业、郝庆元：《天津官银号记事》，庄建平主编《近代史资料文库》第 8 卷，第 332 页。

入天津官银号办理。在该银号的基础上，拟定由绅商合理集股开设天津银行，以资周转川换，挽救财艰。同时设立商务公所，借资联络。经众商遴选，举出公正殷实、素著声望的邑绅杨俊元充天津银行总董，石士元、卞煜光、王文郁、李士铭等充任董事，共承允集股银百万两。商务公所亦经各商公举在籍知府王贤宾、宁世福和县丞么连元等为董事。① 可见，政府在联络民间资金以挽救市场危机中，起到了引领的作用。

1903 年，清廷"锐意振兴工业，屡下明诏劝谕"，天津出现了兴办工业的热潮。天津官银号通过信贷方式，以其集聚的资金支助津埠商人，兴办工业。其主要的方法和成果有以下几个方面。（1）低息贷款，支持民办工业。1904 年，天津商会协理宁世福在河北大街创办织染缝纫公司，天津官银号为其提倡，以 5 厘低息贷予银钱所号存之银 15000 两，供其作辅助资本之用。1905 年，天津工商研究会会长宋寿恒在西马路皇姑庵东老公所胡同创建造胰有限公司，天津官银号亦以 5 厘薄息贷予银洋 1000元，用以补助资本。1906 年，天津客籍学堂庶务长王龄嵩在北马路开办牙粉公司，天津官银号从号存茶捐存款中，贷拨补助股本银 2000 两。1907 年，天津直隶工艺总局前任观察赵尔萃开办玻璃厂，天津官银号又从号存茶捐存款中贷拨补充股本银 5000 两。天津官银号以大大低于当时社会上一般借款行息 8 厘至 1 分 2 厘的低息，将其资金借贷予商人，支助其兴工办厂，推动了民族工业的创办与发展。② （2）抵押贷款，扶植商业发展。借贷现银，助商周转流通。庚子事变后，津埠市面凋敝，商业萧条，银根短绌，流通疲竭。1903 年，天津官银号报请直隶总督袁世凯核准，以 5 厘薄息将其资本 70 余万两借与天津各钱商，冀以周转流通，挽救天津市面商情。当商人不能如期归还本息之时，除一再迭次展缓外，还采取欠款之家亦不必到期，"不拘多寡，随时归还，免致存银待

---

① 林纯业、郝庆元：《天津官银号记事》，庄建平主编《近代史资料文库》第 8 卷，第 333 页。
② 林纯业、郝庆元：《天津官银号记事》，庄建平主编《近代史资料文库》第 8 卷，第349～350 页。

期"，"还若干，即减若干之息"，"即轻若干之累"的优惠条件，用以扶植天津市场的恢复与发展。1909年，为帮助商人携产品赴南洋赛会，展销介绍商品，天津官银号拨付50000元。[①] 1906年初，为帮助客商进行商业活动，天津官银号租赁紫竹林栈房一所，选派对津地货物出入极为熟悉之员为司事，而办抵押货物官栈。外地客商携货来津，经天津官银号验明货色，根据即时市面货物销售情形，面议银数与利率后，均可将其货物存入官栈抵押银两（货物抵押清单如下）。除货物外，还办理抵押国债券、有价证券、房地产等。当抵押贷人到期不能赎取时，即由该银号将货物抵押或拍卖，以抵偿贷款及利率，多者退给客商，少者追补。除此之外，对于急切获得货款而离津的商人，也可将货品经官栈介绍运至天津官银号资助开办的代销公柜，由公柜先付部分贷款，再为代售，售后，与商人结账。[②]

货物抵押清单

一、此货已将关税完清

二、此货存入官栈后由　自保火险将保险单送存

三、此货每件照时估值价　两请照　成抵押　平

四、此货抵押之款利息按月照认不误

五、此货抵押以　各月为期如至期不能取赎听凭拍卖扣抵押款本利及各项费用外如有余款应照发还如时价跌落至有不敷仍由　号补还

六、此货随时可以取赎押款利息照日分认

七、此货的系外洋原包装原件并无抵换如有以低货冒充高牌希图多押等弊已经查出听凭罚究

八、此货取赎时应将押款本利费用各项付清后取有提货凭单方能至

---

① 林纯业、郝庆元：《天津官银号记事》，庄建平主编《近代史资料文库》第8卷，第350页。
② 林纯业、郝庆元：《天津官银号记事》，庄建平主编《近代史资料文库》第8卷，第352页。

栈提取

以上均系本号自愿允认之款即请

天津银号查照

光绪　年　月　日　盖货主图章　　　　具①

官银号对民间工业商业的贷款利息低微，而且对现代的工业、对外商业和外客有很大帮助。另外，通过银号来结算，还需要上保险，这对其他金融行业的发展有所促进，对天津金融的近代化也是有益的。

"天津官银号"改为"直隶银行"后，对天津市面的民间借贷也有积极的辅助作用。1910 年，直隶银行等四行为稳定天津市面规定了十四条章程，同时又订立了六条规则。② 这些表明政府在危机时期对市面

---

① 《天津银号抵押货物章程，天津市钱业同业公会》，天津市档案馆藏档案，档案号：J0129 - 2 - 001562。

② "直隶大清等四银行拟定押款章程规则十四条，宣统二年九月二十二日、二十六日（1910 年 10 月 24 日、28 日）：合办押款章程八条：一、现为津埠市面欠稳，诚恐各内外行周转不灵，议由大清、交通、志成、直隶各银行共备银一百万两，定名为裕津公记，计大清、直隶各认三十万两，交通、志成各认二十万两，筹办押款，维持市面，暂以办至本年底为度，届时查看情形，或停或展，公同酌议。二、存放抵押各款，公议由直隶省银行经理，然必须四家签字盖章，公同认可后方能照办。三、押款货物，不论内外行，凡有妥实银钱票据及随带租折之市房印契，并洋线洋货等热货，皆可抵押银两。四、押款成数，总须察看何货，再商如何折扣，全以多押少为准，或以值十押六为率。五、押款利息自七厘至九厘不等，须分别何货，随时秉公酌定。六、押款期限以六个月为度，倘逾期不赎即登报拍卖扣抵，所押本息及栈费余归本主，亏仍追补，如先期归还，利随本减。七、押款银两按照认定数目拟派，不必另立合同。即以直隶省所出之三联票为凭，无论盈亏应按照十成均摊，其杂费悉由直隶省银行暂垫，俟事毕后，亦按成摊算。八、抵押款项应有保证，或经商会接洽，或有妥实铺保，方可允准。"六条规则为："一、凡抵押之货，如房契带老契租折，如票据须到原欠主处开明，如各热货须移归本栈，归货主自认，其花数另有清单。其出进扛力亦由货主自理，备具抵货清单，以凭验收。二、押货移栈后，货主须将该货自保火险，取火险单送至公记验明收存后，方能付款。三、公记栈房于验收货物时，务照抵货清单逐细详视，该货之箱皮包铁箍等类，是否原来，有无残损，并以低货冒充高牌，希图多押等弊，如有不符之处，可以酌量开验，以免饶舌。验明后照缮入栈凭单，送交公记查核，由四家盖章签字，转交押款人收执。四、货物入栈后，遇有水火天气潮湿伤坏及一切意外等情，押货人自理，与公栈无涉。五、届期赎货时，先赴公记核算押款本利及栈费算明付清后，一面填给提货凭单者，须将原日入栈凭单注明提取某货，下存某货，仍交押款人收执。六、抵押各款，如系各种银钱票据及房契租折等类，议由大清银行收执，如系各项货物，归直隶省银行经理。"《天津商会档案汇编（1903～1911）》（上），第 621 页。

的救济起到了重要作用，采用押款的方式也是对民间借贷的规范和引导。

晚清天津政府的作为具有现代政府的一些特征。同时，因为近代社会动荡以及市场形势的变迁，遇到市面停滞，尤其在中国国门洞开的情况之下，商人们需要政府出面干涉，维持市场的正常运转。

如 1910 年，天津市场危机，一些商号周转不灵，他们请求政府借贷以解危机。政府对天津一些重要的商号在危机时期进行了借贷扶植。1910 年 9 月 5 日，天津景德和洋布庄周转不灵，向直隶银行与大清、志成、公益三银行求助，请求他们共同维持景德和。这个商铺的危机来自市场，因他们自己除护本银 10 万两外，"东伙均有余利在号存储，是以津申两埠信用昭著"，但是"申埠钱庄倒闭，谣传商号被陈逸卿倒亏六十万两，以致市面恐慌，人心不安"，所以他们害怕"津申两埠听信浮言，摇动商号，诚恐一唱百和，商力难支，大局不堪设想"，希望政府扶植帮助进行账目清理，请求大清银行主持，并请"大清、公益、志成三银行及永利钱庄等共同商议"帮助清理。① 之后，当局经银行制定了十一条办法，扶植这个商号，以挽救市面的危机。这是政府当局为维护市场信誉所采取的挽救商号的办法，可见在市场危机的情况之下，政府对恢复市场信用起到了很大的作用。②

---

① 《天津商会档案汇编（1903～1911）》（上），第 533～534 页。

② "一、该号欠外各款年前归还三成，计收进外欠及售货之款除还三成之外，尚余银十数万两。拟借此为贸易资本，另立新章，由该号起草，仍须大家酌定，并刊用景德和公记图章，以清界限。二、所欠南北各债户之款，利息已结至七月底，自八月至宣统三年底之利息暂不计算。嗣后陈逸卿之欠款收有成数，必须按期核算，以昭公允。三、该号虽然照常贸易，而资本仍系众债户之款，须由众债户公举监理，方为妥恰。生意如有盈余，专款储蓄，仍为备还众债户之款。四、所有账目及一切贸易出入款项，每月造立清册一份，交监理送存省银行，以备众债户随时检查。五、众债户仍须遵守前议，不得私相授受及扣货扣帐等事，违者公共议罚。六、该号贸易至宣统三年底，视其贸易情形有无盈余，知照众债户集思广益，择善而从。七、陈逸卿如将欠该号之款归还，无论数目多寡，仍应先行摊还各户之亏欠。俟还清各债户欠项外，如有余款，归该号收领。八、该号贸易大局定规后，由该号派人竭力追讨陈逸卿欠款，再由众债户公举代表协同办理。九、该号须禀明省银行，详院转咨南洋大臣并札行上海道立案，仍为南北合一办法，将来陈逸卿之欠款归还多少，一律秉公摊还。十、如上海收进正元、兆康等庄票，（转下页注）

此外，当时的政府还在对外借贷时充当中外借贷中介保证人。外国资金对中国国内的信用不了解，有问题可以直接要求或请求政府办理，因此中国民间金融业和商业向外国资金借贷时，政府往往起到保证和中介人的作用。如 1911 年 11 月，天津信诚银行因为市面危机导致业务停滞，遂要求政府为之向外商借贷，以图自救。它通过天津商会请求天津道台，以架眼存据作抵押借银十万两解救危机，"本埠信诚银行因市面窘滞，需款接济，拟将所放架眼并抵押各据，借押银 10 万两，以资应付"，"前奉北洋答称饬由贵道……向外国银行筹借洋款银二百万两"。①

在战争及社会动乱中，商人也要求政府出面借贷。1911 年 10 月发生了辛亥革命，一时天津市面动摇。10 月 27 日，当时天津银元奇缺，出现大庆、元德、源厚、春兴等几个商号相继倒闭的情况。于是天津商会向直隶总督请求饬令造币厂加快鼓铸银元，还要求赶快向洋人借债："恳请大帅俯念时艰，速赐筹款接济，如一时无可筹拨，即由职会直接保商银行暂借外国银行一百万两，接济市面。然必须官家担保，以昭信用。"他们还表示不会给官方带来麻烦："职会查此次商借外款，决非盐商可比，何则？凡各商借用，皆以实产股票契据作押，如失信用，即以作押之产据抵偿欠款，官家虽有担保之名，绝不有累官家，如此变通办理，则殷实之商，知有转动的款，即可随时将产据押现，不致恐慌，市面转危为安。"② 民间商业市场在危机时刻，需要官府出面维持信用，显示了政府在民间借贷中的重要中介作用及其在中外借贷信用中的地位。

（接上页注②）暂可作为该号贸易成本。十一、该号贸易借此十数万两如果不敷周转，拟将该号东之房契于众债户之中押借银两，以资周转。以后陈逸卿之欠款无论有着无着，设或生意再有亏折，均先尽此项押款清还，然后分还旧欠之款，前后不得混合。以上所拟规则，如有未备之处，随时公议酌收。"《天津商会档案汇编（1903～1911）》（上），第 535～536 页。

① 《天津商会档案汇编（1903～1911）》（上），第 606 页。
② 《天津商会档案汇编（1903～1911）》（上），第 631 页。

然而，政府与民间社会并没有建立起完全的信任关系。如在天津官银号创立之初，先是袁世凯自食其言，不想由官方出钱，导致绅商疑虑而不敢投资。之后袁世凯欲利用外资，而外国人要求由官府作保，导致官银号遇到了危机。①

二　北洋时期国家与民间金融的治理

北洋政府时期，天津自然灾害频繁，社会动乱与战乱不断。同时，民国建立后新法律的颁布与新思想的传播也使社会有了新的气象。作为北京政治的后院，军阀们为天津带来了大量资金。一战后，天津一度迎来了民族工商业发展的黄金时期。②

1913 年 10 月 18 日，京津保善后协会为津商会选举代表赴京借款事致津商会，要求在北京的天津商会选举代表团趁大总统选举的时机，申请向民间注资借贷，以挽救天津商业的危局："今正式总统业经选出，大局已定，正宜趁时进行，以求达到目的。"③

1921 年 1 月 14 日，天津因为军阀战乱导致市面损失严重。2 月，京津

---

① 林纯业、郝庆元：《天津官银号记事》，庄建平主编《近代史资料文库》第 8 卷，第 333 ~ 334 页。

② 宋美云：《北洋时期官僚私人投资与天津近代工业》，《历史研究》1989 年第 2 期。

③ 附借款大纲："第一章　总则　第一条　以本地方房铺捐作抵，借款 400 万元，以商会为总机关商借商还。第二条　此次借款以 20 年为限，前 5 年还利，后 15 年本利摊还。第二章　用途　第三条　以 200 万作实业纺纱厂，呈请立案，并要求本县境 20 年以内不准他人仿设，其细则另行规定。第四条　以 200 万维持本地灾商恢复商业。第五条　前二条之规定须各设总理一人，其任用法由商会众商公举之。第三章　维持灾商办法　第六条　凡灾商用款，须向商会磋办，其分配法由商会主裁。第七条　用款之家，以其营业之大小酌量借款款项之多寡。第八条　其有抵押品者，先按抵押品研究。第九条　其无抵押品者，以五家以上连带担负承还责任。但五家内须有二名以上之未被兑之商号。第四章　灾商还款年限　第十条　按照银行之规定，愿早还者听。第十一条　借款之家如有措债者不还，由商会声明，按破产律行之。第五章　附则　第十二条　此案实行时，有旧欠之商家，应按前定之分年八条办理。第十三条　至期满之时，出入项下倘无亏耗，以实业志得利弥补。第十四条　如有未尽事宜，随时共同研究增改。"天津市档案馆编辑《北洋军阀天津档案史料选编》，天津古籍出版社，1990，第 184 页。

保善后协会上书大总统暨国务总理，恳求设法赔偿以期恢复。1921 年 11 月
30 日，天津各行灾商代表张芷庵等再次恳请大总统设法补救灾商，希望国
家能够给予拨款，向民间借贷，并规范民间债务秩序。直隶都督冯国璋为
此事做出了指令，但没有提出具体的办法。① 当时，天津社会底层黑恶势
力非常猖獗，常用暴力抗债，引发了社会的不满，导致要求政府干预的
呼声越来越强烈。如南市三不管有个叫李三的，是地方的祸害，曾欠宿
某津钱三吊，宿某屡向其索讨，李三竟置若罔闻，继则出口不逊。宿某
与彼理论，李三却率多人将宿某打伤，头部受伤尤重。当时的舆论呼
吁："似此不法之徒，望有地方之责者速查惩办，以儆效尤。"②

利用法律手段来规范民间的债务问题是近代政府规范、控制民间债
务问题的重要手段。民间债务虽然有时被国家看作民间的细故，但是社
会影响很大。因此，近代以来国家对民间债务问题非常重视。1907 年 7 月
18 日，直隶总督袁世凯奏报天津地方试办审判情形："各国诉讼，民刑二
事，办法迥乎不同。盖民事只钱债细故，立法不妨从宽，刑事系社会安危，
推鞫不可不慎。"③ 表 1 为 1928 年天津地方法院民事一审案件种类统计。

表 1　1928 年天津地方法院民事一审案件种类统计

单位：件

人事	建筑物	金钱	土地	粮食	物品	证券	杂件	合计
168	33	1623	110	—	15	133	156	2238

资料来源：天津市地方志编修委员会编著《天津通志·审判志》，天津社会科学院出版社，
1999，第 143 页。

---

① "刻界严冬，灾商等室如悬磬，告贷无门，实有朝不保夕之势。况现在又加之债务诉讼、房
主纠葛、屡起冲突，若再无正当拯救办法，不特缺衣乏食饥寒致死，即债款逼迫，亦实难
以安生，困苦情形至此已达极点。灾商等每四愁思，忧心如焚。除一面由灾商等呈请天津
商务总会等处，迅将地方借款，并官商欠款分年筹还，以及房主纠葛，各办法赶速规定禀
准实行外，谨合词泣陈都督均前，俯赐设法补救。并据情转恳大总统将赔偿办法迅速宣布，
可否于本省先行筹拨巨款，以救燃眉之急，而保数十万人生命之处自逾格鸿施，不胜迫切
待命之至。"天津市档案馆编辑《北洋军阀天津档案史料选编》，第241页。
② 《讨账纠葛》，天津《益世报》1919 年 9 月 15 日，第 2 张第 6 版。
③ 天津市地方志编修委员会编著《天津通志·审判志》，天津社会科学院出版社，1999，第82页。

　　从表1中可见，当时关于金钱方面的案件占到72.5%。民事案件中金钱债务案最多，占民事案件总数的70%以上。债务案件大多是民间的纠纷，但也有官方的和涉外的债务纠纷。① 可见债务诉讼是国家对社会治理的一个重要内容。为此，1915年司法部曾以商人债务诉讼往往经年累月，所以需要征集意见"以收集思广益之效"为由，向天津商务总会召集各会员讨论办法。②

　　中国在清末开始学习引进西方的法律制度，其中关于民间的债务问题在民法中占有很重要的位置。大清民律草案编成于1911年，民国的民律草案编纂于1925年。其主要贡献是初步完成了民法的编订，是中国法制史上的重要转变，采取了公平和正义的民法理念，注重调查中西结合，为民法的现代化打下了基础。③ 近代法律还依据实际情况不断对相关法律进行解释或修正，使法律与民间借贷的实际相符。如1922年天津地方审判庭呈请直隶高等审判庭转呈大理院函称："债务案件判决生效后，债务人若不履行时，执行处得处债务人千元以下过怠金，以强制其履行债务，但对处过怠金仍不履行者当用何法结束？"对此，天津地方审判庭还提出两点疑问，如果债务人仍不履行应该怎么办，如果是

---

① 天津市地方志编修委员会编著《天津通志·审判志》，第143页。

② 《讨论商人债务诉讼》，天津《益世报》1915年11月10日，第1张第3版。

③ 如1925年的民律草案中规定："第三百三十条　债权可生利息者，其利率周年为百分之五分。但法令有特别规定者，或有特别之意思表示者，不在此限。第三百三十一条　债务人约明以周年百分之六分以上之利率支付利息，经一年后，得随时将原本清偿之权利，不得以契约除去或限制之。第三百三十二条　当事人若预约至清偿之利息滚入母金中，且偿还其利息者，其预约为无效。利息延迟一年以上，经债权人催告，债务人亦不偿其利息时，债权人得将利息滚入母金中，并请求其利息。第二百九十一条　应付息之债务，其利率未经约定，亦无法令可据者，周年利率为百分之五。第二百九十二条　约定利率逾周年百分之十五者，经一年后，债务人得随时清偿原本。第二百九十三条　约定利率逾周年百分之三十者，法院应酌减至百分之三十以下。第二百九十五条　滚息作本之预约无效。但债务人为银钱者，不在此限。利息迟付，经债权人催告逾一年而不偿还者，债权人得将迟付之息，滚入原本。第三百二十九条　金钱债务迟延者，债权人得请求年利百分之五之迟延利息，但约定利率较高者，仍从其约定利率。第七百零七条　赌博不能发生债务，但因赌博已给付者，不得请求返还。"参见杨立新点校《大清民律草案　民国民律草案》，吉林人民出版社，2002，第43页。

赤贫无力缴纳又该如何？大理院答："处过怠金之性质，本为督促债务人履约。若既处过怠金而仍不为一定行为，于法无不得再处过怠金的限制。惟于赤贫无力而不能缴纳者……解释上尚难认有其他项救济办法。"① 近代以来，西方的司法、检察制度和律师制度被引入了中国。天津近代检察机构的设立时间是 1914 年，成立了直隶高等审判厅和检察厅以及地方的审判厅和检察厅。② 在近代天津，这些法律机构和律师在民间债务纠纷中扮演了重要的角色。

此外，债务的节令是一个非常值得注意的问题。民间的许多借贷纠纷是在传统节日前发生的。这是传统社会中借贷的"节日效应"。③ 正如当时的记者所观察到的："近年世难年荒，民穷财尽，一般平民苦力无不受生计影响。负债累累，而不做美之端午节，又紧迫而来，既无力以偿还，又天良之难昧。"④

民国以后，更改立法，对债务问题产生了很大影响，民间对此反应非常强烈。1917 年发生了民间对更改历法的请愿活动，债户穷民反对改阳历为阴历，希望避开传统节日期间催债的习俗，过一个好年。⑤

---

① 天津市地方志编修委员会编著《天津通志·审判志》，第 142 页。
② 姚士馨：《解放前天津律师业概述》，《天津文史资料选辑》第 37 辑，天津人民出版社，1986，第 178~189 页。
③ 吴石城：《天津金融季节之研究》，《银行周报》第 19 卷第 46 期，1935 年 10 月，第 19~23 页。
④ 《避债水国》，天津《益世报》1921 年 6 月 9 日，第 3 张第 11 版。
⑤ "请假议员诸公均鉴：公等建议改用阴历，意欲贪图例假，欢聚家园，民等闻之不胜恐惧。夫诸公为家忘国，放弃责任，姑且勿论民等债台山积，债主无情，每到阴历年关索偿，紧迫推托乏术，苦无入地之门，逃避无能莫得上天之路。虽温言而恳乞，忍辱含羞，奈执券而临门，苦催索逼，即使周旋搪塞，挨过除夕之关。然而涸辙清贫亦无过年之趣，而万家灯火，炮竹声隆，侧耳惊心，举目惭愧，叹穷人之无岁，闭户清愁，妒富室之奢华，相形益绌。凡兹窘状，实足痛心，自改阳历为正朔，方云惨状可除。乃诸公复有此提议，民等闻之，恐惧万状，谨此情愿，披胆相陈，务祈捐弃私怀，废除前案，仍用阳历，永废旧年。如此则债主索偿之时，适值阳历新岁，推托搪塞，亦易为辞，而人度旧年，我过旧岁，忧乐悲欢，一反一复，区区苦衷，唯诸公谅之。临颖仓皇，不胜迫切待命之至。"青心：《债户穷民反对改用阴历建议案书》，天津《益世报》1917 年 2 月 4 日，第 3 张第 10 版。

近代中国因为其半殖民地的地位而受到外国侵略势力的剥削和压榨，这在中外的民间借贷中也有体现。依照领事裁判权，中外纠纷由外国派驻当地的领事依照本国法律审判，这对中国人来说不仅屈辱而且容易吃亏。恒远银号在 1919 年售予日本人清水金票，订有契约，后来因日金行市日益跌落，日本人"赔累甚巨，欠缴恒远款洋一万三千余元，恒远银号现请石川通律师，在日领事署提起诉讼"。[①] 这个欠债案件结果虽然不得而知，但是到日本领事馆起诉，对中国人显然不利。

　　民国之初，典当业当息问题依然在国家与民间社会中博弈。典当商认为 2 分 5 厘的利息偏低，"非增利三分不足以资挹注"，[②] 但在政府与社会的双重压力之下，他们希望保住 2 分 5 厘的利息，不再因为社会动荡或者社会要求而导致利息再一次下降。试办 5 年之后，典当商发现市面经济奇滞，2 分 5 厘的利息不利于典当业经营，于是希望政府仿照租界办法加息，并缩短当期。直到 1921 年，这一建议都未获政府的认可。[③] 1923 年，宁河县一个叫刘宗诚的人，到省议会控告典当业重利病民，要求改变传统的"过五"计利办法（当物在过期月满后，超过五日加一个月的利息），改为"当期在二十日以内者以半月计算，在二十日以外者以全月计利"。对于这一威胁典当业利益的要求，天津典当业坚决抗议，上书直隶省长。然而，刘宗诚的要求得到省议会的批准。为此，典业联合会先后三次上书省长，终于得到了"暂照旧章办理"的结果。[④] 从以上当息争议事件可以看出，民间社会的力量开始增强，民主民生的意识逐步向社会渗透，当息问题开始被置于国家、地方社会和

① 《华商与日人债务纠葛》，天津《益世报》1921 年 7 月 23 日，第 3 张第 10 版。

② 《典当业同业公会民国元年禀稿底》（1912），天津市档案馆藏档案，档案号：J0129 - 2 - 004308。

③ 《津邑典当冬令减息，天津商务总会》（1916），天津市档案馆藏档案，档案号：J0128 - 3 - 004333。

④ 《典当业同业公会民国元年禀稿底》（1912），天津市档案馆藏档案，档案号：J0129 - 2 - 004309。

民众博弈的场域之内。商会、议会的出现，正是地方精英拓展自己势力范围的表现。博弈各方开始利用新的话语为自己的利益辩护，地方政权仍然具有绝对的权力，它在民众、精英以及典当业之间力图保持平衡，一边顾及典当业的利益，一边也要考虑社会的呼声。但是，典当业毕竟为社会所需要，许多大商人、军阀、遗老等对典当业有不少投资，与典当业有很深的利益关系，① 因此典当业最终仍能够得到当局的支持。

在此时期，天津的银钱业因工商业的发展而成为民间商业借贷的核心领域之一。不少北洋官僚投资银号，为近代天津工商业注资，对这一时期天津工商业的发展起到了很大的促进作用。② 官僚的大量投资，给政府对银钱业的治理创造了非常宽松的环境，此时也正是天津民族工商业发展的黄金时期。

民国政府在近代依然充当中外民间借贷中介者的角色，有时是主动的，有时则是被动的，这与当时中外交往中没有可靠的信用保证机制有关。如万春斗店李皓田息借北京道胜银行银 8000 两，万春斗店因在壬子兵变期间被抢，无力归还。其后，政府向该行借款，该行将万春斗店欠债扣提，经财政部和警察厅催缴。万春斗店凑集 10 年 6 厘公债票 11430 元，以抵本银 8000 两，但是利息无力筹措，要求商会陈请赦免。③

特殊时期，政府还直接对天津民间进行借贷。如 1917 年华北一带发生了一次空前的大水灾，天津灾情也异常严重。当时政府委派熊希龄为赈灾的善后督办，负责水灾的善后工作。熊希龄为赈济灾民，采取了许多措施，其中之一就是提倡政府、地方银行以及绅士设立因利局等借

---

① 王子寿：《天津典当业四十年的回忆》，《文史资料选辑》第 53 辑，文史资料出版社，1964，第 46 ~ 50 页。
② 魏晓明：《北洋政府官僚与天津经济》，《积沙集》，中国档案出版社，2001，第 203 页；宋美云：《北洋时期官僚私人投资与天津近代工业》，《历史研究》1989 年第 2 期。
③ 《请免息银》，天津《益世报》1922 年 7 月 1 日，第 3 张第 11 版。

贷机构，共同对贫民进行贷款。"其杂赈办理可观者，共办成因利局
309 处，义当 29 处，老弱留养所 181 处，粥厂 593 处，种子借贷所 49
处。"①

设立因利局是一种具有近代救助理念的借贷方式，起源于近代扬
州，并扩散到全国各地。② 此时又被天津地方政府用来救灾："拟即由
各县知事商同该地绅耆推举局董先行筹款开办，嗣后再由本处酌量补
助。"③ 但是，分毫不取利息的因利局没有得到地方士绅的响应，于是
政府又制定了新的措施，以调动地方乡绅的积极性。1917 年 11 月 4 日，
政府制定了具体的办法，设立因利局，由地方绅士和官方合作办理，规
定了九条大纲，统一各县办事章程，准许绅商收取轻微的利息。④

但是，这个取息的办法难以满足难民的要求，而地方绅商设局
"亦不能不酌取利息以资开销"，于是熊希龄等人又采取了保息的措
施。⑤ 然而，即便如此，因利局的创设最后仍没有得到士绅的积极响
应，"各处绅商或疑本处保息之不足持，意存观望"。⑥ 在这次水灾中，
政府亦面临严重的财政困难，于是与天津的银钱业商量办法。先是与天

---

① 周秋光:《熊希龄传》，百花文艺出版社，2006，第 412 页。

② 王卫平、黄鸿山:《晚清借钱局的出现与演变》，《历史研究》2009 年第 3 期。

③ 《设因利局办法案》，天津《益世报》1917 年 10 月 17 日，第 2 版。

④ 各地方筹设因利局大纲:"第一条　各地方应速筹设因利局，俾灾民得借贷资本自营生
　计。第二条　因利局除县城外，应于乡镇酌设分所，以便灾民就近借贷。第三条　因利
　局经费或借地方公款，或劝绅商及各慈善团体筹集，应由县知事就地设法，如实有不敷，
　得呈由本处核办。第四条　因利局应由县知事派本地公正绅商经办，其组织法各地就
　地方情形酌定，仍报由本处备案。第五条　凡本地安分极贫民户实系因灾失业者，皆得
　向因利局酌量借贷，惟不得限制过严。第六条　凡灾民向因利局借钱或定轻息，或特免
　息，均由因利局临时分别酌定。惟均须有切实保证。第七条　初借、转借钱数及偿还日
　期，保证人资格及其责任，均由各地方自行酌定。第八条　各地方因利局章程均由县知
　事核定，并须用粗浅文字详明缮贴局门及通衢，以期周知。第九条　各地方因利局成立
　时，该管事知事应将筹办详细章程呈报本处备案。"《天津商会档案汇编（1912～1928）》
　(3)，天津人民出版社，1992，第 3388～3390 页。

⑤ 《天津商会档案汇编（1912～1928）》(3)，第 3388～3390 页。

⑥ 《天津县公函熊督办训令各地方等筹设因利局（因利局大纲），天津县》(1917)，天津市
　档案馆藏档案，档案号: J0128 - 2 - 002438。

津盐业银行进行商讨，又向天津新华储蓄银行借贷，但银行因为种种原因中止出资，这受到了熊希龄的指责。① 可见，政府虽然有意以慈善借贷救济于民，但是，最终因为财政上的困难自身也陷入困境，与民间绅商和银行缺乏信任关系，因利局的设立并不能算是成功。

在 1917 年水灾中，为救济灾民和民间商业，政府还出台了保息贷纱的措施。在救灾的过程中需要大量的棉纱，熊希龄的善后督办处决定借款成立贷纱处，② 并决定实行保息贷纱。之后，督办出台了布商借贷保息的十条章程，宣布保息贷纱的具体办法。③ 政府保息，要布商向银行等借贷的措施得到了民间商户的积极响应。④

在商人的保息借贷中有许多问题存在。当时一些布商借贷遇到了高息，因为有保息的关系，许多借贷者以高息借贷，导致布商损失很大。同时，布商们在有了保息之后，纷纷想办法向各处借贷以维持生产，但

---

① 《津盐各银行及督办本畿一带水灾河工等事宜关于组织因利局大纲和因利银号办法致天津新华银行函，新华信托储蓄商业银行天津分行》（1917），天津市档案馆藏档案，档案号：J0203 - 1 - 000016。

② 《熊督办组织贷纱处》，天津《益世报》1918 年 2 月 18 日，第 2 张第 6 版。

③ 督办处修正布商借款保息章程十条："一、督办京畿一带水灾河工善后事宜处因灾区织户失业，姑拟维持布商俾使照常收买，如资本不充借款时，特予补助保息六厘。二、凡收买灾区布匹，各布商因资本不充，得自向银行、银号及其他商号借款，或以商会名义向银行、银号及其他商号汇借，均须函由本会核实转请督办保息。三、灾区商会如有不能自向银行、银号及其他商号汇借者，拟由本会随时再行函请督办酌核指定银行商借，除保息外，商会得负完全偿还责任。四、各布商自向银行、银号及其他商号借款须备具盖印说帖，由该商会查实备正式公文函请本会核准，再行转请督办保息，其由商会汇借者，则商会与布商应另定契约。五、借款以一年为限，但有欲缩短期限者，听其自行办理。六、各布商自行借款已规定第三条中，其由商会汇借，以有商会接单及盖用该会关防钤印记者为有效。七、布商及商会无论在银行、银号及其他一切商号借款，一经借妥，呈由本会核准，即行函请督办先将保息照发，以昭信实，而免耽误。八、此项借款保息，本为灾区机户恢复职业而设，故以布商为限⋯⋯其他各县与机户相等职业，关系全县人民生计者，亦可呈由本会转请督办加入此次保息一并维持，但以该县人民工业占全县户口十分之七以上为限。九、此次借款保息，以维持顺直灾区实业为限，以防冒滥，如热河原系直隶之附属区域其滦河被灾之地，应视同直隶一律办理。十、以上九条经本会议决函请督办核准施行。"《天津商会档案汇编（1912～1928）》（3），第 2580 页。

④ 《天津商会档案汇编（1912～1928）》（3），第 2583 页。

是利息很高，实际上是发国家的财。① 国家对民间的借贷也出现了问题。1918 年 3 月 9 日，天津民间 58 家商家对纱贷发放不公表示了不满。② 1918 年 3 月 13 日，天津商会孙俊卿、赵文卿称："案查保息及贷纱各商纷纷请求，数额或有过量，恐中冒滥。"③ 对此，政府采取了实行连环互保的办法。④ 为兑现保息的承诺，1918 年 3 月 20 日，天津商会拟定了七条细则。⑤ 这个细则以对信誉要求连环互保的方式来进行，并且把借贷的权力下放到布商手中，织户的信誉由布商说了算。

1918 年 3 月 16 日，天津商会做了保纱结果统计：津商会报告各商借款保息 80 余万元，并附借款保息一览表，据各商投帖附借款清折，计共 51 家，共借银 54500 两，共借洋 730412.4 元。⑥ 但是，保息贷纱让政府尝到了对民间借贷的苦头，最终终止了这个行动。⑦ 当时布商乃至各地的商会欺骗政府，贷纱和保息的好处没有用于救济贫民，而是被商人中饱私囊了。1918 年 6 月至 1919 年 1 月 27 日，政府又先后采取了

---

① 《天津商会档案汇编（1912～1928）》（3），第 2586 页。

② "为贷给棉纱维持织业，恳请商会联合会转详水灾督办处立予施行以救济商艰事：窃布商等数十家，现因水灾督办处订购棉纱，贷给织业限期还价等因在案，商等闻命感戴良深。查津埠织户约五百余家，所有织机在五千架之谱，虽为贫民生计，而于实业前途亦不无关系。自去岁水灾被害，十室九空，贫民无计可施，现蒙贷纱挽救，体恤殊深。商等因织业太多，务望分配公平，同沾利益，若少数棉纱恐不敷衍用，难免偏倚之弊。为此历陈困状，公恳商务总会会长先生，协力维持，转详商会联合会，贷给多数棉纱，以救商艰而昭公允，则感大德无既矣。"《天津商会档案汇编（1912～1928）》（3），第 2585 页。

③ 《天津商会档案汇编（1912～1928）》（3），第 2591 页。

④ 《天津商会档案汇编（1912～1928）》（3），第 2592 页。

⑤ 津商会拟定发放贷纱办事细则七条函并附细则："布商贷纱办事细则：一、本会依照督办处贷纱章程，选择本埠殷实布商取具保结，承领棉纱贷济织户。一、布商于承领棉纱及分配各机户，必须取具连环互保，以昭慎重，并其分配必期公允，以免偏枯。一、布商与织户所立连环铺保契约，随时呈由本会按章程转报备案。一、关于布商与织户，所取之连环互保，本会应负调查以昭核实。一、各布商因织户无妥实保证不行借贷，则织户不能无理强为请求。一、各布商按章届限交还纱价，不问其与织户关系断绝与否，若不履行，本会得函请联合会按章办理。一、本细则如有未尽事宜，得随时增删修改，函请备案。天津商务总会总理叶，协理卞。"《天津商会档案汇编（1912～1928）》（3），第 2610～2611 页。

⑥ 《天津商会档案汇编（1912～1928）》（3），第 2593 页。

⑦ 《天津商会档案汇编（1912～1928）》（3），第 2613 页。

严厉的措施，要求各商迅速交上纱款，以便尽快归还外国的贷款。之后，天津各纱厂纷纷上交了纱款，共缴纳行平银 11130.72 两。①

但是，这些还款与应交还的款项还有很大的距离。天津商会应缴纱价银为 25150.96 两。政府又对商会进行了严厉的追讨，"饬令查明开单送县押追。事关外债，丝毫不容短欠，勿稍瞻徇"。② 在这次保息贷纱中，商会、布商失去了信誉，国家与民间社会陷入了信任危机。

三　南京国民政府时期国家对民间金融的治理

1927 年以后，政府在经济金融方面对民间力求控制。随着社会经济的变迁，民间信用对政府的依赖性加强，国家在民间信用中的地位也日益重要。

张利民认为，1928 年之后的天津城市管理机构和建制不断出新，法规不断完善。但他也指出民国时期天津城市管理是低水平的。③ 因为城市管理水平较低，社会信任度不高，加上城市规模、人口不断扩大，导致城市中欺诈和暴力借贷现象严重。

政府管理能力的缺失导致社会管理出现的缝隙为民间社会的地痞流氓所占有。清末时期，天津"土棍之多，甲于各省。有等市井无赖游

---

① "前向三井洋行订购棉纱，代价日金一百零九万元，以财政部国库券日币一百十万元为担保，三井洋行函请证明到期偿还，并知照日使署等因，业经本部照办，并咨复贵处查照各在案。惟查前项订购棉纱契约，一年期限，转瞬即届，本部担保该款完全负责，届时承领纱商设或款项不交，或交不足额，本部及需备款代偿，值此财政万紧之际，尤不能不绸缪未雨先事预防。""查各领纱商会所完缴款日期，或以十个月为限，或以八个月为限，核其偿期，虽在三井契约还期之前，但各商人等到期应缴纱款，必须责成商会如期收回，丝毫不得通融，倘有拖欠，即惟联保各商人是问，勿稍瞻徇。事关外债信用，且与公家款项有关，相应咨送查照，咨开各节，妥筹核办。遵照所定缴款日期，于应缴纱款必须如期收回，丝毫不得通融，倘有拖欠，即惟联保各商人是问，勿稍瞻徇是为至要。"《天津商会档案汇编（1912～1928）》(3)，第 2616～2617 页。
② 《天津商会档案汇编（1912～1928）》(3)，第 2618 页。
③ 张利民：《艰难的起步——中国近代城市行政管理机制研究》，天津社会科学院出版社，2008。

民，同居伙食，成为锅伙。自谓混混儿，又名混星子"，天津"华洋杂处，民俗逞强尚气，易滋事端"，"即被捕获，尤复不畏捶楚，熬刑忍痛，希图夸耀匪党，以资衣食，殊属悍不畏法"。[①] 早年，混混儿大多分布在旧城区的繁华地带，尤其是下层市民或游民无产者聚居之地，或者妓院、赌场的麇集区。19 世纪，在天津有些名气的混混儿大都以地名相称，如侯家后、针市街、西头、金家窑等处的混混儿都是如此。[②] 随着人口的流动和城市居民成分的复杂化，混混儿们再也不能守着自家的门口，充当一街一巷的霸主了。争地盘有了新的含义，不仅仅是争夺对某一街巷的控制权，而是变成了争码头、争行夺市、争夺对某一地区或某一行业的控制权。[③]

混混儿们在天津城市社会底层中具有重要的社会地位，往往是民间借贷的资金提供者，也常依靠民间借贷发财致富。天津最为著名的流氓头子袁文会和张八为便是依靠向赌徒和妓女放债发家的。[④] 民间的黑社会人物，经常采取强借的办法为自己聚敛钱财，这种事情不止一次见诸报端，可见当时混混儿们势力之大。如天津南马路中公所门牌 14 号，住着一个叫王紫宸的人，家道富有，致被匪徒所觊觎。一天早晨，王某突接匿名恐吓信一封，其中写道，"知君富有，请暂借洋三千元，限五日内送至河北小王大堤地方，自然有人接取，如接函后，置之不理，或报告官衙，我等将必有所待"，王某接函后当据呈该管分局请求保护。[⑤] 还有强迫承认借贷以榨取钱财的行为。如法租界紫阳里 20 号住着一个叫张鸣岐的人，一天他到法工部局控告住长春旅馆二楼三号的周子帆。

---

① 张焘：《津门杂记》，第 87～89 页。

② 刘海岩：《空间与社会——近代天津城市的演变》，天津社会科学院出版社，2003，第 244 页。

③ 刘海岩：《空间与社会——近代天津城市的演变》，第 251 页。

④ 杜家忠：《汉奸恶霸袁文会的罪恶一生》，《天津和平文史资料选集》第 4 辑，天津人民出版社，1993，第 62 页。

⑤ 《富商突接恐吓信索洋三千》，天津《益世报》1937 年 2 月 23 日，第 2 张第 5 版。

因为周子帆和他的侄子周少武找他，竟指称张鸣岐欠他款项数万元，当时强迫书立欠 5000 元的字据，并勒令张先交现款数百元，否则将有意外行动。①

有一些人迫于黑势力的压力，不得不低头，政府和法律也没有办法。刘福林在 1942 年将石九利告上了法院，请求法院做主确认与"被告并无欠债关系，被告不得再事滋闹事"。原来石九利是一个无业游民，看到刘福林家道小康，便时常向刘福林讹索。在 20 日前，刘福林突接到石九利来函，称"共同所使的玉米面并不是王华亭自己的，还有我的，怎么至今也不见我钱也不交"。这实际是无理索要，刘福林置之不理，而石九利突然领李姓等不容分说地将刘福林抓住，强行"索欠"。在没有办法的情况之下，刘福林只好将其告上了法院。但是这个起诉之后就撤销了，原告很可能是受到了黑势力的威胁。②

政府当时也力图控制地方治安，与社会黑恶势力做斗争。如王雨泉在天津市东北城角菜市内经营恩义呈青菜铺。一天突然来了一个自称李光明的人，要向这个商铺借贷现洋。王某不敢相拒，只好说柜中没有钱。李不久便带来许多人前来寻衅，当时幸好一区三所彭巡长到此查勤，这些人看见后便纷纷四散。当时李光明被抓住了，菜市内众商鉴于地痞经常前来讹索，深恐他们误认为这次被捕是各商报告，都非常惊恐，纷纷走开了。三所得知这个情况后，认为事关地方治安，派警长前往逐户劝导，表示如有其他事情发生，三所负全责，大家才纷纷回来。③

随着近代天津社会经济的变迁，旧的节令对商人的作用在逐步减

---

① 《不速之客，强迫承认债款》，天津《益世报》1936 年 9 月 20 日，第 2 张第 5 版。
② 《刘福林石九利确认并无债务关系，天津地方法院及检察处》（1942），天津市档案馆藏档案，档案号：J0044 - 2 - 060241。
③ 《东北角菜市一场恐慌，地痞讹索菜铺商贩避祸停市》，天津《益世报》1936 年 1 月 11 日，第 2 张第 5 版。

弱。民国后，对旧历不重视，而天津旧商人，全以旧历为准，将新历视为一纸具文。旧历节令中端午、中秋和春节最为重要，旧历年结算被称为"煞账"。大年初六是许多行业交代公事的日子，涉及每个人的位置和是否留用，因此特为人们所重视。但是随着时代变迁，年轻的商人对节令不再重视，员工的待遇也不如以前优厚。现代结算多用现金，所以只有春节时候的节令还可以维持。①

近代以来，许多天津长官曾为解决民间借贷问题出过力，如张廷谔、萧振瀛、张自忠等。可是，近代天津民间借贷问题一直没有得到有效的解决。

高利贷是政府治理民间借贷中一个令人头痛的问题。1927年，国民政府颁布了年息不得超过20%的法令。天津政府据此多次要求天津商业组织遵守这一法令。② 这是政府又一次以法律的形式对民间高利贷进行限制和禁止。此政令对一些中小商号有较大的影响，因为这些中小商号与银行银号一般没有往来，平时有贷款周转的需要，多到民间以放款为业的人那里去，如印子房等。③ 可见，国家颁布的这个法令对高利贷的打击范围是有限的，对小工商业还产生了不利的影响。20世纪20年代末，天津市社会局针对工人借贷高利贷的情况，要求严禁高利贷，社会局也"正筹划令各当商减轻利率及从严调查高利典贷之富商殷户，以便严格取缔"。④ 同时，针对妓女借贷高利贷的情况采取了措施，在

---

① 薛不器：《天津商人之节令（一）》，天津《益世报》1947年1月24日，第5版。
② 《为严禁高利借贷事致天津总商会训令》（天津工商部，1929年5月16日），天津市档案馆藏档案，档案号：J0128-3-006295-048。行政院秘书处函送江苏执委会呈为严禁高利贷一案通令务递府令办理由：严禁高利贷原呈一件到部准此查此案前于十六年八月经国府规定年利不得过二分，久已明令实行在案。设有阳奉阴违自非严行禁止不足以昭，政府调剂民生之意，准函前因合行令仰该会晓谕商民人等此后关于借贷之利率务须遵照政府规定办理，毋得故违干咎，仰即遵照此令。《为公布严禁高利借贷事并送各业同业公会研究所的函》（天津总商会，1929年5月22日），天津市档案馆藏档案，档案号：J0128-3-006295-047。
③ 《明令减息后高利贷之现状》，天津《大公报》1929年6月17日，第2张第6版。
④ 《天津特别市社会局一周年工作总报告》，天津市社会局，1929，第289页。

法律上和救济上力图解决娼妓的问题，但最后也没有见到很大的效果。在 30 年代，天津社会经济低迷，导致高利贷盛行，一些社会人士又呼吁政府限制高利贷。但正如时人指出的："在实际上，高利贷仍然潜伏着，有他活跃的能力，法律的力量也是不能有效防止的。"① 40 年代后期，国民政府实行通胀的经济政策，导致天津"市面萧条物价高涨，利息也高，赋税繁重，货物滞销，而商人赚钱之后生活糜烂，花天酒地。货款多放作高利贷，谓之稳扎稳打，有益无害主义。高利贷的所得多入私囊，商店所得不过十之七八，许多人视商业投资为畏途"。这样，对实业的投资减少而投机增加，高利贷与通胀形成了恶性循环。② 此外，大量非法的以高利贷投放为生的所谓地下钱庄，③ 也被政府严加取缔。

1936 年，天津地方政府为打击高利贷，与银行联合成立小本借贷处，为平民提供经营性借贷，但借贷的效果有限。④

20 世纪 30 年代，天津城市中的合会一度兴起，随之又相继倒闭，引发了极大的社会震动，政府出面对合会进行了规范，最后宣布取缔之，并将案件移交给法院。⑤

民国以来，随着日益深入地控制社会经济，⑥ 国家不仅对民间借贷有了较为积极的介入，而且对民间借贷利率的干预也有深入的趋势。如

---

① 向欣：《天津市的高利贷》，《经济汇刊》第 1 卷第 4 期，1936，第 124 ~ 127 页。
② 薛不器：《对天津商人进一言》，天津《益世报》1947 年 1 月 27 日，第 2 张第 5 版。
③ 《关于查办不法钞庄高利贷款私设黑帐买卖黄金案给天津金融管理局函》（天津市社会局，1948 年 10 月 2 日），天津市档案馆藏档案，档案号：J0025 - 2 - 000478 - 024。
④ 冯剑：《义利之辨：民国时期天津市小本借贷处成立之初的官商博弈》，《中国社会经济史研究》2011 年第 3 期；冯剑：《运作、绩效与不足：民国时期天津的小本借贷处》，《城市史研究》第 33 辑，社会科学文献出版社，2015，第 25 ~ 44 页。
⑤ 冯剑：《信任的崩溃：民国时期天津城市丧葬类合会的蜕变兴衰》，《中国社会历史评论》第 17 卷，天津古籍出版社，2016，第 187 ~ 212 页。
⑥ 杜恂诚：《中国近代两种金融制度的比较》，《中国社会科学》2000 年第 2 期。文章将近代金融制度分为两个时期：晚清至民国前期和国民党统治时期。其中国民党统治时期是政府垄断式的金融制度，经济依赖金融，而金融为政府操纵。

1927 年，国民政府公布了民间利率最高不得超过年息 20% 的法令后，对民间的借贷和借贷利率产生了一定的影响。[1] 当时天津的典当业主要针对贫民消费借贷，因为法令的颁布引发民间、政府与典当业关于利率的博弈，最终导致天津市典当业的利率有所降低。[2]

南京国民政府时期，国家认为银号是传统金融行业，不符合现代金融发展的需求，对银钱业进行了现代化的改革，但进程非常艰难。[3] 国家还通过加强对钱业公会的管理来增强对银钱业的控制。[4]

20 世纪 30 年代以来，因受到世界经济大萧条和内地农村破产的影响，天津"市面萧条，商业凋敝情形已达极点。时届废历年关，各业商业感受困难，无法度过难关者十之八九"。[5] 1936 年，天津市面停滞，市场疲软，当时的天津政府应天津商会的请求，仿照北平的办法，为救济市面，决定对天津商人进行一次借贷。

这次政府对商业的借贷，是从当时的北平开始的，而动议则是由平津二市的商会共同策划。最初平津商会邹、纪二主席商议，认为当前两市市面最大的问题就是缺少接济，各商号虽然有一些固定的资产如房屋、货物等，但是不能变成现金在市场中直接周转，只好"坐以待毙"，"而一般商业银行照例又不能以房产抵押放款"。为此，他们要求会见宋哲元委员和两市的市长秦德纯、萧振瀛，又要求政府设法给予接济。经过张公权、周作民两人与宋哲元本人议定，由张、周负责向平津各银行协商，收受房产、货物、铺底为抵押品。在旧历年中拨放巨款救济平津两市商业，但"抵押品须切实，且须商会负完全责任。经将此

---

① 《明令减息后高利贷之现状》，天津《大公报》1929 年 6 月 17 日，第 2 张第 6 版。
② 李金铮、冯剑：《在国家、社会与当铺之间：近代天津当息的博弈史》，《中国经济史研究》2011 年第 2 期。
③ 沈日新：《钱庄》，《银行周报》第 31 卷第 38 期，1947，第 10～11 页。
④ 王子建、赵履谦：《天津之银号》附录，第 35～40 页。
⑤ 《救济津商贷款，今日起始调查，商会昨发出紧急通告，欲贷款者三日内送报》，天津《益世报》1936 年 1 月 10 日，第 2 张第 5 版。

案交付平津金融维持会核办，该会于六日在平召集会议，议定由平津两市府转知平津商会，迅速调查需要救济之家数计款数"。①

这次借贷得到了许多商人的积极响应，"各业商号值此商业凋敝困苦情形之中，咸感一筹莫展，突闻商会有此项救济办法，殊甚雀跃，昨日各商号书面请求者颇多"。此外，商人们还对借贷提出了自己的要求，希望贷款能够在旧历年关之前拨到，此时正是金融季节的关口，如此借贷才会有意义。为方便借贷手续的办理，天津商会对会务进行了调整。②

政府方面也较为积极，冀察政务委员会宋哲元要求天津市长萧振瀛召集关系各方，确定贷款办法。借贷的具体方案很快就定了下来。由中央、中国、交通三银行实行贷款予以实际救济，天津市贷款数目，共为500万元，并在旧历年前可以拨一部分款。③ 银行方面对借贷的手续也进行了让步，准许了不动产抵押。

1936年1月20日，公布了"第一批合格商号124家"，许多大商号听到限制贷款的条件后，又"不肯公然借款，昨日自动向商会追回贷款专件者亦有数家"。④

借贷完毕之后，偿还很是不乐观。在早已超过偿还期限之后依然只有少数归还："被接济者二百余商号，总数十万余元。原定贷款以三个月为限，逾期即须归还，乃迁延迄今。到期偿付者仅一小部分，还数不

---

① 《救济平津商业津商会即调查各银行收受产货抵押，废历年关拨款接济市面》，天津《益世报》1936年1月9日，第2张第5版。

② "商会近以废历年关在近，办理救济商业各项事务，异常股繁，而会中经费复感竭蹶，兹为维持会务起见，对于会内积极整顿，除缩减经费，裁汰职员，近留九人办公外，并将办公时间改按各机关所定时间计上午9时至12时，下午2时至5时，该会主席纪华已通知全体职员务须遵照规定时间办理，至于星期轮流值班。"《商业贷款调查后投函请贷者甚多，纪华日内赴平洽商》，天津《益世报》1936年1月11日，第2张第5版。

③ 《救济津商贷款春节前拨一部，数额五百万，三行筹措，报名贷款期展两日》，天津《益世报》1936年1月13日，第2张第5版。

④ 《贷款合格商号首批百二十四家，声请填就今午送报，未入会之商号准通融》，天津《益世报》1936年1月20日，第2张第5版。

过三分之一，其余概仍拖欠。"对此，银行方面因为贷款纯系信用透支，只好一方面要求商会尽快催还，一方面委托律师依法诉追。①

这次贷款是应商界的要求，由政府出面联络银行各界向商界借贷。这个时期政府出面联络对商业进行贷款，表明了社会需要政府职能的转变和政府对社会经济管理的深入。但是，因为借贷条件过严，导致许多商家不能借贷或者撤回了借贷要求。而在借贷偿还上，商户又出现了捎债的现象，导致这次借贷没有能够圆满完成。国家、银行与商户之间秉持不同的信用观念，还是没有建立良好的信任关系。

从政府对天津民间商业和民间社会的借贷情况来看，效果并未达到预期。近代以来，政府与民间商业的关系越来越密切，民间商业需要政府扶持或者充当中介，而政府也力图扶持民间商业。但是，通过这几次借贷行动，政府与商业的信任关系没有建立起来，政府和银行的商业借贷手续繁杂，对民间借贷的控制力也非常有限，民间商业对政府的借贷则心存偷揥，而且双方具有不同的信用诉求，所以出现不良的借贷结果并不难理解。

1935 年币制改革后，国家对民间金融业的控制加强了。国营行局为中央银行、中国银行、交通银行的工商业贷款而言"同私营行庄相比，短期拆借与民营行庄往来透支相似，其余各种贷款期限较长，贷款较巨，利率远低于其他行庄"，② 但是，国家控制的金融借贷有许多的问题。主要问题是：（1）手续过繁，清贷不易；（2）关系不密，较难借贷；（3）著名厂商较有希望；（4）注重事情，忽于事后。时人夏高波提出了改进的办法：（1）国营行局不直接办贷款；（2）放款给民营银行和钱庄信托公司；（3）由民营的公司提高利率房贷，但是低于黑市；（4）期限在一月之内；（5）票据可以限时买卖；（6）中央银行公

---

① 《工商贷款各商号迄未偿清银团拟依法追诉》，天津《益世报》1936 年 8 月 3 日，第 2 张第 5 版。

② 夏高波：《国营行局贷款刍议》，《银行周报》第 30 卷第 29 期，1946，第 21 页。

开市场政策；（7）发放时间长额度大的特种贷款；（8）注意贷款的用途。此外，还要注意观察整个的国民经济，注意统筹发展。[①] 他的办法是一方面使民间借贷市场更为自由宽松，国家不直接介入市场；另一方面国家也需进行有效的调控。可见，当时的有识之士已经注意到只有调整好国家与民间金融的关系，才能对社会经济发展起到真正的促进作用。

结　论

民间借贷对城市经济与人民的生活而言是必要的，对于那些生活在下层的人来说，借贷往往也是救命的稻草；对城市的工商业来说，借贷资金则是发展的血脉，但是，借贷对经济发展和人民的生活是一把双刃剑，民间的钱债纠纷一直是让人头痛的问题之一。这不是民间借贷的罪过，只有在国家的法律制度之上，建立一个具有信任关系的开放而有序的市场，才能解决问题。在社会信任的建设中，国家应在其中发挥重要作用。

近代天津民间金融与官方有着密切的关系，如民间借贷的资金来自官僚、军阀，尤其是北洋军阀，在天津典当业、银号等有大量的投资，是近代天津民间借贷资金的重要来源，同时他们也常常借贷于这些机构。天津的典当业、票号等非常具有"官气"。民间借贷中的乱象、困难也需要国家出面干预。

近年来从国家与社会的理论视角所做的近代专题研究取得了很多成果，[②] 从近代政府对天津民间借贷的治理来看，国家与社会关系在近代有所变迁，不同时期具有不同的特点。近代天津历经战乱，从英法联

[①] 夏高波：《国营行局贷款刍议》，《银行周报》第 30 卷第 29 期，1946，第 23 页。
[②] 朱英：《近代中国的"社会与国家"：研究回顾与思考》，《江苏社会科学》2006 年第 4 期。

军、庚子之变到辛亥革命以及军阀混战、日本入侵等，其间也有相对和
平发展的时期。总的看来，晚清时期，国家对民间借贷的治理主要采取
消极的措施，如利用立法等手段规范、限制民间借贷，但清末因天津动
乱不断以及新政改革的实施，政府对民间借贷的干预更为积极主动。北
洋政府是弱政府，作为北京后院的天津有着大量北洋军阀的投资，因此
对民间借贷采取了较为宽松的政策，除立法外，对介入民间借贷采取的
是协商和引导的办法。1927年后，南京国民政府实行控制政策，多积
极介入，介于国家与民间之间的商会、行会等的作用逐步被削弱。

　　正如有的学者所言，政治对金融业有着巨大的影响。[①] 在近代中
国，国家在金融业发展中的作用的整体趋势是："在全国范围内，国家
对甚至包括地方在内的货币和银行业施加更大的影响，扮演更重要的角
色。"[②] 国家对近代天津民间借贷的治理也是如此。国家对民间借贷的
积极介入一方面源于迫不得已的自然灾害或者市场的萧条，另一方面也
有控制规范民间金融的意图，以求得对社会的治理。而民间也有对政府
的依赖与信任的需求，但是，在近代天津，政府与民间难以建立起信任
关系。政府在借贷中关注的是政治稳定、社会控制以及道义上的慈善救
济，民间注重的则是生存与谋利。

　　从近代天津地区政府对民间借贷的治理看，有许多值得汲取的经
验。国家在民间金融活动的治理中有着不可或缺的作用，民间金融活动
需要国家监督、管理、提供法律秩序保障，以及危急时刻对社会金融秩
序的维护，甚至提供注入资金。在转型时期，国家对民间金融的引导和
示范作用也有着重要的影响。但在近代中国，国家深入干涉民间金融，
并没有取得好的效果。民间金融的自治组织如商会、行业公会等因国家
的控制加深，没有发挥出应有的作用，最终没有解决近代天津民间借贷

---

① 龚关：《近代天津金融业研究（1861~1936）》。
② 〔美〕史翰波：《乱世中的信任：民国时期天津的货币、银行及国家－社会关系》，"中文
　版序言"，第1~2页。

困难的问题。

从国家对近代天津民间借贷的治理来看，近代国家与民间社会的关系异常复杂，既有互相的需要，也有激烈的博弈。双方有着难以分割的利益关系，也存在互不信任、控制与反控制的关系。对民间金融的发展，有的学者主张放弃国家的干预，自由发展才能有利于高利贷问题的解决和民间金融的良性发展；有的学者则主张国家深入干预民间金融，严格规范才能保证其健康发展。[①] 从国家对近代天津民间借贷的治理来看，自由放任只是一种理想，而国家不恰当的过分深入的干预也不是最佳选择。

---

① 李金铮：《释"高利贷"：基于中国近代乡村之考察》，《社会科学战线》2016 年第 9 期。

《区域史研究》2020 年第 1 辑（总第 3 辑）

第 165～189 页

© SSAP，2020

工厂制度与工人日常：
鞍山制铁所兴盛庙研究

杨之水[*]

摘　要： 兴盛庙是鞍山制铁所厂方建立的以铁神太上老君为主要祭祀对象的庙宇。在鞍山制铁所的工厂制度改变了工人的饮食起居、工作方式乃至时间观念的背景下，兴盛庙的建立及活动既是这些工人旧有惯习的延续，又是配合这一改变的表现。厂方利用庙宇空间整合来自不同地域、归属不同族群的工人，工人则利用庙宇活动表达自身情绪，建构社会网络，满足自身利益。

关键词： 鞍山兴盛庙　鞍山制铁所　工人

　　在今天的辽宁省鞍山市，"兴盛庙"已经不复存在，[①] 对这座存世

---

[*]　杨之水，山东大学尼山学堂本科生。

[①]　位于辽东半岛的鞍山制铁所是"南满洲铁道株式会社"（以下简称"满铁"）建立的钢铁厂，包括冶铁工厂和八个矿区，于 1909 年开始探矿筹办，1918 年正式投产。1933 年，鞍山制铁所从"满铁"分离，与原建于朝鲜新义州的昭和制钢所合并，1945 年被国民党资源委员会接收，改名"鞍山钢铁公司"，1948 年被中国共产党接收。出于对研究时代的语言习惯和史料特征的尊重，本文所讨论的是"鞍山制铁所""昭和制钢所"的情况，为行文方便，统一以"制钢所"指称厂方。鞍山市于 1937 年由"满洲国"政府设立，此前是南满洲铁道株式会社鞍山附属地，出于指称方便，本文统称鞍山。"满洲国"是日本侵略我国东北时建立的伪政权。本文所引用的材料大多是"满洲国"时期遗留下来的中日原始材料，因此所涉及的省份、年号、机构、职务均为"满洲国"时期的用法，是非法的。但为了不破坏史料的意涵，姑且原样保留沿用。

仅 20 多年的庙宇的记述很多已不可见。这样一间"小庙"只存在于一些年长者的回忆之中，[①] 而从零星可见的后来者的追记中可以得知兴盛庙从建立到消失的过程。兴盛庙又名老君庙，1924 年（一说 1928 年）由日本制钢所集资修建，[②] 正式开光日是四月初八，每年四月初六至四月初十为老君庙会时间。1941 年，由于"满洲国"鞍山市政府"都邑计划"，庙址迁移，新庙址在"明治通"小衙门西面。庙中共有五间大殿，主祀太上老君；东、西各三间配殿，配祀有关圣帝、火神、水神、

---

① 笔者田野访问发现，对同一受访者的访谈之中，受访者前后两次描述"兴盛庙"的定语分别为"小庙"和"大庙"，这应是记忆中出现的混淆。对鞍山市市民的访谈，受访人：乔××，访问人：杨之水，访谈时间：2018 年 9 月 1 日，访谈地点：辽宁省鞍山市乔××家中；对鞍山市市民的访谈，受访人：乔××，访问人：杨之水，访谈时间：2019 年 2 月 8 日，电话访谈。

② 关于老君庙的建设时间，目前有两种说法，即《鞍山文史资料》中李树藩老人回忆中的 1928 年说和《鞍山市志·大事记卷》的 1924 年说，由于材料所限，本文只能将此二说如此呈现，留待日后进一步讨论。关于老君庙的回忆，在鞍山及周边城市的文史资料之中最为集中。例如李树藩在遗稿《"九一八事变"前后的鞍山》中记述："兴盛庙的修建在这里记上一笔。由北番町（今北三道街）顺'明治通'（今人民路）往西，至八家子周边，是一片谷子地。1928 年日寇在'明治通'小衙门西面，修了一座老君庙，叫兴盛庙（今大众剧院附近）。在日寇统治下的鞍山制铁所，由于没有良好的安全设备和系统的操作规程，在这个视中国工人如草芥的制铁所，伤亡事故日有所闻。当时的制铁所工人，一部分是鞍山附近的农民，由于日寇扩大矿区，失掉了土地，只有走进制铁所当工人；一部分是由关内各省招来的所谓'华工'，他们对紧张和危险的劳动，都不习惯，在'窑锅炉'（对制铁所的俗称）干活有很多危险，许多人不愿上班或中途逃跑。日寇需要中国劳力继续为他们卖命，为了欺骗中国工人就宣扬迷信，说老君是铁工的祖师，供奉了老君，能佑大家安全。于是强令制铁所的工人捐献工资一天（约折合金票一元二、三角钱），修建了老君庙。四月初八为正式开光日，这一天，制铁所的工人全体放假一天（但不发工资）。日寇为了进行欺骗性宣传，还特地从日本派来摄影队，拍摄庙会盛况的影片。"参见中国人民政治协商会议鞍山市委员会文史资料研究委员会编《鞍山文史资料选辑》第 1 辑，内部发行，1983，第 97～98 页。铁西八家子地区的居民何兰生老人的回忆中也存在兴盛庙。何老人的回忆载于辽阳市政协学习宣传文史委员会编《辽阳文史资料》第 14 辑，内部发行，2004，第 86～91 页。除此之外，作为城市生活的组成部分，市志、区志文献之中也有记载。《鞍山市志·大事记卷》1924 年目："满铁'鞍山制钢所'（引者按：为"鞍山制铁所"误）出资，在铁西明治通小街西门（今大众剧场附近）修建兴盛庙。每年农历四月初六、初十为祭典日。四月初八为庙会，庙会时搭台演戏。"1940 年目则转引《满洲年鉴》记载："鞍山市计有各种社寺 26 个，即神社、兴盛庙……"参见鞍山市人民政府地方志办公室编《鞍山市志·大事记卷》，沈阳出版社，1989，第 68 页。此外，蒙匿名审稿人提醒，抚顺炭矿亦有老君庙存在，但限于材料，本文暂不做探讨。

眼光娘娘、地藏王、城隍、文昌帝君、药王、天仙圣母、子孙娘娘等。[①] 1945 年，老君庙庙会活动中断。1949 年后，兴盛庙被拆除。

从兴盛庙建设到消失的经过可以看出，日本"国策会社""南满洲铁道株式会社"下属的制钢所所兴建的兴盛庙，存在着日本厂方当局资本的介入以及殖民统治的符号与象征。理解这些符号与象征的运作及其遭到的抵制，或许能助我们一窥日据时期东北地方社会的生活图景。

既往的研究中，山室信一批判了"满洲国"兵营式"国家"的统治特征。他认为，"满洲国"作为傀儡国家，不仅体现出强烈的规划性，在基层行政组织上还存在"相互监督"的特质。[②] 换言之，处在复杂地缘关系之中的"满洲国"是依靠严密的政治、军事控制以维持稳定的。然而，作为一个殖民政权，"满洲国"如何渗透这一统治模式？这一统治模式如何与地方社会及居民互动？在"满洲国"成立前，作为"国策会社"的资本与管理模式又如何对地方社会产生影响？这些问题都亟须得到解答。杜赞奇（Prasenjit Duara）用"本真性"一词概括殖民者对于地方社会、在地民族以及文化传统的认识与构想，认定"满洲国"统治建立过程中，是依靠"呈现民族或文明本真性话语"来塑造其合法性的。[③] 那么，地方如何应对这种话语？杜博思（Thomas D. DuBois）通过讲述"孝子坟"的故事间接地给出了答案。他指出，在"孝子坟"的流行过程中，政府确实是重要的角色，但更需注意非政府力量在宗教文化之中的影响力。[④] 本文受其影响，试图通过对工厂社会的研究进一步回应这一结论。鞍山制铁所以及老君庙可以作为个案。一方面，作为"国策会社"，工厂能够联结宏观的统治理念；另一

---

① 鞍山市戏曲志编辑部编《鞍山市戏曲志》，春风文艺出版社，1989，第 210 页。

② 山室信一『キメラ—満洲国の肖像』中央公論社、1993、293～298 頁。

③ Prasenjit Duara, *Sovereignty and Authenticity: Manchukuo and the East Asian Modern*, Lanham: Rowman & Littlefield Publishers, 2003.

④ 杜博思（Thomas D. DuBois）:《"满洲国"的孝子——国家、宗教以及守墓行为的适应性变化》，王乙译，《民俗研究》2010 年第 3 期。

方面，工厂社会内部具象生产活动的展开，为观察工人生活提供了多元视角。后者即是本文的切入点：笔者希望通过爬梳有关制钢所内兴盛庙以及同一时期鞍山地区庙会的档案、报刊文献，搜集整理中日亲历者的追述、回忆等由不同人群于不同时代构塑而成的史料文本，构述兴盛庙史事。以兴盛庙相关的民间社会信仰活动为基础，在力求理解作为整体史个案的兴盛庙史事基础上，尽可能多元地呈现生活在 20 世纪上半叶中国东北的普通人/工人/被殖民者的生活面貌，揭示其在与社会互动下所折射出的历史意涵。

一　兴盛庙的空间及其所处环境

不论是兴盛庙所处位置，还是参与兴盛庙各种活动的人群，都存在于鞍山市的城市空间中。因此，鞍山的城市空间与周遭环境是理解兴盛庙相关史事的前提。兴盛庙迁移前后的庙址均位于今天鞍山市的铁西区（见图 1）。鞍山市是完整贯彻了日本人城市建造理念的城市。[①] 日俄战争后的 1905 年，东清铁路南满支线通车，鞍山设站。[②] 随车站的设立，"满铁鞍山附属地"也展开建设（见图 2）。"站"是附属地的中心。[③] 兴盛庙就建立于这样的城市与工厂之中，迁址之后，更处于紧邻车站的核心位置。

---

① 随着 20 世纪初日本人的殖民扩张，其城市发展理念也不断地在各个殖民地得到实践。但与京城（今首尔）、台北乃至长春有所不同的是，鞍山城市的雏形脱离了早前鞍山驿铺和此前俄人所建设的东清铁路鞍山站，是完全由日人选址、建成发展的一座城市，而其他城市更多的是在日占时期之前就已经出现城市雏形。关于这一时期日人的城市规划理念可以参看〔日〕越泽明《伪满洲国首都规划》，欧硕译，社会科学文献出版社，2011；Bill Sewell, *Constructing Empire: The Japanese in Changchun, 1905 – 45*, Vancouver: UBC Press, 2019。

② 刘景玉、智喜君主编《鞍山城市史》，社会科学文献出版社，1994，第 122 页。

③ 《昭和制钢所二十年志》："在建设市街的当时，满铁作为日本人的商业和住宅区；西部，制铁所的企图是把鞍山建成一个拥有 15 万人口的近代化的重工业城市。以满铁本线为中心，东之东部山丘地带作为日本人的商业区和住宅区；西部，制铁所所用地剩余部分及南接地区，定为日、华人杂居之商业及住宅区。"二十年志编纂小委员会编《昭和制钢所二十年志》，鞍钢史志办公室编译，内部参考资料，1986，第 280 页。

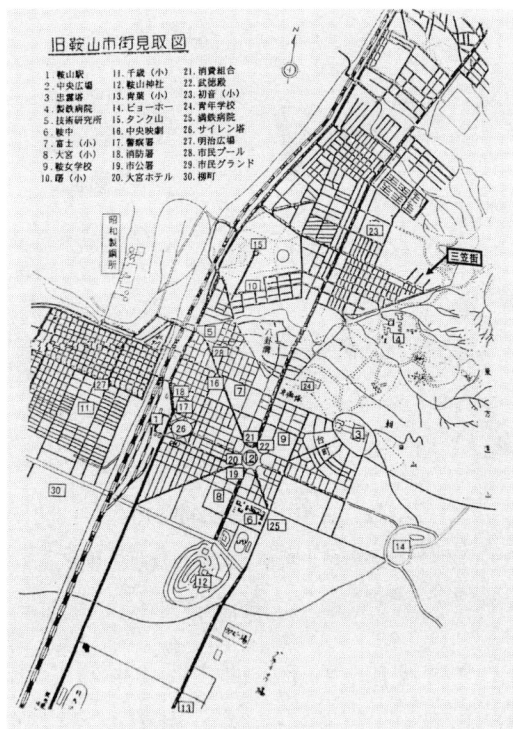

图1　鞍山市市街图

说明：该图绘制时间在 1937～1944 年。

资料来源：『親と子が語りぐ：満洲の「8 月 15 日」鞍山昭和制鋼所』。

　　兴盛庙的建设与制钢所工人及其日常生活密切相连。制钢所工人是围绕"站"展开的"附属地"里居住着的最早的"鞍山（市）人"。这批最早的"鞍山人"进入城市的理由很多样，有由于战争、灾荒举家搬迁最后定居城中的，[①] 也有农闲时在厂矿务工的。[②] 鞍山制铁所和

---

① 在访谈中，乔××谈到他们举家迁居鞍山的经历：水灾冲毁了乔家的房屋与田地，全家失去生活来源，于是搬到"站里"，乔父进厂成为会计师，他的叔叔则成为一名炼钢工人。

② 日本人的档案将厂矿工人分为两类，即"收容矿工"与"通勤矿工"。虽然与笔者田野访谈中所了解的模式不完全吻合，但亦可以作为理解矿工组成的一种视角。对于前者，日本人为他们修建独身宿舍进行安置，这也是后面故事的起点。1925 年，小林清造的《鞍山制铁所业务检查报告》也指出两种工人不同的生活情况，且仍有许多工人居住在农村，每日通勤上下班。参见小林清造《鞍山制铁所业务检查报告》（1925），转引自解学诗主编《满铁史资料》第 4 卷，中华书局，1987，第 1231～1233 页。

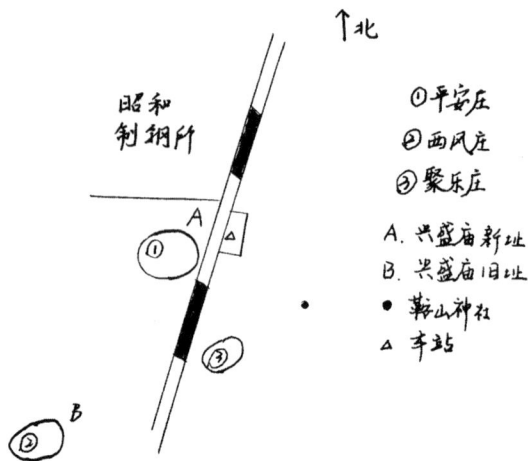

图 2　日据时代鞍山市略图

说明：该图为笔者据图 1 所绘，A 为初次建庙的大致位置，B
为改建重修后的大致位置。

鞍山振兴公司采矿总局就有七八千人的炼铁及采矿工人队伍。[①] 这批工
人大多来自周围的市镇村庄。[②] 这些来自周围农村的居民在进入工厂
后，许多还居住在村庄之内，每天步行数小时往返于工厂和居所之间。
另一些失去土地的农民则住进了以日本的住宅管理模式 "庄" 为单位
的独身宿舍。独身宿舍的建立为住在其中的工人提供了一种 "城市"
的居住与生活方式，这种生活方式可以从小林清造 1925 年的业务报告
中略窥一二。

---

① 苏崇民等主编《劳工的血与泪》，中国大百科全书出版社，1995，第 8 页。
② 参见《满铁第二次十年史》，原文如下："事业开始当时，对华工规定了下列方针：一、
中国工人以采用工厂建设地附近的当地居民为主，并随着事业的扩大，逐步把招募区域
扩大到它的周围，以便密切工厂同该地方的联系……制铁所在建设之初，就调查了地方
户口，确信将来实施百万吨计画时，其所需华工，完全可由辽阳、海城、盖平、复县等
制铁所附近的纯朴农民中供应而绰绰有余，而且认为依靠当地居民进行工厂作业最为稳
妥。"南满州铁道株式会社編著『南満州鉄道株式会社第二次十年史』（1928），中译
《满铁第二次十年史》，第 753～754 页，转引自《满铁史资料》第 4 卷，第 1229～1230
页。

设置中国人独身宿舍聚乐庄，配备有日本人职员一名，现场助手一名，中国人事务助手二名，固定佣人及勤杂工二十四名，担任管理宿舍、供应住宿工人饮食、会计以及风纪、卫生、文化娱乐等项工作。按10月1日的统计，在此住宿者为九八七名。制铁所对住宿在聚乐庄内的工人，每人每月给予包括食费、职工人事费、宿舍零星维修费、文娱费等全部共计一角以内的补助费，以维护聚乐庄内的经营。①

但日本庄长对于工人实际生活的影响微乎其微，特别是在家庭宿舍之中，中国的"百家长""千家长"实际管控着工人生活。② 宿舍生活看似文明、规范，充满条理，但在这"文明"之中伴生着一种"危险性"。当时工人聚居的"乐天地"同时是一个充斥着狎妓、赌博、斗殴等行为的空间。③

工人并非均质化的整体，而是充满差异。族群和地缘就是塑造这种差异的重要构因。虽然工厂建立之初，制钢所着力培养本地工人参与劳动。但随着制钢所改组和几次增产计划，④ 本地的工人不论是在数量上还是工厂劳动的经验上以及能够参与工作的时间长度上，都无法满足制钢所的工作需求。⑤ 因此，工厂面向华北乃至朝鲜、日本等地招工。朝

---

① 参见小林清造《鞍山制铁所业务检查报告》（1925），转引自《满铁史资料》第4卷，第1231～1233页。

② 对鞍山市市民的访谈，受访人：乔××，访问人：杨之水，访谈时间：2019年4月17日，电话访谈。

③ 笔者访谈的三位受访人都指出了这一点。受访人：乔××，访问人：杨之水，访谈时间：2018年9月1日，访谈地点：辽宁省鞍山市乔××家中；受访人：杨××，访问人：杨之水，访谈时间：2018年8月3日，访谈地点：辽宁省鞍山市铁东区；对鞍钢退休工人的访谈，受访人：徐××，访问人：杨之水，访谈时间：2018年8月29日、9月1日，访谈地点：辽宁省鞍山市铁东区。"满洲国"时期，工人较为集中生活的地方有八卦沟、八家子、立山洋街等，其中聚乐坊、乐天地是风俗场所的集中区。

④ 解学诗、张克良编《鞍钢史（1909～1948年）》，冶金工业出版社，1984，第264～274页。

⑤ 《鞍钢史（1909～1948年）》，第339～342页。

鲜工人享受的待遇同中国工人相比有较大的差异。从饮食上就可以看
出，朝鲜人可以吃大米，甚至发展了鞍山的稻种行业，没有特殊关系的
大多数中国人则只能通过配给吃高粱米或小米。[①] 普通中国工人所从事
的工厂劳动大多是重体力劳动，对体力要求极高，工人们食量往往很
大。[②] 这种由于族群身份不同所造成的粮食配给差异与工人籍贯、族群
和信仰相联结，其复杂性给工厂厂方的管理造成困难。为了在进入这个
新的地域时更好地统合工人，为了凝聚不同籍贯、族群工人的认同，工
厂做出许多尝试。但对于大多不识字且疲于生计的工人来说，共同信仰
是其联结社会网络的重要因素。对于工厂和殖民统治者而言，宗教和相
关民间组织本就是其"统御"各界的要素。[③] 工厂内部存在着多处服务
不同籍贯、族属信仰的空间。

二　兴盛庙的建设与活动

在当地人街头巷尾的议论之中，建庙的原因大致上可概括为"镇
不住"。[④] "镇"是当地居民对于日常生活中异常现象的常见解释。正如
解学诗在关于建厂过程中的土地收买、产权纠纷等问题的研究中所揭示
的，工厂改变了居民的日常生活。[⑤] 第一批进入工厂的周围失地农民很
难适应前所未有的工厂生活。安全事故更是性命攸关的话题。厂方与工

---

① 『鉄都鞍山の回顧』満洲製鉄鉄友会、1957、144 頁。
② 对鞍钢退休工人的访谈，受访人：徐××，访问人：杨之水，访谈时间：2018 年 8 月 29
日、9 月 1 日，访谈地点：辽宁省鞍山市铁东区。
③ Thomas David DuBois, *Empire and the Meaning of Religion in Northeast Asia：Manchuria 1900 -
1945*, New York：Cambridge University Press, 2016；杜博思：《"满洲国"的孝子——国家、
宗教以及守墓行为的适应性变化》，《民俗研究》2010 年第 3 期。
④ 对鞍山市市民的访谈，受访人：乔××，访问人：杨之水，访谈时间：2019 年 2 月 8 日，
电话访谈。
⑤ 《鞍钢史（1909～1948 年）》，第 16～24 页。

人的互不信任，技术、语言的隔绝也加剧矛盾与事故的发生。[①] 一方面，工人们通过制造事故来宣泄对厂方的不满或以此拖延工时；[②] 另一方面，在事故频发的大背景下，这些行为往往可以免遭惩罚、蒙混过关。[③] 获得安全感不仅是许多居民心目中建庙的理由，更是兴盛庙祭的主题。

兴盛庙主祀铁神。但工人因工种、文化程度、地域构成等差异有着多样的信仰。[④] 在兴盛庙里，有除了老君这一主祀之外的配祀。为何以老君为主祀？从厂方的角度观察，这或是由制钢所的全部生产目的都以钢铁冶炼为核心所致。而只有在高炉参与炼铁工作的工人，才可以算作严格意义上的炼钢工人。这些工人在工厂中处于相对核心的位置。其余的矿石开采、运输等工作都是为了配合高炉炼铁而产生的——这些工作是工厂开展的条件，炼钢才是制钢所工作的重心，制钢所利用社歌等一系列符号不断强化这一点。

高炉耸云霄，铁水似火烧，炉火永不灭，热血涌新潮，我们，昭和制钢所。

钢锭耀眼红，轧成坯与材，轧钢又炼人，此处是道场，我们，昭和制钢所。[⑤]

---

① 20世纪30年代任满洲重工业总裁的高碕达之助在回忆录中指出，在规划、实际操作与社会状况三者之间，工人的实际生活往往与预想的相去甚远："我去煤矿、工厂视察满洲工人的状况，看到的是肮脏的宿舍、食堂、浴室，再加上粗衣粗食，简直超出了我的想象。给满洲工人的饭是揩过油的。"参见〔日〕高碕达之助《"满洲国"的终结》，沙福恒等译，国际文化出版公司，1993，第34页。

② 鞍山市总工会工运史研究室编《鞍山工运史研究史料》（一），鞍山市总工会工运史编纂委员会（内部资料），1988，第9页。

③ 例如1943年秋，制钢所制铁厂工人和炼焦厂工人就曾接连两次破坏设备。参见《鞍山工运史研究资料》（一），第9页。

④ 隈谷回忆建庙过程时也指出过，有基督教徒身份的职员存在。参见隈谷三喜男『激動の時代を生きて』岩波書店、2003、218頁。

⑤ 《昭和制钢所二十年志》，第11页。

炼铁工人既然是工厂的重心，那么同样以"炼丹"著称的老君就与"炼铁"的工人具有"炼"的共性，因此，老君崇拜自然就成为寺庙的重心。这凸显了鞍山兴盛庙的宗教活动依附于工厂的技术体系，最终则连接着经济活动。

除却信仰本身，在严密规律的工业生产时间之中，[①] 庙祭的非日常性通过假期这一外在形式的确立而得到体现。[②] 兴盛庙祭的时间在招工之后的四月初，[③] 因此，拜师仪式亦是兴盛庙祭中的一环。厂方将手工行业师徒关系下的伦理原则挪用至现代化的工厂管理制度中："每年三月定期招收徒弟，缺员时随时补充。除去满足基本的身体状况和年龄需

---

① 在制钢所工人的回忆之中，与时间相关的因素有着重要的意义。《古风鞍山纪事》是记录鞍山地区传说的地方文史资料，其中《八家子不会忘记》就反映出一种因时间而产生的焦虑。"东北的冬天里，天色迟迟不亮，人们没有钟表，难以掌握上班时间，只能天光未亮便动身，到工厂早了，就得在院子里冻着；倘若去晚了，便会遭到毒打，甚至被吊在院子里示众。"《八家子不会忘记》，《古风鞍山纪事》，百花文艺出版社，2011，第 115 页。上面这则故事所呈现的工人作息与对工厂上班时间的焦虑并非制钢所独有，在 20 世纪上半叶的工厂调查中，类似的故事不胜枚举，湛晓白总结："在 20 世纪 80 年代出版的一本对大生纱厂工人的访谈录里，当回忆起民国年间在工厂做工的情形时，几乎所有受访者都无一例外地谈到了他们与严苛的工厂时间做斗争的经历，厂方对时间精确性的要求在心理和身体上造成的双重焦虑，成为了他们回忆当中最无法忘却也最重要的内容。"参见湛晓白《时间的社会文化史：近代中国时间制度与观念变迁研究》，社会科学文献出版社，2013，第 184~201 页。

② 非日常性即狂欢性潜藏在庙会活动之中，赵世瑜指出"狂欢与日常"揭示了庙会这一类游神祭祀活动的基本特征，即它们不仅构成了民众日常生活的一部分，而且也集中体现了特定时节、特定场合的全民狂欢。这一静一动、一平常一非常，正是我们的生活节奏。参见赵世瑜《狂欢与日常：明清以来的庙会与民间社会》，北京大学出版社，2017。

③ 这一时间恰恰是东北地区庙祭集中的日期。参见王树楠、吴廷燮、金毓黻等《奉天通志·礼俗二·节令》，东北文史丛书编辑委员会点校，1983，第 2248 页。其中有趣的是，四月初八也是佛陀诞辰纪念日，这一时期佛教的纪念活动是否与兴盛庙老君祭冲突呢？"满洲国"时期，政府通过收购庙产和联结日系佛教教团的方式，统摄佛教团体。当时鞍山境内的佛教寺院有：净土宗知恩院、真宗大谷寺、鞍山布教所、曹洞宗圣德寺、本派本愿寺、法华寺、真言宗高野山大日寺、川崎大师别院、妙心寺布教所、真言宗醍醐派石动院、日莲宗日本山妙法寺派、本门法华宗本门佛立教会佛立寺、高野山大妙王院布教所，净土宗知恩寺、真宗大谷寺、鞍山布教所、曹洞宗圣德寺、本派本愿寺、法华寺、真言宗高野山大日寺、川崎大师别院、妙心寺布教所、真言宗醍醐派石动院、日莲宗日本山妙法寺派、本门法华宗本门佛立教会佛立寺、高野山大妙王院布教所，均为日系控制。而且，这些宗教团体并不以举办祭典为要务。关于这一时期各类庙祭的竞争关系，本文暂未能深入探讨。

求之外，还需要具有社员身份的人担保，社员均为正式佣工，徒弟则单独管理。"① 然而，在手工业这一行业中，为人师者，往往靠经验、技术招徕徒工，但制钢所内，稳定的工资、正式社员的身份，才是增强师傅权威性的关键因素。此处呈现出传统社群之中师徒制与资本之间的交互作用，混生出一种带有传统色彩的工厂管理模式。

　　每年四月初八庙祭是工人的固定假期，工人可以全面参与庙会，体现了庙会活动在一年的工厂生活之中的特殊性。正如前文所述，庙会虽然是农业与手工业生活中信仰系统的一部分，但在制钢所的工业时期，因日本人殖民的需要被赋予了新的意义。作为庙宇建立的主要出资者和庙会的组织者，日本人在这一过程中具有极大的权威，其经济利益也可以在其中得到满足。这引起中国官方的关注，如在 1930 年的辽宁省农政厅的训令中，时任厅长刘鹤龄有如下训示：

> 市政公所指示：省城菜户缺乏，不足应地方需要，实予居民一大困难，况省埠指近南满附属地，该处菜市设备颇为完善，倘我之不图，唯有坐视为所吸食利权□……更拟饬令该会关于国货□加提倡。②

　　此处的附属地并非特指，却可以反映出附属地的市场系统使农政厅感到威胁的情况。大规模的庙会，特别是庙会上的商业活动所统合的受众是十分广泛的。每当庙会来临之际，周围居民中有亲朋在制钢所工作的都会一同参加。③ 对于中国居民来说，庙会的意义是由农业工作中的时间结构延绵而来的，是一年岁时活动中最重要的活动之一。工厂固然侵入了农业

---

① 《中国工人的效率》，转引自《鞍钢史（1909~1948 年）》，第 186 页。
② 《辽宁省农政厅训令》（1930），辽宁省档案馆藏档案，档案号：JC014-01-004490-000011-000005。
③ 对鞍山市市民的访谈，受访人：乔××，访问人：杨之水，访谈时间：2019 年 2 月 8 日，电话访谈。

生产的日常，但农业生活与工业生活不是截然二分的。在工厂生活之中，农业生活的状态和岁时时间感一直有所残留：工厂的时间与农业的时间并存。人们在农忙时节务农，农闲时节工作。① 从物质生活的角度看，由于钟表的稀缺，人们依旧保持着看天吃饭的习惯，② 与工厂纪律的严密精确产生扞格。四月初八的假期在某种意义上是厂方对传统农业岁时时间感妥协的结果——四月初是辽宁南部地区春耕间隙的农闲时节，大量的庙会在这一时期开办。③ 在这一时期开办庙会，可以最大限度地统合周围地区的居民，而这恰恰符合日方组织系列活动的预期。可以说，兴盛庙的建立与围绕其展开的系列活动体现了在"满铁"附属地时期日本人统合地方社会的治理理念，这一理念透过兴盛庙的活动得以贯彻。与此同时，当地人也利用建庙及庙会活动，实现自身生活需要和利益诉求。

例如族群间的利益，正如前文所讨论的，不论是在以外来移民为主的城市还是在城市中至关重要的工厂，多元的地缘关系与族群结构都是显著的特征。特别是对制钢所所属的钢铁冶炼业来说，不仅仅仰赖密集的资源，更需要大量人工投入。族群的差异常常带来语言与技术的区隔，进而形成隐性的不平等，这使得工厂内部产生分化。④ 正如厂方声

---

① 参见小林清造《鞍山制铁所业务检查报告》（1925），"因大部分的工人是附近的农民，以致在春、秋农忙季节，一时感到劳动力供应不足"，转引自《满铁史资料》第 4 卷，第 1231～1233 页。农业活动因气候、生产活动形成了自己的节奏型特征。

② 对鞍山市市民的访谈，受访人：乔××，访问人：杨之水，访谈时间：2018 年 9 月 1 日，访谈地点：辽宁省鞍山市乔××家中。

③ 刘扬：《近代辽宁地域社会视野下的寺庙文化研究》，博士学位论文，吉林大学，2011。

④ 例如矿工就分为多种，其工作时间不同，来源不同，工资也不同。"开采是露天方式，从事剥土、除石、铺设斜坡上的路轨、砸矿等作业的工人，包括佣人、常工、临时苦力在内，现在总共约有 650 名。大部分库里是从山东省东部，直隶省山海关附近及本溪湖、烟台等地方招募的，其中多数是具有一定经验的采煤苦力或土工。这里面还夹杂若干朝鲜人。苦力均有把头掌握，按各采矿所的具体情况，分别采取分段承包或日工制。作业时间因季节而有所不同，平均为 12 小时。工程凿眼工的定额是，每个工平均 3 尺，大孤山是 3 尺 9 寸，樱桃园是 2 尺 9 寸，孔数约为两孔半。其工资为日元 7 角至 7 角 6 分，临时苦力的劳金以日元 4 角为标准。"参见满铁矿业部地质课《满州的矿山工人》（1918），转引自《满铁史资料》第 4 卷，第 1227 页。

称："伴随着计画和监督的劳动、比较精细的工作、需要知识的机械操纵以及需要勇敢的作业，都需要日本人。"[①] 厂方也在利用这种冲突重塑工厂内部的秩序，并有意识地切断把头招工所带来的地方性的联结。[②] 在切断与重塑联结之中，除需要对工资、工时等切实攸关因素做出调整外，也需要重塑符号象征以及凝聚新的空间认同。重新凝聚空间感得以重塑内外，也就是重新建构自我与他者的边界，重新划分我群与他群。[③] 对于来自华北的工人或来自周边农村的工人而言，老君信仰是他们能够理解接受的，而以祭祀老君的兴盛庙为中心，能辐射出一个新的空间感与认同感的圈层。同样在工厂之中，从事低端且危险工作的朝鲜工人却在这一整合过程之中成为脱队者，被划入"他群"。

> 终战时鞍山还有相当数量的朝鲜人（鲜系）存在。不知道从什么时候开始，数量增加了这么多。朝鲜人（鲜系）一般被认为是不适合做制铁所从业人员的群体。大概是由于中国人的倾轧所致吧。[④]

日本人回忆之中的"倾轧"，在中国工人的回忆中同样存在："老工人最常谈到的就是，日本人怎么挑拨中国（工）人、朝鲜（工）人

---

① 《中国人徒弟章程》，转引自《鞍钢史（1909～1948年）》，第186页。这样的隔离一直延续到战争结束。据笔者田野调查，在1945年，以高炉工为例，影响最终铁的炼成的关键技术——炉前铁口的工作依然被日本人所把控。对鞍钢退休工人的访谈，受访人：徐×，访问人：杨之水，访谈时间：2018年8月29日、9月1日，访谈地点：辽宁省鞍山市铁东区。解学诗指出，在制钢所内部，日本职工的工资大大高于中国工人。参见《鞍钢史（1909～1948年）》，第186～190页。

② 《鞍钢史（1909～1948年）》，第179页。

③ 参见 Tim Cresswell, *Place: A Short Introduction*, Oxford: Blackwell Publishing, 2004, pp. 11 - 12。

④ "終戦時鞍山には相當數の鮮系もいた。何時頃からあんなに増加したのかは知らね、鮮系は大体として製鉄所従業員として不適当であるとされていた。多分中国人との軋轢の多かつた事から自然に左様に考えられて來たのかも知れね。"参见『鉄都鞍山の回顧』144頁。

干架。"① 有过制钢所生活经验的五味川纯平曾在他以制钢所工作为原型创作的小说《人间的条件》之中，借一个朝鲜人之口表达过这样的尴尬。在以兴盛庙为中心的宗教活动里，朝鲜人的尴尬与边缘地位同样明显。据《满洲年鉴》，1940 年鞍山的宗教场所情况如下。

> 鞍山市计有各神社寺 26 个，即神社、兴盛庙、净土宗知恩寺、真宗大谷寺、鞍山布教所、曹洞宗圣德寺、本派本愿寺、法华寺、真言宗高野山大日寺、川崎大师别院、妙心寺布教所、真言宗醍醐派石动院、日莲宗日本山妙法寺派、本门法华宗本门佛立教会佛立寺、高野山大妙王院布教所、日莲宗妙日山鞍山寺、天理教鞍山教会、普觉寺、地藏庵、鞍山圣教会、日本基督教会、朝鲜耶稣教长老会、鞍山回教民族协会礼拜会等。②

其中专为朝鲜人服务的仅有"朝鲜耶稣教长老会"，并且由日本人所主导。而工厂之中更是不存在为朝鲜系工人服务的信仰空间。朝鲜人在工厂之外所能享受的优越待遇和在工厂内部的尴尬地位形成鲜明的对比。③ 语言的障碍④、人数的稀少与技术的落后使得他们在与中国工人和日本工人的竞争之中落于下风，最终被挤出工厂。在这一过程之中，

---

① 对鞍钢退休职工的访问，受访人：杨××，访问人：杨之水，访谈时间：2018 年 8 月 3 日，访谈地点：辽宁省鞍山市铁东区。
② 满洲日日新闻社：《满洲年鉴》（1940），第 68 页。
③ 韩国学者尹辉铎认为，在"满洲国"的治理体系之中，有日本人—中国人—朝鲜人这样三层次的结构。朝鲜系工人在工厂之中是处在夹缝中的。参见〔韩〕尹辉铎《伪满洲国劳动界的民族结构和民族间的位置关系》，《抗日战争研究》2004 年第 1 期。
④ 高碕达之助指出："副总裁冯涵清先生、理事金卓先生、监事宋青涛先生……这三人都不会日语，加上日本人中几乎没有会满洲话的。"见《"满洲国"的终结》，第 34 页。这一点即是"满洲国"当局的宣传也无法回避的，参见周棘《满洲人说日本话的程度》，《新满洲》第 2 卷第 12 期，1940，第 189 页。而在"满"的朝鲜人较早地接受了日文教育，同样很难与中国人交流。中朝工人间的交流要通过日本人完成，这也有助于理解为何有工人认为日本人挑拨中朝工人械斗。

中国工人被迫形成的社会网络与组织结构从侧面发挥了作用。作为体现中国工人与日本厂方互动的兴盛庙及庙会活动，其所体现的族群性格以及排他性，亦是中国工人争得自身诉求的方式。

三　迁庙背后：工人的分化与重整

　　族群、籍贯与地缘的差异不仅体现在技术上，更体现在招工方式与工资的核算等方方面面。工厂庶务科按照工人的计薪方式将工人分成三类：月薪工、日薪工和计件工。一位不知名的庶务课调查人员认为山东工人似乎有更强壮的身体，因此更适合计件工，但其实月/日薪工与计件工所进行的几乎是两种不同的行当。[①] 计件一般是在搬运、安装等重体力劳动之中采用的计薪方式，月/日薪工所从事的则是日常杂活。这跟开滦煤矿之中的里/外工的分法相同，只是表达有异。[②] 从计薪的不同之中也可以看出两种工种流动性的差异，计件工无疑流动性更高。对于月/日薪工来说，长期工作可以积累技术，似乎有成为佣员的可能。计件工则是在把头的承包下辗转于不同厂矿。因此控制把头，使其为工厂所用是保证用工数量的一个重要措施。有爆发"集体对抗"的风险，不仅仅是由于外地把头难以控制，工人的流动性更是重要原因。这些被称为外地工人的人之所以被另眼相待，比起籍贯，更重要的是他们在本地尚未成家。初代移民多是"一担挑"，这些工人亦不例外。他们无法进入当地人的社会网络，亦没有稳定的亲族关系。因此，制钢所首先采取的对策就是为他们修建宿舍。当然，宿舍绝对不仅仅是住地，控制宿舍的本地人，往往也控制了工人工资派发、饮食的分配等综合事项。铁西兴建的宿舍区实际上的控制者于文汉，在此处营建的不仅仅是住房，

---

① 《中国工人的效率》，转引自《满铁史资料》第4卷《煤铁篇》，第1248～1249页。
② 开滦矿务局史志办公室编《开滦煤矿志》第三卷（1878～1988），新华出版社，1995，第169页。

更包括经营饮食的卖店与售卖食品的地方。① 此外，烟馆、妓院、赌场等场所也在工人聚集居住的地方开设。这些场所亦是工人日常生活的一部分。从招工方式来看，工厂之中的工人有本地工人与外地工人之别。两种"工人"的分化，在厂方主导的材料之中是这样描述的：

> 当地人与山东、河北的工人相比不够机敏，但较温和，见之于山东、河北工人的那种集体对抗行动的危险，可能性较少，而且工资也较为低廉。本所的佣员中，除操纵机械的职工外，均系简单劳动，因而施以短期训练就可以了。②

裴宜理在《上海罢工》中论断："来自同一地区的工人往往集中于特定的车间，地域文化和工作经历互相作用，产生了一股强有力的工人行动主义的力量。"③ 来自同一地方的工人掌握同样的技术，在制钢所内亦是同样的情形，来自山东的工人擅长铁工作业，特别是来自章丘、莱芜等地的移民在加工、压延零件的工厂中往往可以大展身手。在进厂之前，他们的营生主要依靠铁匠铺。这些铁匠铺往往是以烘炉为中心。一台烘炉周围有四个铁匠，他们分别是钳工、头锤工、二锤工和扇火工。在自动化空气锤技术普及之前，这些技术在大工厂内仍有作用。在清中期以来近百年的移民进程之中，这些鲁中地区的铁匠将他们的社会

---

① 于文汉（1875~1936）的生平可以参见《伪满奸雄录》，长春市政协文史委员会编《长春文史资料》1992 年第 2 辑，内部发行，第 242~243 页；《鞍钢史（1909~1948 年）》，第 49~50 页。总监督与把头（矿头、揽头）的关系，参见《矿夫管理章程》，《满铁史资料》第 4 卷《煤铁篇》，第 1254~1255 页。

② 《中国工人的效率》，转引自《满铁史资料》第 4 卷《煤铁篇》，第 1248~1249 页。

③ Elizabeth Perry, *Shanghai on Strike: the Politics of Chinese Labor*, Stanford: Stanford University Press, 1995, p. 142. 中译本参见《上海罢工：中国工人政治研究》，刘平译，商务印书馆，2018，第 173 页。

网络与俗信带到了辽东地区。铁神老君是鲁中地区普遍的信仰。① 笔者认为在移民社区之中，制钢所捐资建立老君庙，是通过建庙收编不易控制的"外地工人"。不论本地工人、外地工人都是通过把头招工进入工厂的。招纳本地工人的把头亦是掌握土地的地方精英，② 或者本地小煤窑的工头③。这些工头名义上被纳入工厂管理体系，却时常与日本厂方主导的劳务系人员发生冲突。在劳务系官员看来，这无疑给工厂的管理增添了难度，《劳务时报》分析东北地区矿山工人运动时，记录了如下情形：

> 在禁止苦力赌博时，劳务系人员到赌博现场，不管怎样吓唬，苦力也只不过是一边笑，一边收拾赌具；而一旦把头前来吓唬时，那些顽皮的苦力，都吓得发抖，一言不发。④

① 谭景玉、王其勇：《莱芜矿冶业行业神考述》，《民俗研究》2008 年第 2 期。以老君为铁神的行业崇拜，是由于太上老君所擅长的炼丹跟钢铁行业的冶炼工作具有同构性，李乔在《中国行业神崇拜》一书中利用笔记小说、田野调查等资料，讨论过老君信仰作为铁匠行业崇拜的形成过程这一问题，参见李乔《中国行业神崇拜》，中国华侨出版公司，1990，第 120、123 页。另外，张毅的论文《我国古代冶炼业行业神太上老君研究》则从形成过程、各地区的信仰差异等角度讨论了冶炼业的老君崇拜问题，参见张毅《我国古代冶炼业行业神"太上老君"研究》，《东京文学》2009 年第 7 期。《遍地神灵——民众的俗信》一书也指出，将太上老君作为行业神，不仅仅是宗教行为，由于与用火有关的事情所具有的神秘性和危险性，其背后还存在着行业的技术特性。即此书所讨论的："职业即行业的神秘特点……与火有联系的一些行业，特别烧窑业，同其他行业相比，其技术难度更大，工作条件也更苦，稍微不留神，就很可能出现意料不到的事情。"参见张广智、高有鹏《遍地神灵——民众的俗信》，三联书店，2015，第 332 页。任慧的硕士学位论文则以山西省阳泉市荫营镇的老君爷崇拜为个案，讨论了今天仍在活跃的老君信仰，参见任慧《山西阳泉荫营镇老君爷崇拜研究》，硕士学位论文，山西师范大学，2010。

② 于文汉的故事可以告诉我们这一点。于文汉是于冲汉（1871～1932）的弟弟，其兄就是将大量奉天官地收买转卖的地主。在建厂征地过程中，已经和制钢所达成了合作。例如前文所说的于文汉实为工人的"总监"，并在工人住宅区修筑了办事处，成立所谓"矿工监视所"，各处分所的任命，也均由于文汉负责，他实际上控制着工人的采用、解雇以及工资的发放。这里"矿工监视所"的总监督其实就是招工的把头。

③ 清代的辽东半岛已经出现了煤矿开发，而煤工被视作不利于地方秩序无法被控制的煤匪。见崇绮《奏为辽阳州本溪湖一带煤窑盗匪出没请停煤厘预防流弊事》，中国第一历史档案馆藏档案，档案号：03-7124-020。

④ 满铁经济调查会《劳务时报》第 66 号特辑（1930），第 365～373 页，转引自《满铁史资料》第 4 卷《煤铁篇》，第 1279 页。

不仅如此，直到 1930 年，鞍山制铁所把头的收入仍来自工人而非厂方津贴。厂方对于工头的控制较弱。[1]

然而随着工厂产量的上升以及工人数量的扩大，[2] 工厂中劳务系人员的组织也趋于复杂，[3] 更重要的是，随着"满洲国"建立，粮食配给制度发生变化，粮食发放直接与工人的出勤和作业挂钩。此外，对于把头的控制也进一步加强，把头需要上缴收入的 50% 作为身份保证金。[4] 在这样的背景下，1942 年"都邑计画"之后，兴盛庙也随之迁移扩建。老君信仰的色彩渐渐淡化，因此有市民回忆此庙时称其为"拜关公的小庙"。[5] 改建后的老君庙已经从山东铁匠移民的行业神之庙变成了全厂工人以及附近城乡居民之庙了。在这样的变化发生之后，寺庙空间的主导者也不再仅仅是寺庙把头。劳工课以及依附于劳工课的邻友会组织也介入寺庙空间之中。

在重修兴盛庙的过程中，中国工人起到更为主动的作用。首先是选址：寺庙若要迁移，"新"的庙址选在哪里是最为关键的问题。从信仰者的角度来看，神圣空间的迁移往往会遭到较大阻力。兴盛庙似乎是一

---

① 满铁经济调查会《劳务时报》第 66 号特辑（1930），第 365 ~ 373 页，转引自《满铁史资料》第 4 卷《煤铁篇》，第 1279 页。

② 感谢匿名审稿人提醒笔者注意太平洋战争与工厂设备调整之间的关系。的确，自太平洋战争爆发后，工厂通过设备引进和技术调整控制生产。参见《鞍钢史（1909 ~ 1948 年）》，第 297 ~ 306、337 ~ 342 页。

③ 制钢所劳工课长山田宗次说道："过去劳工者多且便宜，所以几乎不存在着所谓劳务管理问题，而是把民族不同、文化较低而且有着复杂问题的'苦力'监督问题，完全委诸于把头管理，企业本身从不过问这类问题，就是在没有把头的我社工厂，情况也差不多是完全一样。在这种情况下，必然会造成流动性的加剧、出工率的下降以及劳动力的不足，成为完成作业的障碍。我社针对这种情况，才极力想通过上述在宿舍和车间组成工人组织，以便把无统制的工人加以组织化并进行掌握。"山田宗次：《昭和制钢所劳务管理问题》，《满业》月刊 1943 年第 64 号附录，转引自《满铁史资料》第 4 卷《煤铁篇》，第 1523 页。

④ 《计件工工头规程》，昭和制钢所《规定类纂》，第 97 ~ 98 页，转引自《满铁史资料》第 4 卷《煤铁篇》，第 15 页。

⑤ 对鞍山市市民的访谈，受访者：乔××，访问人：杨之水，访谈时间：2018 年 9 月 1 日，访谈地点：辽宁省鞍山市乔××家中。

个例外：这取决于日本厂方对于神圣空间的态度。由工厂设置的神圣空间有多处，兴盛庙和"殉职职员碑"在厂方的描述下是"受人尊敬"的场合，可是后者也同样因为工厂扩建被迁移。[1] 以这种日本厂方对于神圣空间的功能性认识作为大背景，庙址在城市空间里所体现的功能性才可以显示出厂方对兴盛庙的态度。

平安庄是重建的兴盛庙庙址所在，也是当时制钢所厂方所修建的工人宿舍群所在。那里有 173 栋房屋，共有居民 956 户，是当时鞍山地区工人宿舍聚落之中规模最大、最为集中的片区，设施也相对完善。特别是在"都邑计画"之后，居住于此的工人通勤时间更短。[2] 鞍山市最早的公共交通线路的终点站就设在兴盛庙，而起点则是制钢所所在地。[3] 居住于此的工人既在数量上具有优势，又在工厂社会内部的秩序结构之中享有优势。

庙址的选定展现出了厂方的力量，而从昭和制钢所老君庙碑文中，可以看出工人的主动性（全文见于附录）。

　　　　乃昭和制钢所而有兴神立社之张，前庄长（引者按：为制钢所员工住地平安庄）隅谷三喜男氏、常务赵恩波氏首为宣导，上请下达，得建神庙于庄中。……上仰昭和制钢所深为了此远意，出资大半。所余亦蒙庄在各社员之悦意献纳，计合四千三百圆之筑金，而造成坚久之神庙。

"上仰昭和制钢所深为了此远意，出资大半"一段，不仅道出了建

---

① 《昭和制钢所二十年志》，第 281 页。
② 对鞍山市市民的访谈，受访人：乔××，访问人：杨之水，访谈时间：2018 年 9 月 1 日，访谈地点：辽宁省鞍山市乔××家中。
③ 《鞍山市公共事业志》："1939 年 9 月 1 日奉天交通会社在鞍山市内开辟公共汽车业务，路线是从站前到铁西兴盛庙。"参见蔡圣宽主编《鞍山市公用事业志》，辽宁大学出版社，1990，第 67 页。

庙资金的来源，也简单概括了建庙的流程，"上仰昭和制钢所深为了此远意"说明尽管没有制度化的联结，重建寺庙却需要厂方即"昭和制钢所"的支持；"亦蒙庄在各社员之悦意献纳"则说明兴盛庙的建设，特别是纳募资金的过程，还需要社员的"悦意献纳"，因此要劝导社会捐款，必须召唤基层社会的认同。然而召唤认同的语言文字并非天然存在，而是日本人通过一套创造出来的话语系统完成的。碑文中那句"上请下达"，可以在"工厂 - 社员"的结构中找到对应：上请的障碍和下达的抵制都体现着工人与厂方激烈的博弈。下文将对这些问题做出解释。

建庙的"首为宣导"隅谷三喜男是不能绕开的人物。1941 年，毕业于东京大学经济学部的隅谷三喜男面临着扩大化征兵和产业转移等困境。作为东京大学经济学部的学生，他积极地介入许多论争。在论争中，隅谷三喜男自认是接受了马克思主义经济学理论的左翼知识人。隅谷三喜男倡立兴盛庙的缘由与他的经济学思考有关，作为平安庄庄长的隅谷三喜男希望以此作为实现自身经济学构想的场域。早年在东京大学学习期间，隅谷氏就有以劳动者为核心的劳动观念。被任命为平安庄庄长后，隅谷三喜男召集居住于平安庄的居民并听取他们的意见，希望以此改善工人生活。工人们提出两个要求：其一，由于自身贫穷，没有读写能力，希望开设学校，教育孩子学习读写、算术；其二，由于工厂危险，希望建庙，保佑自身安全。对于厂方来说，确立个别工人的人身依附关系比教育工人后代更为重要，因此他们否决了建立学校的要求，① 却答应拨款

---

① 隅谷三喜男晚年回忆："時は前後するが、私は入社半年後に中国人社宅群のひとりつである「平安荘」の管理責任者となった。それは社宅管理と併せて当時不足し初めた食料油などの配給にも当っていた。社宅は四軒長屋の集落で、一□□□戸ほどで構成されがていて、そこにむ人々と少しずつ親しくなったが、しばらくして私は、当時日本の社宅体制として組織されていた隣組に似たものを中国人社宅にも作って、話し合いの場としようと考え、社宅群三　区せてし初めた。組長を選んでもらた。一夕、組長

重修兴盛庙。兴盛庙的修建是选择和互动的结果，这样的选择反映了厂方对于这些工人身份的认识：创造价值的劳动力。因为若是建庙真的能够保护这些劳动力的生命，或是能够纾解他们的恐惧情绪进而提升他们的工作动力，那么答应这些工人的请求重修兴盛庙，就是最符合经济考量的决定。

此外，寺庙作为一种地景也体现了日本厂方的权力。国家神道作为一种语言，渗透在庙宇碑刻之中。

　　（兴盛庙）地处鞍市中心，向有悠久之历史，人士之崇神尚道，志念深切，当非一日之□。故风俗纯朴、习尚温和，诚晓神之奥道之妙所致也。□者兴盛神庙毗连于西风庄中，所□祝求皆注奉香火。及康德七年冬市都邑计画，□□而兴盛神庙移于市之南端远达五里之遥。致庄中诚信之辈，殊有向隅之感。神为人之王道，为人之途，倘失主失途，则百务为之□也，何能克达人生之真旨。乃昭和制钢所而有兴神立社之张。

に集まってもらい、何でもよいから生活上のことで、意見でも、希望でも、遠慮なく言選んってくれといようと、皆で相談するといよ。そして数日後、私に二つのを持ち込んだ。ひとつは、自分たちは貧しくて学校に行けず、読み書きもない。それは一生涯のマイナスので、学校をつくって子どもたちに読み書き、算術を教えてもらいたい。何も公式の学校である必要はない、という要望。もうひとつは＜廟＞をつくってもらいたいという要望。工場は危険がいので、工場の門をくぐる前に廟で安全祈願をしてりたい、というわけである。中国民衆は「道教」の大衆化ともいうべき廟信仰を一般に持ちっていたのである。……ところで、問題は第二の廟である。これにはかなりの経費が必要である上、建設場所も平安莊の外である。私は起案文書書を書いて会社に提出した。会社はそれまで廟の建設などに考えたこともないので、労務政策のひとつの興味あ試るみと考えたのであるう、私の構想した立派よりな廟を半も経たないうちに建てた。中国人労働者は非常に喜んで私感謝したが、私は少々困惑した。というのは、私のキリスト教信仰からすれば、それはキリスト教が排斥する偶像崇拝であったからである。真実に、私が親しくなっていた中国人従業員でキリスト教丁延齢君の「あんたは偶像崇拝を奨励するのか」と批判された。"隅谷三喜男『激動の時代をい生きて』217～218頁。

留意这段话的用词不难看出，其中许多词语并非传统中国道教老君崇拜之中的常见用语，而是接近于日本国家神道的用词。作为地景的碑与碑文，其背后存在着预设读者：碑刻作为景观有象征意义；作为知识和信息的传播具社会功能；同时兼具政治和社会的事件性。制钢所厂内工人识字率低，很难读懂碑文之中所传递的神道教知识和信息，更无法将其内化。由此，对于工人来说，碑刻所扮演的并非一种文本的角色，而是权力的象征。作为文本的碑文，更多的是面向工厂上层的体认和纪念。总体来看，兴盛庙之于制钢所厂方，体现了统合工人的目的，因此庙会活动实际上更大程度仅是改写工厂内部组织结构的目的性活动，并非真正的信仰中心。重溯兴盛庙兴建与重修的过程有助于理解兴盛庙之于厂方的意义所在。

结语：延续"日常"

本文通过梳理围绕兴盛庙展开的活动，初步讨论了兴盛庙所处的 20 世纪前半叶的东北地方工人社会。由于史料的局限，本文仅是一个初步尝试。但就目前讨论的情况可以看出，在看似新生事物的城市空间、工厂社会之中，厂方通过建设兴盛庙和开展老君庙祭等活动，挪用传统的权力秩序——例如师徒关系，实现对工人的整合和控制，而工人可以通过工厂社会之中的秩序和特性进行反抗。兴盛庙的仪式是这一关系展演的场所，也是这两方面撕扯之下的产物。传统的发明和再造并非单一的自上而下或自下而上，而是处于拉锯和讨价还价之间。兴盛庙建成之后，不同族群的工人、职员，均以兴盛庙为场，延续了之前各自的生活习惯，并以此区隔我群与他群，瓦解了工厂推进帝国教化工程并将异域工人转化成帝国臣民以显示其统治合法性的意图，松动了工厂的统御目的和建构同一性的尝试。而重溯兴盛庙重修过程，则更可以看出围绕这一过程展开的各个方面的选择：工人们是出于对工厂生活的不安感而提倡建庙的；隅谷三喜男出于自身左翼知识人的理想，统筹策划了建庙事宜。但这一过程暗示了作为一套全新的营生模式，工厂生活具有一定的危险性。这样的暗示，在某种程度上动摇了工厂当局塑造出的一整套"文明""进步"的话语以及依附于这套话语的"正当性"。这些恰恰是工厂塑造出来，用以统摄工人的工具。作为信仰空间的庙，也是工人对工厂的依附空间。可是，出于现实之中技术的区隔、语言的差异和身份的迥异，这种同一性和依附性并不成立。兴盛庙反而成为区隔彼此的新空间。

兴盛庙处于"满洲国"，与"满洲国"的存在也是一种同构，正如许多关于"满洲国"权力构造的研究所共同指出的：

> 从"国家构建"视角的研究，指出作为傀儡国家的"满洲国"，其实在一定程度上表现出了所谓"国家的效果"。……以权力结构、体制形式、国家形式、主权主张为基准来分析"满洲国"的政治，并指出"满洲国"是一种典型的"东亚的近代"现象，尤其是体现国家－民族认同意识形成之近代过程的一个典型事例。①

从兴盛庙这一个案可以得知，在"满洲国"的实际治理过程中，语言的差异、社会群体的区隔等现实动因导致这种所谓的"同一性"的建立是失效的，更无法有效统治地方社会。上文所引学者的研究中已经揭示出了这种治理方式的多重面向，以及其背后所隐藏的霸权与暴力。但是，作为一个宰制了中国东北地区多年的政权，它真实地影响了一代人的生存方式，乃至更长久的历史记忆。因此，对该时期东北地区地方社会的探索还应继续。这不仅是理解所谓"近代性"的一个注解，还是系统反思批判"何为现代""何为权力"等命题的基础，更有助于理

---

① 权赫秀：《韩国学界伪满时期民族关系研究的新成果——读尹辉铎著〈满洲国：殖民地想象所孕育的"复合民族国家"〉》，《抗日战争研究》2013 年第 4 期。

解中国与东亚在 20 世纪种种复杂和坎坷的情形下几代人的选择及命运。在此基础上，兴盛庙的兴衰仅是历史一隅，本研究也只是一个相当初步的开端，而对与兴盛庙相关的人和社会的探索，将是永无止境的旅程。

日本人建设兴盛庙是为了更好地宰制工人身体，然而，工人亦利用兴盛庙这一空间表达对于工厂生活的态度。分析兴盛庙的建立，除了有助于理解"满洲国"作为殖民地其背后各种势力的角力与抗争轨迹外，也可看见在迈向现代化历程的东亚世界中，个体生命何等脆弱以及在日常生活中又如何坚韧的景象，为我们揭示出一个复杂多样的历史图景。这些包裹在现代话语中甚至挪用了传统资源的口号，一方面是统治者盘剥人民的工具，另一方面是殖民政权维护者争取自身利益和诉求的通道。这些日常之中的博弈、不确定性与权力型构着人们的心态、记忆与历史。但无论如何，日常生活本身具有坚韧的性质，权力尽管可以侵入或渗透乃至一定程度上改写日常，却不能真的抹杀日常生活。这就是研究兴盛庙以及围绕着庙的日常生活的意义所在。

附录：

（一）昭和制钢所老君庙碑文

自古庙堂所以专为崇敬者，迨以其人心素仰而能为之依归。离恶近善，抑邪匡正，咸为利赖。虽未见神而神迹确在，虽未识神道然世皆为之法。是以历代修祠建庙者，盖有以也。吾平安庄者乃昭和制钢所社员之住宅部落，地处鞍市中心，向有悠久之历史，人士之崇神尚道，志念深切，当非一日之□。故风俗纯朴、习尚温和，诚晓神之奥道之妙所致也。□者兴盛神庙毗连于西风庄中，所□祝求皆注奉香火。及康德七年冬市都邑计画，□□而兴盛神庙移于市之南端远达五里之遥。致庄中诚信之辈，殊有向隅之感。神为人之王道，为人之途，倘失主失途，则百务为之□也，何能克达人生之真旨。乃昭和制钢所而有兴神立社之张，前庄长隅谷三喜男氏、常务赵恩波氏首为宣导，上请下达，得建神庙于庄中。以便一般笃信之士女而□人道之趋仁避伪。卜庙址于真干地带，而营筑之其土燥□，其立面阳，其树孔良，黝垩丹漆，庙貌辉煌，神宰奉立老君为上，辅神左右共保是庄今后人神为之结合。立教兴务自当更倍于往。上仰昭和制钢所深为了此远意，出资大半。所余亦蒙庄在各社员之悦意献纳，计合四千三百圆之筑金，而造成坚久之神庙。真百代不朽之伟绩，实庄中所共庆者也。因恐久而湮灭其殷殷建立之意，故勒石以志之。

碑阴　昭和制钢所：课长山田崇次、调查役建部启吉、劳工课福祉主任牟田正孝、课副主任佐伯胜三郎。平安庄邻友会：现任会长菊永国、前任会长隅谷三喜男、副会长高庆福、平安庄邻友会常务干事赵恩波、孟秀泉、刘永祥、孙□王崇、于永年、白荣阶、于延龄、刘惠滔、欧贵和、苑生林、孟昭烈、王昭刚、宫文、刘光普、高俊、马长学、宋志福。撰文人高俊庶，书刻人包国英。康德九年夏历十二月吉日立。

（二）口述资料

对鞍钢退休职工的访问，受访人：杨××，访问人：杨之水，访谈时间：2018 年 8 月 3 日，访谈地点：辽宁省鞍山市铁东区。

杨××，鞍山人，1937 年出生于鞍山市郊大正台村，于 1957 年进入工厂。

对鞍山市市民的访谈，受访人：乔××，访问人：杨之水，访谈时间：2018 年 9 月 1 日，访谈地点：辽宁省鞍山市乔××家中。

对鞍山市市民的访谈，受访人：乔××，访问人：杨之水，访谈时间：2019 年 2 月 8 日，电话访谈。

乔××，鞍山人，1937 生，长于昭和制钢所工厂宿舍，其父是制钢所会计师，叔父是制钢所工人。

对鞍钢退休工人的访谈，受访人：徐××，访问人：杨之水，访谈时间：2018 年 8 月 29 日、9 月 1 日，访谈地点：辽宁省鞍山市铁东区。

徐××，鞍山人，1938 年生，于 1958 年进入工厂。

《区域史研究》2020 年第 1 辑（总第 3 辑）

第 190～204 页

清代回族族群身份与王朝赋役制度的关系

——以《清会典》"回户"与云南回族为例

周煦阳*

摘　要："回户"见于嘉庆、光绪两部《会典》，并非指回族，也与刑律无关，而是从赋役角度对甘肃撒拉族和新疆维吾尔族居民的总括。由行省地方官直接管理的回族均为民户，也就是要承担民赋民役，与族群身份无关。在云南，回族、汉族与部分其他族群居民直接在地方官府服徭役；多数非汉族群则向土司服徭役。回族虽然在赋役制度的规定中并无特别之处，但在实际的运作过程中，其族群身份会成为民间分配赋役负担的基本根据。这样基于族群身份的分配方案会得到官府承认。

关键词：清代　回族　族群身份　赋役制度　"回户"

一　问题缘起

在回族史的研究中，学者重视从制定和执行刑律的角度来探讨清代回族与王朝制度之间的关系。胡云生、王东平分别研究了《刑案汇览》

---

*　周煦阳，中山大学历史学系博士研究生。

《大清律例》中涉及回族的案例和条文，认为回族在法律体系中受到歧视和苛刻待遇，此现象尤其存在于刑事方面，反映了清朝对回族的民族歧视及压迫政策。李典蓉在杜文秀京控案的研究中引入杜正胜的"编户齐民"概念，认为回族遭到了法律上的不公平对待，是"编户齐民"里"齐中仍有不齐"，其原因并不是简单的"民族压迫"。路伟东从《大清律例》的需要引出了回族的户籍问题，认为出于刑名狱讼的需要，乾隆朝产生了专门登记回族的"回籍"。①

　　现有研究主要有两个方面的问题。首先是混淆了史料指涉对象及其相应制度。这是由于清代文献在指涉新疆藩部制度下的维吾尔族，以及主要生活在内地行省制度下的回族，还有其他普遍具有伊斯兰教信仰的族群（如本文会涉及的撒拉族）时，常常使用相同的"回""回民"字样。目前学界对"回族户籍"的理解，正起因于此。不过这也引发我们思考，在传统户籍制度往往与赋役制度相配合的大背景下，清代回族的族群身份与赋役制度有着怎样的关系？

　　其次，学者所讨论案例的族群关系情境多为回汉二元对立，从而使得回族的族群身份尤其突出，却掩盖了二者在制度上相同的一面。因此有必要在多元族群情境中，重新审视回族族群身份与王朝制度之间的关系，以期得到更完整的理解。云南回族的情况即可作为一个恰当的案例。本文尝试从全国性的《清会典》"回户"和云南地方情况两个层次展开研究。

　　需要说明的是，由于上文已经指出的原因，本文的"回民"和"回族"并不等同，但史料中又很少将清代回族直接称为"回族"，而是大量使用"回民"，因此我们只在引述史料时使用"回民"，在指称

---

① 胡云生：《论清代法律中的回回问题》，《回族研究》1998 年第 4 期；王东平：《〈大清律例〉回族法律条文研究》，《回族研究》2000 年第 2 期；李典蓉：《编户下的回民：以清朝杜文秀京控案为例》，《清史研究》2007 年第 2 期；路伟东：《掌教、乡约与保甲册——清代户口管理体系中的陕甘回民人口》，《回族研究》2010 年第 2 期。

清代回族时则使用"回族"。另外，这个意义上的清代回族并非严格等同于经过了民族识别之后的现代回族，只能说是其前身。本文涉及的清代维吾尔族和撒拉族，情况相同。

二　《清会典》"回户"辨析

在五部《清会典》中，嘉庆、光绪两部《会典》的《户部》部分均载有相同的十二种"诸色人户"，依次为民、军、匠、灶、渔、回、番、羌、苗、猺、黎、夷。① 路伟东根据光绪《会典》及其他材料认为，"回户"就是专用于登记回族的户籍类型。② 此一观点并不正确。

嘉庆、光绪两部《会典》的《户部》部分有关户籍的内容，分别位于卷 11 与卷 17。其正文部分均相同：

> 凡各省诸色人户，有司查其数而岁报于部，曰烟户。凡户之别，有民户，有军户，有匠户，有灶户，有渔户，有回户，有番户，有羌户，有苗户，有猺户，有黎户，有夷户。凡民，男曰丁，女曰口，未成丁亦曰口。丁口系于户。凡腹民计以丁口，边民计以户。

这一段内容主要说明的是户别、丁口与赋役的关系。两《会典》"军户""匠户""灶户""渔户"下的双行小注内容相同，谈的都是赋役问题。如"原编屯卫，或归并厅州县，或仍隶卫所官，其屯丁皆为

---

① 嘉庆《钦定大清会典》卷 11《户部》，《大清五朝会典》第 12 册，线装书局，2006 年影印本，第 139～140 页；光绪《钦定大清会典》卷 17《户部》，《大清五朝会典》第 16 册，第 140～141 页。本部分所引两部《会典》之《户部》部分内容多出此二处，除例外者，不再一一注明。

② 路伟东：《掌教、乡约与保甲册——清代户口管理体系中的陕甘回民人口》，《回族研究》2010 年第 2 期。

军户"，指的是清初沿袭的明代卫所赋役名目，不论归并州县与否，其赋役仍按原来的军户科则计算。又如"匠户"的小注，清楚说明原有的匠户力役已改征白银，后又摊入地丁征收，只在《赋役全书》里存了个名目而已。

所以此处的十二种"诸色人户"，在本质上都是赋役类型，而非族群分类。进而便不能把两《会典》"民户"下的小注"土著者、流寓入籍者、八旗消除旗档者、汉军出旗者、所在安置为民者，皆为民户"理解为"汉户"。① 与由八旗系统管理、领饷而免税的旗人相比，"民户"由地方官管理，要缴纳赋税；与军、匠、灶、渔等赋役类型相较，"民户"则是最常见的民赋民役。可见"民户"与族群无关，并不排斥回族。

接下来是"回户"的问题。两部《会典》"回户"二字下小注都有"各省散处之回民，皆列于民户，惟甘肃撒拉尔等回户，仍设土司管辖"一句。所谓"各省散处之回民"，指的正是主要生活在各行省地方官直接管理之下的回族。编纂者首先说明的便是他们对应的赋役类型是民户。当然，实际情况不可能像《会典》原文字面上那么单纯、统一，但可以想见，回族在赋役制度中的身份主要就是最常见的民户。于是"回户"指的便不是回族，而是土司管辖的"甘肃撒拉尔回户"。②

管辖撒拉尔回户的土司有二，属兰州府河州，在两部《会典》中均被称作"上六工撒拉土司"与"下六工撒拉土司"，在乾隆《循化厅志稿》中被称为"撒拉族上四工世袭土千户"与"撒拉族下四工世袭土千户"。其所管理的"口外撒拉回子八工"耕种的田地，不计亩而计

---

① 路伟东：《掌教、乡约与保甲册——清代户口管理体系中的陕甘回民人口》，《回族研究》2010 年第 2 期。

② 清代"撒拉尔回户"或"撒拉尔回民"，今日一般被视作撒拉族。但清代判断"撒拉尔回民"和"内地回民"（即回族）的标准在于是由撒拉尔土司还是由州县官管辖，并非以族群为准。这也正是本文所说清代回族与现代回族并非严格等同的原因之一。

"段";税粮虽然有雍正年间所立 "水地……每下籽一石纳粮一斗五升,
旱地……每下籽一石纳粮一斗" 的规条,以及 "每年应纳粮七十四石
五斗二升八合三勺" 的定额,征收上实际则是 "但有各工总数,并无
花户细名,每岁头人催纳足额而已" 的状态,也没有丁银项目。①

　　在嘉庆《会典》当中,此处小注还有 "又镇西府、迪化州有驿站
回户,伊犁有种地回户,及南路各城所属,皆为回户" 的内容。镇西
府、迪化直隶州分别位于今新疆巴里坤和乌鲁木齐,均隶属甘肃行省。
伊犁、南路各城(塔里木盆地)则隶属伊犁将军。可见嘉庆《会典》
"回户" 对应的地理范围有很大一部分是处在今新疆地区。

　　镇西府、迪化直隶州辖境与乌鲁木齐驻防都统辖境大致重合。这一
地区位于连接内地与天山南北两路的咽喉要道,其驿站分属甘肃省与乌
鲁木齐驻防两个系统:属甘肃省者 25 驿、9 塘、3 站,每座均设民夫服
役;属乌鲁木齐驻防者全为军台,26 台直属都统,8 台属巴里坤大臣,
8 台属吐鲁番大臣,其中各有 6 台、5 台、8 台设有若干名 "回子" 服
役。② 这些在军台服劳役的 "回子" 又被称为 "乌噜木齐在台回户"。
"在台回户" 至少分为 "系拨地移驻应差" 的 "乌噜木齐在台回户"
和 "各令种地应差" 的 "各回城在台回户" 两类。③ 所谓 "拨地移
驻",即当差回户并非当地居民,而是官府划地将之专门迁移至此安置
以服役。相应的,"种地" 者就是当地居民。"回城" 即南疆的喀喇沙
尔(治今焉耆)、喀什噶尔(治今喀什)等城,是新疆的行政区划单
位,而非具体城镇。所以 "在台回户" 就是主要来自南疆的维吾尔族

① 嘉庆《钦定大清会典》卷 10《户部》,《大清五朝会典》第 12 册,第 126 页。光绪《钦
　　定大清会典》卷 15《户部》,《大清五朝会典》第 16 册,第 127 页。乾隆《循化厅志稿》
　　卷 5《土司》、卷 4《族寨工屯》,《中国地方志集成·青海府县志辑》第 5 册,凤凰出版
　　社,2008 年影印本,第 123～128、90～91 页。
② 嘉庆《钦定大清会典事例》卷 530～531《兵部》,《近代中国史料丛刊三编》第 676 册,
　　台北:文海出版社,1992 年影印本,第 4686～4688、4726～4730 页。
③ 嘉庆《钦定大清会典》卷 39《兵部》,《大清五朝会典》第 13 册,第 462 页。

居民。嘉庆《会典·户部》的"镇西府、迪化州有驿站回户"指的就是其中的"乌噜木齐在台回户"。之所以有两个名称，或许是因为拨地安置他们的是隶属甘肃行省的镇西府与迪化州，驱使他们服劳役的则是隶属乌鲁木齐驻防的军台。

"伊犁种地回户"和"南路各城回户"的赋役情况如下。清朝在乾隆二十三年（1758）平定新疆之后，并未根据内地制度以田亩起科，而是根据准噶尔汗国时的旧制，制定了依每户收获比例而定的田赋征收原则，再计算出各城粮赋及纳粮户数定额。定额确立之后，会因维吾尔族居民移驻北疆的伊犁屯田等原因而调整。只有新垦田地，才按亩纳粮。①

除了赋税方面，各回城在户口统计上也与内地不同。嘉庆《会典·户部》"边民计以户"下小注内有"……其计户者……喀什噶尔、叶尔羌、和阗、阿克苏、库车、喀喇沙尔各回城伯克所属，及伊犁种地回子，六万九千六百四十四户"，并列举了四川、青海、西藏土司所属，以及乌里雅苏台、科布多所属按户计的其他"边民"。其中喀什噶尔等回城即上云"南路各城"。因此，维吾尔族在户口统计上属于"边民"，单位为"户"。

内地户口是"计以丁口"的"腹民"，丁口数来自保甲册。乾隆四年，在已经推行的保甲制度基础上，清朝正式决定将户口统计从原来的赋役编审系统转移到保甲系统，要求各省督抚在保甲册中同时登记的"土著""流寓"两项中除去后者，每年根据前者报告，并将此数字称为"民数"。②两部《会典》之《户部》部分的各省丁口数即由此形

---

① 王东平、郭红霞：《清代回疆粮赋制度研究：牛津大学所藏清代库车、沙雅尔署衙档案之探讨》，《中国边疆史地研究》2007年第3期。

② 光绪《钦定大清会典事例》卷157《户部》，《续修四库全书》第800册，上海古籍出版社，1995年影印本，第547页。

成。回族是编入保甲的,^① 撒拉尔回户也是编入保甲的,^② 其丁口数自然也一并统计在了"民数"中。只计户的维吾尔族并不在其中。

两部《会典》之间的差异,源于新疆管理体制的变化。嘉庆《会典》成书于嘉庆二十三年(1818)。光绪《会典》成书于光绪二十五年(1899)。在此期间,新疆的管理体制发生一重大变化,即光绪十年建省。其后,除了游牧人群,整个新疆地区从藩部转变为行省,裁撤驻扎大臣,废除伯克,建立州厅县,地方官直接管理当地居民。故而,光绪《会典》中"回户"的种类仅剩下由土司管辖的甘肃撒拉尔回户。

与光绪《会典》"回户"范围的缩减类似,嘉庆《会典》中出现"回户"门类,是因为建立了新疆管理体制。清朝在乾隆二十三年至三十年先后设立了管理各回城的大臣。^③ 各城所属的居民,是藩部中唯一要缴纳定额赋税的人群,被明确称为"回户"。这笔赋税由各城大臣向户部奏销。^④ 这就是嘉庆《会典·户部》出现"回户"的原因。

所以,十二种"诸色人户"中"回户"的真正含义,是在当时清朝的制度中,有四种(嘉庆时的甘肃撒拉尔回户、镇西府和迪化直隶州驿站回户、伊犁种地回户、南路各城回户)或一种(光绪时仅剩的甘肃撒拉尔回户)被称为"回户"的赋役类型。其实际承担者都不是生活在州县官直接治理下的"各省散处之回民"(即回族),而主要是伯克直接统治下的维吾尔族"回民"(新疆建省前)或土司直接统治下的撒拉族"回民"(新疆建省后)。

---

① 路伟东:《掌教、乡约与保甲册——清代户口管理体系中的陕甘回民人口》,《回族研究》2010 年第 2 期。

② 乾隆《循化厅志稿》卷 5《土司》、卷 4《族寨工屯》,《中国地方志集成·青海府县志辑》第 5 册,第 80 页。

③ 光绪《钦定大清会典事例》卷 543《兵部》,《续修四库全书》第 806 册,第 517 ~ 518 页。

④ 嘉庆《钦定大清会典》卷 53《理藩院》,《大清五朝会典》第 13 册,第 635 页。

《会典》中的撒拉尔回户出现在雍正四年（1726），① 新疆回户出现在乾隆二十三年。后者随着驿站、屯田系统的建立和发展逐步析为"乌鲁木齐在台回户"（或称镇西府、迪化州驿站回户）、伊犁"种地回户"、南路各城回户等类型，到嘉庆《会典》成书时已稳定。这是起源于赋役领域的几种分类，应用在边徼。整个清朝范围内应用于回族的制度性"回民"身份，则出现在乾隆二十二年的保甲条例中。② 这是起源于治安领域的分类，应用在内地。在字面意义上非常容易混同的"回户"和"回民"产生时间虽然部分相近，却没有对应关系。

综上，两部《会典》"回户"二字下均有的小注应该理解为：各省回族主要归入民户，由州县地方官管辖，唯独甘肃的撒拉尔回族，由土司管辖，归入回户。相应的，嘉庆《会典》特有的小注应该理解为：新疆维吾尔回族，不论在军台承担差役、在伊犁缴纳屯赋，还是在南路各城缴纳税粮，同样列为回户。因此《清会典》"回户"的本质是几种均被称为"回户"、不归州县官直接管理的赋役类型，并非应新增律例条文需求而建立起来的身份标志。主要生活在州县官直接管理之下的回族不是"回户"涉及的对象。

三　清代回族在赋役制度中的具体角色
——以云南新兴州为例

云南是重要的回族分布区，也是一个多族群混居的地区。这样的情境可以丰富学界对于清代回族族群身份与王朝制度之间关系的理解。在明确清代回族对应的赋役类型主要是"民户"而不是"回户"之后，

---

① 乾隆《循化厅志稿》卷5《土司》、卷4《族寨工屯》，《中国地方志集成·青海府县志辑》第5册，第91页。

② 温春来、周煦阳：《清代雍正、乾隆时期制度性"回民"身份的形成过程及其执行效果》，《青海民族研究》2020年第1期。

我们便转而从云南回族的例子来观察清代回族在赋役制度中的具体角色。

今天云南省玉溪市红塔区就是清代的新兴州。其中北城镇大营村一带，在清代被称为龙门、桃源等村。从那时开始，这里就是回族聚居区。村中桃源清真老寺内《昭垂千古碑》曰：

> 回教之由来久矣。迨唐时特出穆罕默德大圣人，圣传贤阐独一无二之明命，贤继圣定五番七聚之常经。……凡回居皆建清真寺，拜主尊圣、迪忠迪孝也。

"独一无二之明命"即认主独一的基本信仰。"五番七聚之常经"即个人每天五次礼拜、集体七天一次会礼的基本功修。"拜主尊圣"即崇拜真主、尊敬穆罕默德。这些都是伊斯兰教的最基本特征。碑记立于乾隆三十八年，为桃源清真老寺建成时的功德碑。在此之前，村中回族均前往今天被称为大营清真寺的"大寺"参加宗教活动。今存大营清真寺的《本村门役碑》记录了当时居民的部分赋役负担情况。

> 新兴烟户分为军、民二籍。军有军差，民有民役，各不相混，如十八村俱属民家。我龙门村合西营，乃十八村中之一村也。昔年应仓、库、铺、禁四大役，十八村轮流均当。

碑文落款为"雍正乙卯科举人、原任广西南宁府永淳县正堂马廷辅撰书"，未署时间。① 碑文中提到的西营，亦有回族居住，建有清

---

① 两篇碑文均载郭成美《滇南大营村马廷辅两通乾隆碑记考证》，《回族研究》2014 年第 3 期。

真寺。①

新兴州编户的总体情况，可以从乾隆《新兴州志》中了解。

> 州境八乡军民杂处，四隅皆彝寨。军居曰屯。民居曰村。彝居曰寨。

后文列举了坝子中的八乡各村屯及周围山地的四十九个彝寨。② 所谓“军”“民”，即分别以军户、民户标准缴纳赋役的人群。相应的，“彝”就是以“彝户”标准缴纳赋役的人群。这并不是嘉庆、光绪两朝《会典》“夷户”的简单异写，也不在其列举的范围内。该书同卷又云：

> 风俗：彝俗……依山结茅而居，以苦荞、燕麦为生，参种稻麦粟豆。（原注：赋税入于流官，徭役办在土司）
>
> 种人：白子……俗与华不远。上者能《诗》《书》，其他力田，或服役于公府，与诸蛮不同。白猓猡，俱居山，今土司所治四十九寨是。

另外，“种人”中还有“僰人”“黑猓猡”“摆彝”等，却并未描述任何有伊斯兰教信仰特征的人群。③ “白子”与“白猓猡”同为非汉族群，但“白子”与汉族杂居于坝子八乡之中，由官府直接控制并在官府服役；“白猓猡”则居于山地“彝寨”，由土司管理。“徭役办在土司”是以“白猓猡”为主的“彝”与“白子”的区别。“服役于公府”

---

① 白寿彝：《滇南丛话·玉溪伊斯兰人科第》，《白寿彝民族宗教论集》，北京师范大学出版社，1992，第603页。
② 乾隆《新兴州志》卷3《地理》，《中国地方志集成·云南府县志辑》第26册，凤凰出版社，2009年影印本，第446～449页。
③ 乾隆《新兴州志》卷3《地理》，《中国地方志集成·云南府县志辑》第26册，第451～452页。

也是"白子"与其他"诸蛮"最主要的不同。换言之,"白子"并未被视作"彝",而是被视为"军"或"民",也即编户齐民。这意味着非汉亦非回的族群同时存在于新兴州的编户齐民与"化外之人"中。

州志虽云"民赋三乡,屯赋五乡",并列举了各自对应的乡名。但在乡村列表中,八乡境内都是村、屯二名夹杂。① 实际的赋役负担与乡村名称并没有必然的对应关系。具体到龙门、西营等村,在雍正、乾隆时代,属于碑文所言"俱属民家"的"十八村",其承担的差役属于民役。这里的回族并没有因为其"非汉"的族群身份,而在制度上与汉族产生分别。另外,虽然我们没有发现回族为"军",也就是承担军赋军役的情况,但这实际上是非常有可能存在的。

龙门、西营等村回族,固然与"白子""白猓猡"等都属于非汉族群,但在王朝制度中,又与汉族及"白子"一同向官府服役、参加科举考试。赋役与科举,正是编户齐民与传统国家之间最重要的权利义务关系。

四　清代回族族群身份在赋役制度基层运作中的作用
——以云南河西县为例

强调回族有编户齐民的制度性身份,并不意味着忽略其族群身份,更不意味着在赋役制度的实际运作中族群身份起不到任何作用。相反,族群身份完全可以成为制度运作的基本根据之一。这一点可以通过与新兴州相邻的河西县观察到。

新兴州以南的临安府河西县(今玉溪市通海县西北部),位于连接省城昆明与滇南重镇临安的交通要道上,官员往来频繁。出差官员所用

---

① 乾隆《新兴州志》卷 5《赋役》、卷 3《地理》,《中国地方志集成·云南府县志辑》第 26 册,第 461、446 ~ 448 页。

夫马，折价之后于沿途随意索要，① 成为当地居民需要处理的一个棘手问题。在官府摊派之后，各村屯内部会专门设立应对办法。

河西县有一个回汉混居的古城村，位于杞麓湖北岸山脚下。汉族在其中建立起土主祠，以马姓为主的回族则建起清真寺，作为各自的公共场所。② 立于乾隆四十八年的土主祠《地方碑记》便记载有一个处理夫马问题的方案。

> 接年以来，多有苦乐不等。苦者遇有重大之夫，甚是难当。乐者处此，亦有不便之忧。……今合村老幼公议，捐此多金，协同公众山田、山地租子。彼此心德如一，实体八家同井之至意而已。……其后有慕风而来、新居吾乡者，仍以一金为定。……倘或有傲公别众者，照旧轮流，教伊硬当十日，而修城、盘仓各样夫马，一切在伊，不得扳扯大众，亦不得为难当，而后复入此场也。③

村中原来轮流承担夫马力役，在立碑之年改为设立专款来应对，并要求未来的定居者也要缴纳此项银两，还规定了对不愿加入之人的惩罚措施。值得注意的是，参与此项捐献者，以鲁、杨二姓为主，并无马姓一人。也就是说，建盖清真寺的回族并没有参与其中，这个应对夫马的

---

① 岑毓英：《裁革夫马筹款支销以苏民困折》，方国瑜主编《云南史料丛刊》第九卷，云南大学出版社，2001，第 474~475 页。

② 土主祠、庙是云南常见的民间信仰场所。其内主神多变，较为统一者是源于佛教的大黑天神。土主庙得到官府一定程度的认可，被记载在许多地方志中。清真寺则极少进入地方志中。古城村目前有两座清真寺：一为本文讨论的"老教"寺，原址位于今地与土主祠之间；另一为更加靠近土主祠的"新教"哲合耶林派寺，建于光绪年间。古城土主祠重修于乾隆元年（1736），捐献者主要为鲁姓。"老教"清真寺捐献者主要为马姓，有记录的第一笔田产购买于康熙二年（1663）。参《土主祠功德、观音寺常住碑记》《清真碑记》，姚继德等主编《回族——通海纳古镇》，云南大学出版社，2001，第 315~316、304~306 页。

③ 此据原碑。碑文又见于姚继德等主编《回族——通海纳古镇》，第 313~314 页。姚书录文有误。

"场"与回族无关。回汉双方似乎各有一套应对夫马的办法。

8 年之后，回汉之间重申了先前在官府和民间都得到公认的赋役分配方案，此一方案不仅包括夫马，还增加了分派盐税的内容。

> 如吾乡古城村，地属省道，回汉错处。凡乡约，夫役各轮当一年，应调夫马。分食官盐，回汉……杨、徐县主屡有明断，而民间亦公立合同。凡遇夫役之众、然盐之期，① 各领一半。回不得谓汉……人户之多而谢其事于汉。汉亦不得谓回有马、李二姓人户之众，而诿其事于回。……而近来村内竟有射利之徒……欲改古例……村内绅士耆民会同公议，永守古例。凡乡约各轮当一年夫役，官盐各领承一半。

文后落款中马姓居多、鲁姓较少，并有四位举人，分别为李、鲁、马、许四姓。② 对夫马，已有办法是回汉轮流当值，期限为一年。对盐税，似乎是回汉各自承担一半。这明显是一个以族群为根据的分配办法。碑文提到杨、徐县主。在府志及县志中，清代杨姓知县在康、雍、乾三朝各有一位，徐姓知县则仅在乾隆四十三年有一位徐统藩离任，且在最后一位杨知县之后。③ 那么这一根据族群划分的分摊方案，至迟在立碑前 13 年已经出现。

到乾隆五十八年，官府应汉民申诉，改变了回汉各半的分配办法。今天嵌于土主祠内的《永垂不朽碑》云：

---

① "然盐之期"的"然"字，疑录文有误。
② 《回汉夫役盐金各半合同碑》，姚继德等主编《回族——通海纳古镇》，第 306～307 页。
③ 嘉庆《临安府志》卷 11《秩官》，《中国地方志集成·云南府县志辑》第 47 册，第 129～130 页。乾隆《续修河西县志》卷 1《职官》，《故宫珍本丛刊·云南府州县志》第 2 册，海南出版社，2001 年影印本，第 407～408 页。

特授临安府河西县正堂……刘……乾隆五十八年三月二十八
日，据东古城汉户鲁德馨、鲁玉良、戴师灵、鲁玉涛……等禀称：
情缘古城村地方回汉同处，汉少回多，一切夫马差役、盐斤采买车
务 等 项，事前因两半平分，以致劳役不均。汉民多受其累……
屡次叩诉天台。蒙批：一切夫马、盐斤采买车务等项，俱照粮与烟
户 数 量多少摊派，不得折耗。回汉各事之说，致有偏祜。目下采
买盐 斤，现在照亦摊办，回民领三分之二，汉民领三分之一。凡
有夫马，按粮户摊办，各立头人，专司共事……奉批：古城夫
役……若即照批，立石以垂永久可也。①

　　夫马、盐斤车务的分摊，从回汉平分改为夫马按粮户摊办；盐斤
则回族三分之二、汉族领三分之一。根据族群分配的原则继续明确地
保留在盐税的分摊方案中。在夫马方面，我们暂时无法确定所谓
"各立头人"的"各"，是指回汉双方各立头人，负责各自内部的征
发，还是按照里甲或保甲各立头人，负责相应范围的征发。所以夫马
虽然没有直接按族群分配，但实际的征发过程仍然有可能是回汉各自
负责。
　　从该案例中可以观察到，回族的族群身份在赋役制度的微观运作中
起到了重要作用，使得回汉杂居村落的赋役分摊方案中出现了以族群为
界限的原则，并得到官府的承认。即便在官府后来做出新的裁决时，也
只是在夫马的分配上取消了族群原则，盐税的分配只是调整了双方负担
的比例，没有取消族群原则。但在夫马的实际征发过程中，仍然很可能
是回汉族群各自分别操作的。

---

　　①　碑文载姚继德等主编《回族——通海纳古镇》，第 314 ~ 315 页。方框内文字为笔者据文
　　　例补足。

结　语

　　尽管古城村案例里的非回人群自称为"汉"，本文也将之称为"汉民"，并视其为一个"族群"，但他们建造、使用的土主祠，是一种有很强的南诏、大理色彩的庙宇。以此作为最重要的公共场所，意味着他们之中最早的定居者，或者土主祠的主要建造者，很可能就是南诏、大理居民后裔，即乾隆《新兴州志》中的"白子"。于是所谓"汉"，也就很可能包括不止一种族群。所以古城村的居民实际上很可能并不是碑文中呈现出来的回"汉"二元结构，而是回族与其他共同使用土主祠的人群之间的多元关系。我们的行文，只是一种技术性的处理。

　　学界已有研究忽略了回族与刑律之外其他制度的关系，从而误解了《清会典》中的"回户"。通过辨析嘉庆、光绪两部《会典》的具体内容，我们发现其中的"回户"并非指回族，也并非因刑律而产生，回族在赋役制度上主要属于"民户"。

　　虽然清代回族在赋役制度中并非另类，但这并不代表其族群身份与制度的运转完全没有关系。通过在云南这样一个多元族群情景中的分析，我们发现，一方面回族承担着最常见的赋役类型，这正是《清会典》小注"各省回民，皆列于民户"的确切含义；另一方面其族群身份会在赋役制度的基层运作中成为分配负担的基本原则，这一点在多族群混居村落尤其明显。因此，清代回族族群身份与王朝赋役制度之间的关系，并非法典中的简单叙述可以概括，而是更多地体现在制度实际运作时地方官府与民间的具体互动之中。

书　　评

《区域史研究》2020 年第 1 辑（总第 3 辑）

第 207～217 页

© SSAP，2020

陈瑶《籴粜之局：清代湘潭的
米谷贸易与地方社会》

戎宗柳*

陈瑶：《籴粜之局：清代湘潭的米谷贸易与地方社会》，厦门大学出版
社，2017。

　　在全球化进程中，经济发展上相对弱势的地区是否始终是被榨取和
牺牲的存在？"没有历史的区域"是否始终处于历史的"边缘"，被动接
受外界的影响？陈瑶博士在以往研究的基础上，出版了《籴粜之局：清
代湘潭的米谷贸易与地方社会》①（以下简称《籴粜之局》）一书。该书
为我们提供了一个湖南湘潭地方社会积极应对市场变化的生动案例——
在 18 世纪全国米粮市场逐渐形成的背景下，市场力量如何塑造了湘潭社
会结构，反过来，地方社会是如何响应市场变化并对其施加影响的。

一

　　有关湖南米粮贸易的研究，较为引人注目的是以计量统计方法进行
的米价波动趋势、米谷市场整合、是否已形成一个结构完整与自由竞争

---

　　* 　戎宗柳，厦门大学历史系硕士研究生。

　　① 　陈瑶：《籴粜之局：清代湘潭的米谷贸易与地方社会》，厦门大学出版社，2017。

的米粮市场等研究。① 而《籴粜之局》尝试跳出以往经济史研究的视角，不从粮食价格、地域差异、市场整合等角度讨论，而是从社会史视角，用人的活动来反映市场的存在，分析米谷贸易的实际运作情况，以及与之相伴随的人群整合与社会结构变化，弥补了大数据下"人"的视角的缺失。

与之类似取径的研究并非没有，如日本学者重田德从地主与佃户关系的角度讨论清初湖南的米粮贸易，强调地主在市场构造中的把控地位；② 罗友枝（Evelyn S. Rawski）则认为湖南佃农对 18 世纪的米粮市场扩张做出了积极回应并从中获得丰厚的利润。③ 对于 20 世纪的湖南，蔡志祥对其米粮供需、市场结构、对社会各阶层的影响及其回应等问题进行了探讨，细致地分析了政府、绅商和农民围绕米禁政策展开的利益争夺；④ 黄永豪则从政府与地方势力互动的角度讨论了 20 世纪湖南米粮市场在政权干预下逐渐衰落的问题。⑤ 除了湖南以外，松田吉郎还探讨了清中期广东米粮仓储的主导权由官方向民间转移的过程。⑥ 陈

---

① Han – sheng Chuan & Richad A. Kraus, *Mid – Ching Rice Markets and Trade: An Essay in Price History*, Cambridge: East Asian Research Center, Harvard University, 1975; R. Bin Wong & Peter C. Perdue, " Grain Markets and Food Supplies in Eighteenth – century Hunan," in Tomas G. Rawski & Lillian M. Li, eds., *Chinese History in Economic Perspective*, Berkeley: University of California Press, 1992. 中译本见〔美〕王国斌、濮德培：《18 世纪湖南的粮食市场与粮食供给》，徐建清译，《求索》1990 年第 3 期；赵伟洪：《清乾隆朝湖南省米谷流通与市场整合》，《中国经济史研究》2015 年第 1 期。

② 重田德「清初における湖南米市場の一考察」『東洋文化研究所紀要』第 10 册、1956；后收入氏著『清代社会経済史研究』岩波書店、1975。

③ Evelyn S. Rawski, *Agricultural Change and the Peasant Economy of South China*, Cambridge: Harvard University Press, 1972.

④ 蔡志祥：《二十世纪初期米粮贸易对农村经济的影响：湖南省个案研究》，《食货月刊》第 16 卷第 9、10 期合刊，1987，第 22～50 页；第 17 卷第 11、12 期合刊，1988，第 50～62 页。

⑤ 黄永豪：《米谷贸易与货币体制：20 世纪初年湖南的经济衰颓》，广西师范大学出版社，2012。

⑥ 松田吉郎「広東広州府の米価動向と米穀需給調整—明末より清中期を中心に—」『中国史研究』第 8 号、1984；后收入氏著『明清時代華南地域史研究』汲古書院、2002。

春声对此做了进一步讨论，他提出广东的商品经济与宗族组织发展并非相互分离，而是相辅相成的，但市场发展的经济性要求与现实的社会性需求之间存在冲突，因此中国难以靠自身力量完成近代化变革。①

从地区和时间的选择上来说，18世纪湖南的米粮贸易仍有进一步讨论的价值，不仅可以进一步丰富有关湖南的研究成果，还可以与省外进行比较研究。更重要的是，作者不仅关注到参与米粮贸易的生产者和囤积者，还注意到在销售环节竞争的米行和粮店，以及企图控制运输的船户、渔户和地方大族，较为完整地勾勒出米粮贸易各环节的实际情况，这对于我们理解市场上的人的活动及地方社会各阶层的生存策略有特别的价值。

该书分为七章，第一章为绪论，作者重新检讨了"核心－边缘"理论，强调"没有历史的人民"在参与创造、影响历史中的作用，并反思传统的市镇研究模式，认为应从区域经济发展节奏和社会结构过程的角度来深化市镇史研究。第二至六章是该书的主体部分，作者先介绍了卷入全国米粮市场前后城市空间的演变以及当地土客商人群体的对抗情形，再把活跃在米粮贸易各个环节中的人群逐一引出。不同于其他有关米粮贸易的讨论次序（从生产、运输、销售等环节依次展开），作者为突出外部市场的牵引作用，先从市场销售环节切入，再讨论生产、运输、囤积。具体来看，米粮市场——清初以降，湖南成为全国重要的粮食供应区，湘潭城乡市场结构因此发生了显著变化；米粮生产——在外部市场刺激下，湘潭地方社会争夺土地和水利资源，投身米粮贸易；米粮运输——地方官府通过对渔民和船户编立保甲来确保河道安全，地方宗族也通过收编渔民来保障米粮运输顺畅；米粮囤积——从常平仓制度到民间仓储体系的发展，体现了官、绅、商合力定市价、垄断米粮市场

① 陈春声：《市场机制与社会变迁——18世纪广东米价分析》，中国人民大学出版社，2010，第247、266页。

的意图，本地士绅的权势日益膨胀，与外来客商"分庭抗礼"，回应了第二章的土客商人实力消长问题。第七章回到中心议题，作者认为正是因为湘潭本地商民汲汲于米粮贸易，并未带来经济发展的新兴动力，因此陷入"籴粜之局"，长期延续糊口经济状态。

二

区域史研究的不断深入对研究者提出了更大的挑战：既要呈现生动的地区历史，又要将区域"与更大空间的历史过程和社会变迁相联系"，"赋予地方性事实以超越地方的意义，拓展整体性历史认识的空间"。[①] 在资料上，需尽力挖掘地方性资料，结合社会背景深入解读，还要注意避免过于细碎化和同质化。《籴粜之局》较好地回应了上述要求，指出清代湘潭在全国经济发展脉络中所处的地位及发挥的作用，具体来看，该书的特色体现在以下几个方面。

第一，在区域史研究中展现出整体史关怀。"整体"首先体现在作者兼顾共时性与历时性分析上。在"市场与社会互动"的视角下，作者精心构筑了一个湘潭地方社会的整体史。一方面，作者以 18 世纪全国米粮市场为中心线索，运用共时性的结构分析，"使孤立散乱之各个片面事实连缀而成完整史实"，[②] 并将它们纳入一个有意义的系统中。作者指出，从清康熙朝开始，随着江南、广东等地对米谷的市场需求日益增大，湖南卷入全国米粮市场，湘潭各种社会组织，包括官府、富户、宗族、渔户、牙行、士绅等不约而同地采取了行动，并指向共同的目的——在米粮市场中汲取利益。另一方面，作者力图呈现卷入全国市

[①] 赵世瑜：《在中国研究：全球史、江南区域史与历史人类学》，《探索与争鸣》2016 年第 4 期；刘志伟：《超越江南一隅："江南核心性"与全球史视野有机整合》，《探索与争鸣》2016 年第 4 期。

[②] 王尔敏：《史学方法》，广西师范大学出版社，2005，第 166 页。

场的清代湘潭社会所经历的转变，即历时性变动。随着粮食市场需求的增加，乡村米市规模扩大、数量增加；本地富户、粮行争夺土地、河道和市场；乡村宗族和城市书院等也控产囤粮，放贷获利。反过来，地方社会的结构变动又影响了市场，富户和粮行企图垄断供需来把持市场，地方士绅也通过筹建民间仓储、积谷居奇来控制米价，影响市场运作。正如蔡志祥为该书所作的序中所言，该书呈现了"卷入市场的社会"和"渗入社会的市场"。①

　　"整体"还体现在作者对边缘社会的关注，有力地补充了"中心"与"边缘"话语体系。在以往有关明清经济发展的研究中，中外学者倾向于把江南作为中国当然的代表，因此倾注的笔墨最多，中西部地区则被摆到了相对"边缘"的位置上。作者认为，从清初到18世纪，湖南将大量米粮输往全国各地，这不但促进了本地市场贸易繁荣发展，而且缓解了其他地区的粮食不足问题，支持了江南的经济转型。从这个意义上说，中国各区域实际上处于一个紧密的联动网络之中。"边缘"还有另一层含义——船夫和渔民等人群，他们是社会的重要组成部分，但几乎没有机会在历史上留下痕迹。作者指出，在"清前期，妨碍河道安全最显著的人群莫过于生活在河道上的渔民和从事水运的船户"，②他们与河道中往来的船只进行着利益的争夺，与地方官员有着紧密的联系，并通过与本地宗族联宗、修改族谱来实现共同利益。如同埃里克·沃尔夫（Eric R. Wolf）所言，"无论是那些宣称他们拥有历史的人，还是那些被认为没有历史的人，都是同一历史轨道中的当事人"，③正是那些默默无闻的普通人在创造着历史，即使他们在过去的历史书写中相

---

① 陈瑶：《籴粜之局：清代湘潭的米谷贸易与地方社会》，第3页。
② 陈瑶：《籴粜之局：清代湘潭的米谷贸易与地方社会》，第109页。
③ Eric R. Wolf, *Europe and the People Without History*, Berkeley and Los Angeles：University of California Press, 1982. 中译本见〔美〕埃里克·沃尔夫《欧洲与没有历史的人民》，赵炳祥等译，上海人民出版社，2006，第32页。

对沉默，但作者让他们浮出水面，并展现出他们的想法、行动与选择，[1] 很大程度上弥补了以往对边缘人群关注的不足，具有重要的研究价值。

第二，以河道管理为例，细致地剖析了官民之间的合作过程，探讨了制度与地方社会的互动。虽然该书的研究地域范围是湘潭，但其所涉及的问题不仅仅适用于湘潭。例如作者通过讨论埠头制的确立过程，说明了制度推行与社会认可的关系。乾隆年间，地方官府为保障湘江河道的畅通和安全，设置了河道管理中介——埠头制。为保证这项制度顺利推行，地方官府采取了设立埠头业主的方法——沿河宗族向官府登记成为埠头业主并缴纳赋税，承担管理河埠的责任，并向渔民收租；沿河宗族同时成为联结渔户与鱼贩的中介，通过向鱼贩提供货源参与交易。官府因此省去了对渔户征税和管理的成本，还获得了埠头业主缴纳的赋税，实现了官府与地方宗族的双赢。埠头制也借助宗族组织的延续性，较为持久稳定地落实执行。[2] 其实，不仅是埠头制，任何一项新制度的顺利推行都要经历一个地方社会认可的过程。制度的推行虽有合法性和国家的支持，"但他们或多或少是一种外来的陌生人，他们所代表的权力在本地没有太深的根基"。[3] 由此，《籴粜之局》所涉及的不仅仅是米粮贸易，更是活跃的并充满妥协、竞争、官商合作的地方社会。

第三，不仅广泛利用了地方文献，还从文本生产的角度揭示了当事人的历史建构过程。在资料利用上，除了地方志、文人笔记，作者还综合利用了《湖南省例成案》、《湘潭积谷局志》、《湘潭船行成案稿》以及族谱、碑刻、契约等地方文献，对湖南湘潭在市场变动中的社会整合问题做了较为充分的实证分析。以鼓磉洲罗氏宗族为例，该宗族拥有祀田，从康熙末年到乾隆末年，一些支派通过向"有份"房支买入祀田

---

① 陈瑶：《籴粜之局：清代湘潭的米谷贸易与地方社会》，第 20 页。
② 陈瑶：《籴粜之局：清代湘潭的米谷贸易与地方社会》，第 122 页。
③ 苏力：《制度是如何形成的》，中山大学出版社，1999，第 65 页。

而成为"有份"支派，所以罗氏宗族在保持着祀田总体数量不变的基础上，改变着祀田的结构。在乾隆朝后期，即第三、四次修谱之间，有三个支派捐田入祠，其中的大凤、大渭支派与渔户有关。作者指出，随着米粮的市场需求量增大，宗族为维持河道秩序、确保米粮顺利输入市场，把与本不属于本族血脉的渔户拉拢进来，实现了人群和资源的整合。这段经历或许是罗氏族人试图掩盖并选择性遗忘的历史，他们把虚构出来的同宗关系在族谱中记录下来，成为后世子孙眼中的历史事实。如此细致的解读不仅显示出作者扎实的史料分析功底，还为后续研究者提供了经验，即需要特别关注不同族谱文本记载的差异、其背后的意图及相关人群的联系。

三

《籴粜之局》可以称为区域史研究的一部力作，但由于资料限制及研究视角的不同，就该书的议题，仍有一些值得深入探究的地方。

其一，作者在对 18 世纪全国米粮市场机制做出正面评价的同时，还强调米粮市场也是湘潭本地经济发展的阻滞力，但后者论据不甚充分。过去学界倾向于认为市场的作用是中性的，如罗友枝认为 18 世纪全国性的米粮市场促进了湖南和福建农业进步和经济发展；[1] 蔡志祥提出地主、农民在 20 世纪湖南市场贸易中获益，而米价的涨跌造成了城市居民生活消费的波动。[2] 然而《籴粜之局》认为湘潭本地商民卷入全国米粮贸易，既是经济发展的契机，也是粮食市场之"局"。它"将本

---

[1] Evelyn S. Rawski, *Agricultural Change and the Peasant Economy of South China*, Cambridge: Harvard University Press, 1972, p. 139.

[2] 蔡志祥：《二十世纪初期米粮贸易对农村经济的影响：湖南省个案研究》，《食货月刊》第 16 卷第 9、10 期合刊，1987，第 22~50 页；第 17 卷第 11、12 期合刊，1988，第 50~62 页。

地士绅和粮商的追求和力气束缚在单一而又薄利的米粮贸易领域",导致了本地居民的持续贫穷,① 但这样的结论尚缺乏说服力。原因在于:(1)尽管作者所关心的是经济社会中的人是否从中获益,而非仅仅是宏观经济层面的影响,但她忽略了米粮贸易的发展可能带来调节市场价格、预防或减轻灾荒、维持社会安定等作用,这也是人们赖以生存和谋利的基础;(2)作者并未针对米粮贸易对清代湘潭经济的贡献进行评估,也并未分析本地居民收支情况和生活水平的变化,难以看出居民是否处于"糊口经济"状态;(3)即便本地绅商没有掌握附加值较高的经营领域,但他们抓住了米粮商机,发挥自己在土地资源上的优势,在商品经济发展中占有一席之地,且取得了较高的权势和地位,甚至可以与外地商帮分庭抗礼,我们无法否认本地商民在商贸发展中的成就,因此作者对于湖南米粮贸易带来的负面影响一说,仍值得进一步讨论。

作者还谈到,由于上述原因,湖南从"清末民国以至今日都被视为长江流域'难以崛起'的中部",② 但该书的内容并未涉及清代以后的历史。湖南经济发展从清代以来经历了不同的发展阶段,其促进或阻碍因素各不相同。③ 因此,作者对清代湖南米粮贸易的讨论无法用来评估湖南目前的经济发展状况。进而言之,作者用整体史的眼光看待湘潭社会,认为"在经济全球化进程中'成为弱势'的地区,在被榨取、被牺牲的同时,也会拉住'强势'地区发展的进程与速度"。④ 但通观全书,作者只谈到湖南作为全国米粮供给地,支持了江南经济发展,自身却陷入了"籴粜之局",造成了经济发展弱势地位,但是并未论及湖南如何"拉住"强势地区的发展。

---

① 陈瑶:《籴粜之局:清代湘潭的米谷贸易与地方社会》,第 170~175 页。
② 陈瑶:《籴粜之局:清代湘潭的米谷贸易与地方社会》,第 174 页。
③ 如黄永豪认为 20 世纪湖南经济衰颓是国家政权干预造成的。见黄永豪《米谷贸易与货币体制:20 世纪初年湖南的经济衰颓》,第 375 页。
④ 陈瑶:《籴粜之局:清代湘潭的米谷贸易与地方社会》,第 175 页。

其二，作者过于强调米粮市场的拉动力。全国性的米粮市场需求无疑刺激了人们购置田产、争夺水源、囤积放贷以获得利益，但不能反过来认为这些行动都是因为米粮市场的影响。由于明清之际战火纷飞，湖南人口逃亡、田地荒芜情况十分严重，随后，湖南各地展开占地垦荒行动，类如湘潭宗族纷纷向官府登记赋税、确认产权的行为，是湖南的普遍现象，看不出与全国米粮市场需求的直接联系。而在乾隆朝以后，随着人口的增加，人均土地面积减少，而粮食需求扩大，故湖南米粮外出贩运逐渐缩减，人们对土地、水利展开了激烈的争夺。[①] 另外，随着商品经济的发展，宗族与书院经济实力日渐雄厚，经营土地、放贷获利是通常的选择，这在江南、徽州等地都较为常见。[②] 作者在未考虑同时期存在的人口增长、商品经济发展的情况下，有过于强调米粮市场的影响之嫌，若能结合湘潭社会环境，并对比其他地区来突出其特点，则会更有说服力。

该书在具体分析上也存在这个问题。以第四章第二节阳塘周氏宗族参与米粮贸易的问题为例，作者依据以下三点来说明宗族受到了米粮贸易的影响：（1）阳塘可以提供水利灌溉，生产莲子、莲藕、鱼类等产品，所以周氏宗族非常重视对阳塘所产经济效益的分配，严格区分有份与无份；（2）宗族祠堂名下的 12 亩土地的租谷，由族人轮流管理，

---

① 北村敬直「清代の商品市場について」『經濟學雜誌』第 28 卷、第 3、4 合并号、1953；后收入氏著『清代社会经济史研究』朋友书店、1978、160～161 頁。

② 如江苏族田在清乾隆后期发展迅速，而族田上升与商品经济上升曲线相吻合，而宗族买置族田放贷、设立仓储、存典生息的现象在江苏、安徽等地都较为常见，参考张研《清代族田与基层社会结构》，中国人民大学出版社，1991，第 120～121、155～156 頁；有关明清徽商宗族土地经营的讨论可参考张海鹏、王廷元主编《徽商研究》，安徽人民出版社，1995，第 456～483 頁；陈珂云《明清徽州族产的发展》，《安徽大学学报》1996 年第 2 期。有关书院接受捐赠或购置、经营田产的研究可参考钱蓉《清代学田来源试析》，《清史研究》1998 年第 4 期；钱蓉《清代学田的经营管理》，《内蒙古师范大学学报》2003 年第 2 期。有关清代宗族与书院经营土地的例子很多，不过它们之间存在征收租谷与征收租银的差异，但此问题较为复杂，暂不作讨论。

"除纳饷外，所有租谷若干，听时价高下，变买以备祭用"；① （3）还有些周氏族人开设米店做生意。作者由此得出结论，"湘潭县乡村社会自清雍正朝以降深深感受到米粮贸易带来的生财之道"。② 实际上，前两个论据都不足以说明周氏宗族是受米粮贸易影响而做出行动的，原因如下：（1）从《阳塘约》来看，虽然周氏宗族重视对阳塘资源的分配，但主要是针对莲子和鱼等产品，对灌溉权并没有太大限制，③ 因此族人对阳塘的争夺，似乎与米粮关系较小；（2）在经营宗族祠田上，族人只是利用数量不多的土地来保证祭祀之用，这与米粮贸易的关系也不大，很难说是族人受到了米粮贸易的影响而为之的。因此这部分的结论还有待商榷。

其三，该书虽然采取了不同于以往的研究视角，但仍缺少与其他方法和结论的学术对话。例如王国斌和濮培德指出 18 世纪湖南大部分地区的米价无显著的长期上升趋势，各府的价格也较为稳定，而岸本美绪认为在 18 世纪各省米价呈长期性上升趋势下，湖南的情况较为反常，尚无法确定其是否反映了实际情况，因此需要谨慎对待。④ 的确，对于数据统计所得出的结论，我们需结合史料，设法弥补因材料精确度不高而造成的偏差或解释力不足的问题。而《籴粜之局》鲜有这样的讨论，作者虽然提到地方社会试图控制米价，但始终没有谈到他们是否实现了这个愿望，对米价究竟产生了何种影响。作者仅谈到积谷局逐渐实现经

① 周毓鳌：《湘潭阳塘周氏八修族谱》卷 3《重修祭田约》，转引自陈瑶《籴粜之局：清代湘潭的米谷贸易与地方社会》，第 92 页。

② 陈瑶：《籴粜之局：清代湘潭的米谷贸易与地方社会》，第 92 页。

③ 陈瑶：《籴粜之局：清代湘潭的米谷贸易与地方社会》，第 92 页。虽然《阳塘约》提到每逢干旱，禁止族人过分汲水灌溉，要按照田地多寡分配，以避免争端，但这里似乎并不是有意限制某些族人灌溉，而是要防止在旱年过分汲水。此外，作者还提到周氏族人源陇，他是"无份"族人，但占有大量土地，除了灌溉以外，他对阳塘的其他资源并没有份。这可以说明，即使是"无份"族人，仍然享有灌溉权。

④ 〔日〕岸本美绪：《清代中国的物价与经济波动》，刘迪瑞译，社会科学文献出版社，2010，第 37 页。

费稳定、仓谷增多、购置房产、开办赈济，看不出对米价的影响，这说明其主要功能还是局限在社会保障方面。我们不禁追问，士绅及米商在汲汲于屯粮、控价、追求财富、促进社会整合的同时，是否真正对米粮市场施加了影响？还是说设立积谷局本身就对米价起到了稳定作用，有助于将米价长期维持在一个稳定的范围？作者将大部分精力放在地方社会如何运作上，而对这种运作对市场的影响讨论得不够充分，还有进一步讨论的余地。

综合上述，《籴粜之局》进行了从社会底层挖掘历史的尝试，这引起了我们对看似"没有历史"实则非常活跃的地方社会的关注。它既展现了湖南地区历史的内在脉络，又通过区域历史反映了全国性市场的存在，提供了一个具有参考价值的区域史研究个案。

《区域史研究》2020 年第 1 辑（总第 3 辑）
第 218~222 页
© SSAP, 2020

刘婷玉《凤凰于飞：家族文书与畲族历史研究》

黄一彪*

刘婷玉：《凤凰于飞：家族文书与畲族历史研究》，厦门大学出版社，
2018。

早期的畲族研究主要受民俗学、民族学及人类学学者关注，以调查、介绍为主，关注畲族的生活特性。新中国成立后，国内学界延续民族调查工作，较为关注畲族史本身的话题探讨，侧重族名、族源、迁徙路线及其过程的研究。近年来，仍有学者与相关部门持续收集各区域畲族资料，并撰写史志。与此同时，学者通过关注不同区域、具体历史环境中的畲族族群，强调历史过程中畲族与国家、地域社会以及其他族群之间的相互关联的状态。学界对畲族的研究在区域性、专题化上不断深化推进，成绩斐然。然而在族源及迁徙等议题上，语言学、分子人类学等领域的研究虽然提供了相关线索，但是难以对历史演进过程提供有力的解释。

刘婷玉的《凤凰于飞：家族文书与畲族历史研究》一书，利用清代畲族文书，不仅重提畲族史的族群、迁徙路线等议题，更将这些议题

---

* 黄一彪，上海交通大学历史系硕士研究生。

纳入族群与国家、地域社会以及其他族群之间的关联互动研究，两者相结合，纵向梳理了宋元以来的"畲"的族群内涵的流变以及族群构成的演变。

该书除"绪论"与"结语"外，共分为六章。"绪论"中，作者阐明了自己的研究问题与基本思路。"畲"作为一个被建构的人群标签在史料中的形象是"宋元统治者的'畲寇'，是明清士大夫眼中的'闽中旧土著'，也是民族工作者所识别的'被压迫的阶级'"。① "畲"本身的主体性一直处于失语状态。在此历史关怀之下，作者提出的问题是"谁人为畲"，试图通过长时段的观察，以畲民"我者"视角重构自身历史。

第一章简要梳理"畲"作为族名的历史渊源、比较"畲"与"瑶"族源背景的相似，并由此确定畲族在历史上的活动区域。第二至五章，作者采用回溯与对比的论述方式。第二、三章以族谱为核心资料，讲述了畲民家族建构的过程，同时借由族谱中所蕴含的畲民族群意识，以及国家制度的实际影响，追述了明清畲民的迁徙源流。第四、五章着重分析了共同享有畲字的"宋元闽粤赣畲寇（军）"与"明清闽东浙南畲族"两者之间的关联和差异。这四章共同串联起了宋、元、明、清长时段视野下的"畲"的变化历程。

南宋时期，闽粤赣地区存在着因不税不役、游离于编户齐民而被冠以畲的群体，也存在着一支以盘瓠祖源信仰为核心的畲民族群。在宋元战争之际，"畲寇"被政府收编为畲军以抵抗元军。进入元代，畲军一部分被编入屯田；一部分被纳入民籍，与当地相融；还有一部分仍逸于王朝之外。明初政府在闽东设置卫所，其中一部分即来自宋元畲军。此外，元末闽东大乱致使这一区域人口大量流失、田地荒芜，因此永乐年间又将来自潮州的畲民调入闽东军屯区。畲民家族保持着三姓内婚，互

---

① 　刘婷玉：《凤凰于飞：家族文书与畲族历史研究》，厦门大学出版社，2018，第6页。

有联系,直至有清一代,畲民仍持续不断向闽东迁入。至明中期,福建各地的军屯卫所颓败,在军户逃亡与土地兼并日趋严峻的社会环境下,畲民再次迁徙,向浙南山区、非屯田区等地迁移,最终形成了如今我们所见的畲族聚居格局。

由此可见,在族群意义上,宋元与明清时期的"畲",两者不能完全等同,宋元时期既存在未进入官府编户齐民的畲,如陈、李、许、黄等各汉姓,也存在着特殊族源信仰与内婚制度结合的族群,而明清时期的"畲"多指代后者。多个清代畲族族谱案例表明,畲民家族仍以盘瓠信仰区别于汉族,有着畲族内部的自我认同。这一自我认同形成与加强的过程,也是清代畲民塑造家族历史的过程。在婚姻圈界定上,宋元畲寇内部或存在固定形式的内婚群体,但未形成以蓝、雷、钟三姓内婚的现象,而不论明清族谱自我记载,还是方志文集他者的叙述,明清畲族都存在明显的三姓内婚现象。

然而,"宋元史料中的畲"与"明清方志中的畲"并非截然分离。①相较于汉人族谱,明清客、畲族谱存在大量以数字排行与郎名命名的祖先名。在第六章中,作者认为这些数字排名源于唐宋时期行第名的使用,而行第名的使用,与宋元时期国家的登籍、赋役密切相关。此外,道教仪式传统、东南区域的特殊传统,如区域口语与瑶族命名仪式等均形塑了畲族的行第郎名习惯。

除了王朝制度与政权更替的影响之外,区域内在的历史过程也影响了族群的形塑。随着军屯卫所的兴衰,带有内婚制度与盘瓠信仰的潮州畲民家族扩散至闽东浙南区域;在编户齐民的过程中,唐宋以来庶民阶层的行第名传统在畲、客族谱中保留;受儒学科举的影响,明清畲民在家族建构中将盘瓠祖源嫁接进正统的上古传说体系中,以同时巩固自己的齐民身份与族群认同。

---

① 刘婷玉:《凤凰于飞:家族文书与畲族历史研究》,第 293 页。

　　该书还通过"畲"探讨了汉化、儒化及齐民化的关系，以及族群性与国民性的关系。明清畲民一方面接受儒家教育、参与科举，另一方面仍坚守盘瓠族源，并将其改编进正统传说体系之中，强化自身认同。作者由此认为，在族群认同的历史语境中，齐民化一词更准确地概括了明清畲族与国家之间的关系。在涉及畲这一群体时，作者始终以族群指代，来区分带有政治意义的"民族"一词。该书最后，借由齐民化的畲表达了在传统中国"家国同构""由家族而民族"的社会伦理与社会结构下，受到西方冲击的中国自会凸显国民性的一面，即强调政治的统一与平等，而弱化了本国的族群观念。

　　如今的"畲族"是带有政治意义的"少数民族"，就族称而言，畲这一他称也先于自称，至今，畲民仍以山哈自称。可想而知，我们以今人他者视角来理解历史上的畲这一层隔阂之大了。作者也提出，在中原中心观下，明清汉族士大夫在畲与汉之间画上了明显的界限，塑造了畲为闽越蛮夷后裔而自己为中原后裔的形象。如若仅依赖明清汉族士大夫笔下的畲族记述，其间的各种隔阂便难以逾越。作者深知畲这一历史主体在话语上的失声，所以尽可能剥离了汉人的文化表述，同时在对比中分析动态的历史发展过程。这是该书以呈现回溯与对比的方式论述的原因。

　　总的来说，作者选择了一个极具挑战性的研究议题——"谁人为畲"。想要回答这一问题，势必要跳脱出近年来偏向于微观、地域性的明清畲族研究模式，将研究的时间延伸、空间扩展。在作者分析的长时段历程中，可以看到宋末元初、元末明初以及明中期三个时间段在畲族历史上都有着重要的地位。在王朝更替与制度兴衰中，"畲"的内涵发生着改变，同时活动空间也发生了转移，最终形成了活动在闽东浙南，多倚赖租佃、寄居山场、三姓内婚与共享盘瓠祖先信仰的少数群体。作者梳理了宋元以来不同史料中的"畲"义的流变，以动态的长时段历程确立了畲这一群体的主体话语。正如绪论中所说的，"也许对于一个

受到人类学、后现代主义影响的社会科学研究者来说，解构这许多层的
'文化表述'已经足够。但对于一个历史学的研究者来说，尽可能地发
掘史料以还原这个被'表述'的历史主体，才是最终的使命"。① 虽然
学界多有共识，认为宗族、民族等是文化建构的产物，但该书仍是尽可
能还原了被"表述"的历史主体，回答"谁人为畲"这一议题，对边
缘族群及其历史过程充满敬意与关怀。

---

① 刘婷玉：《凤凰于飞：家族文书与畲族历史研究》，第 6 页。

《区域史研究》2020 年第 1 辑（总第 3 辑）
第 223～228 页
© SSAP，2020

邱永志《"白银时代"的落地：
明代货币白银化与银钱并行格局的形成》

陈鹏飞[*]

邱永志：《"白银时代"的落地：明代货币白银化与银钱并行格局的形成》，社会科学文献出版社，2018。

　　明代中后期以后白银的大量流入与广泛使用不仅引发了原有的货币制度、形态、体系的一系列转型，同时深刻影响了传统中国的财政运作模式，重塑了国家与市场之间的关系。因此，明代的白银问题一直是明清社会经济史研究的核心问题之一，并产生了一批有影响的学术成果。但由于相关材料的缺乏以及研究视角的局限，学界对明代白银问题的认识依然存在大量误区和偏差，各种似是而非的论断充斥其中。邱永志的《"白银时代"的落地：明代货币白银化与银钱并行格局的形成》[①] 一书在充分吸收前人研究经验的基础上，从综合性的货币史框架（包含国家组织构造，社会经济结构等）出发，重新分析了明代货币白银化形成的历史基础、体制促因、展开过程和格局奠定等问题，并从基准转移、结构嵌入以及货币替代三个方面概括了宋元以来钞、钱、银的变位

　　* 陈鹏飞，中山大学历史学系博士研究生。
　　① 邱永志：《"白银时代"的落地：明代货币白银化与银钱并行格局的形成》，社会科学文献出版社，2018。

与"白银时代"曲折落地的历史进程。

金元时期是纸钞制度由区域推广到全国的重要发展阶段,其背后则是白银地位的不断增强并成为新的价值基准。金代前期,随着金廷铜钱政策的失败,政府转而发行以铜钱为基准的交钞,并取代铜钱成为主要货币。金代后期的财政危机使交钞发行逐步脱离控制,通货膨胀日益严重。铜钱式微,钞法阻滞,于是金银、丝绢等被逐步引入流通领域,"银钞相权"的格局逐渐形成,纸钞的价值基准也开始从铜钱转向白银。入元以后,忽必烈政权很快从以丝绢为本转向以银为本推行单一纸钞制度,全面确立了白银作为价值基准的本位角色,其纸钞的发行也获得了空前的成功。不过由于元朝统治者后来摒弃了中国传统的"子母相权"理论,不仅忽视铜钱铸造,再加上军事巨额开支、大量赏赐支用、小额纸钞的缺乏以及整合南宋旧地货币秩序未取得彻底成功,元代后期纸钞贬值十分严重,最终走向彻底崩溃。但是,元代白银作为价值基准地位的稳固,以及铜钱作为基准手段的长久衰退,深刻影响了之后明代国家货币制度的整理和构建。

明王朝建立以后,基于对蒙元(甚至汉唐)诸种制度的承继、铜钱发行的失败、巨大的财政压力以及其他政治经济方面的考量,禁止金银流通、以法令统摄市场、从属于实物劳役型财政体制的单一宝钞体制"洪武货币秩序"被确立下来。这种单一宝钞体制从一开始就缺乏足够的配套措施,且在管理层面存在很大的随意性,致使纸钞体制存在严重的制度缺失问题,造成明中叶之后信用制度的丧失及货币制度的混乱,制造了一个摒弃市场而以劳役和实物交换为主的僵化体制,严重影响了经济的发展和市场的发育。尽管明朝政府强力维护"洪武货币秩序"的运转,但实际上民间社会以及市场一直在抵制这套官方的秩序。明初所建立的"洪武货币秩序"的存在和延续,使长久以来传统政府运转较为成熟的主导型货币纸钞和铜钱在制度基础和信用供给等层面,遭到了颠覆性的打击,酿成了极为深远的影响,构成了明代货币体系整体转向民间称量银力量积蓄的起点。

虽然明前期确立了禁金银的政策，但是白银突破了政策的禁令与制度藩篱，在更广的层面得到了使用，并呈现出"双轨"流通的特点。在财政领域，明初朝廷在诸多领域使用白银作为实物劳役型财政体制的补充，与丝绢、布帛、粮食等实物一样作为折色品来折纳国家赋役杂课。与此同时，白银在民间交易场合不时被作为大额交易手段或充当计价尺度而存在。这种上下层同时使用白银的局面呈现出"双轨"流通的特点，即在明廷禁金银法令和实物劳役型财政体制的阻隔下，白银呈现"上下难通"而又"上下俱通"的现象。这也从侧面暗示着货币白银化演进的两条基本路径：一是政府制度层面的潜行、突破和展开；二是在民间交易市场中突破使用领域、使用人群、地域范围等限度，在更广层面流通。

随着银纳化进程的不断深入，明代的实物劳役型财政体制开始向折银财政体制转变，白银日益嵌入明王朝的财政体系之中。宣正之际，赋役折银出现了新的动向。宝钞制度失效与急速贬值所带来的官员收入缩水，驱使官僚阶层开始将随从皂隶之役折银充俸。永乐迁都以后，京官俸米难支和远距离输纳困难等则推动了江南地区的赋役折银。宣德末期，周忱等人在江南地区力推减免官田税额、均平官民田税粮的"论粮加耗"改革，以金花银和普通银作为折纳手段。正统时期，税粮折银被允许推广至东南六省，田赋折银持续发酵。同时北边边镇输纳白银的军需体制开始建立，白银跨越南北地区呈现周流的局面正式形成。成弘时期，均徭法在全国范围内得到更加广泛的推广，杂役中许多项目也被允许以银代纳。嘉靖时期江南均则、均粮改革接近尾声，官民田税则划一，为不同税则田赋归并并折银奠定基础。而嘉靖中后期的抗倭战争更是加速了东南沿海田赋折银的深入展开。战时体制还极大促进了徭役制度折银的发展，破除了各种残存的里甲制因素，给以银为会计预算手段的地方财政的建立以及赋役归并纳银的简化改革提供了重要契机，徭役进一步摊入丁田之中,以银折纳,并与田赋折银一道,成为一条鞭法全面推行的重要开端。明廷通过将加耗、杂费等嵌入折银体系中所形成的折价财政,使其隐性获得了巨额财政收入。在政府货币利权逐步失去、禁榷工商税收被压缩至很低水平、过分依赖土地劳役这些直接税等背景下,贡赋体制每向前改革一步,便强化了对白银的依赖。

此外,明中期以后,基层货币市场呈现出作为"民间货币"的白银逐渐替代"国家铸行货币"铜钱与纸钞的趋势。明初,囿于祖宗成例,禁银、限钱政策即使到正景时期依然延续。正统中后期,随着明代社会经济恢复和地缘市场的发展,民间社会对货币的需求大大增加。而宝钞贬值、铜钱与金银被限制流通,导致民间社会存在较为严重的通货紧缩状况。通货不足不仅使民间多种实物货币大量存在,也使铜钱不断突破禁令率先在商贸地带广泛恢复流通,形成一条显见的"行钱地带"。这一时期的边镇战争、政局变乱等打击了靠政府勉强维持的宝钞体制。迫于现实压力和通货不足的困扰,政府和市场都开始做出反应。景泰、天顺之后民间挑拣私铸之风渐起,历经成化时期难以禁止并逐步扩展,到弘治中前期好坏钱"相安无事",再至弘治末期泛滥恶化,以至正德、嘉靖时期恶滥不堪,难以收拾。15 世纪中叶至 16 世纪早期的中国社会逐步面临宝钞崩坏、铜钱拙劣难用的局面。私钱品质的持续恶化导致了货币严重贬值,民众逐渐失去了对铜钱的信任,源于基层的稳定通货白银被呼唤进入市场。自正德以后,行钱地区开始显现"银进钱退"或者"银钱并行"的局面。在东南沿海地区,白银逐步崛起为主要货币。政府方面虽然先是于景泰时期被迫解禁铜钱,而后于成化、弘治时期主动整顿钱法、钞法,乃至最后于弘治、嘉靖时期两次大规模重新铸造铜钱,试图整治日益失序的货币市场,却接连受挫。不合时宜的政策、缺乏持久的执行力、不合理的货币比价规定等加剧了货币市场的混乱,使原本用于疏通钱法的税收领域最后多倒向行用白银。

在"贡赋体制银纳化"和"民间市场用银"的合力推动下,最终导致国家货币主导权的下移和白银时代的到来。隆万时期，一方面自下而上崛起的称量银逐步取代铜钱成为主币，社会各阶层对于白银的需求量猛增；另一方面由于海外流入白银的规模有限，白银存量不足的问题始终存在。在隆万时期有识之士的推动下，朝廷主动或被动采取了一系列货币扩张举措，希望通过扩展白银和大力铸造铜钱来弥补通货不足。但是铜钱流通的积弊已历百年，虽较以往有所恢复，但嘉隆万制钱依然没有获得相应的成效，反而陷入种类繁多、私铸更加难禁的困境。恢复铸钱的计划告一段落，宣示了国家的货币主导权无可挽回地下移，毫无悬念为白银所主导。铜钱流通的空间、范围虽日益压缩，但仍顽强残存在某些区域，并为平民阶层日常所需要。贡赋体制改革用银的推广与基层社会广泛用银趋势不断走向深度的“合流”，白银取得支配性的地位。这种局面最终为士大夫阶层所认可。可以说，银钱关系虽并不稳定，但银钱分立地域、领域而又互相联结的并行流通格局，无论是在事实层面还是观念层面已然形成。中国的“白银时代”由此蔚然落地。

该书将明代白银问题置于自金元时期到明晚期以来政治经济变迁的脉络中进行考察，采用上、下两层互动的视野，厘清了明代货币白银化的来龙去脉，指出明代货币白银化绝非明代突然出现的历史现象，更不是海外白银大量涌入中国的作用，而是宋、金、元、明长时段历史演变的结果。金元时期纸钞日益盛行和铜钱流通日渐衰微的背后是白银作为价值基准地位的稳固，这成为明代货币白银化的重要历史前提。明初所建立的以法令统摄市场、从属于实物劳役型财政体制的“洪武货币秩序”与社会经济现实严重脱节，造成了明中叶之后信用制度的丧失及货币制度的混乱。由此引发了流通领域的转变，白银的使用日益广泛，并呈现双轨流通现象。政府在赋役财政方面不断以扩大折银的方式来解决实物征收和劳役所带来的巨大负担，同时通过折银获得了更多收入。在民间市场上，白银逐步取代钞、钱等成为主要流通货币，呈现出银进钱退的局面。贡赋体制改革用银的推广与基层社会广泛用银的趋势不断增强，最终白银取得支配性地位。

长期以来，学界普遍存在曲解和拔高白银在明代所起作用的现象，许多学者往往以明代白银的货币化为切入点，夸大明中叶以后商品经济的发展水平，并以此论证明代"资本主义萌芽"的产生，甚至认为明代中国已经有了向近代社会转型的迹象。该书打破了此前学界对于明代"白银神话"的迷信，指出明代白银货币化根源在于违背市场规律且影响深远的"洪武货币秩序"导致原有的铜钱和纸币失去良性发育的土壤，并不完全是海外白银的大量流入和这一时期商品经济发展的必然结果。明初在田赋征收等领域中所征收的白银是实物本位居主流下的多元通货并存体制中的多元通货的一种，与丝绸、布帛、粮食等实物并没有本质性的区别。明中后期以后，赋役财政的银纳化虽然实现了从"实物财政"到"货币财政"的转变，但并不意味着近代意义上的国家财政体系的产生；白银的货币化并不代表着货币金融变革的开始，因为称量白银具有币制上的天然缺陷使其无法扮演"国家铸行货币"的角色，本质上是一种"民间货币"，由此形成的银钱并行的格局反而进一步加剧了明清货币体系的复杂性，多元通货体系始终未能解体。因此，该书有助于破除我们对于明代白银的"迷信"，更客观地认识白银在明代社会经济发展中所起的作用。

《区域史研究》2020 年第 1 辑（总第 3 辑）
第 229~238 页
© SSAP, 2020

宋怡明《被统治的艺术：
中华帝国晚期的日常政治》

朱　迪[*]

〔加〕宋怡明：《被统治的艺术：中华帝国晚期的日常政治》，〔新加坡〕钟逸明译，中国华侨出版社，2019。

　　宋怡明《被统治的艺术：中华帝国晚期的日常政治》（以下简称《被统治的艺术》）中文版面世以来，得到了历史研究者、爱好者及广大读者的广泛关注，成为 2019 年度讨论度最高的历史著作之一。从书名就可得知，作者有意同福柯笔下"统治的艺术"以及斯科特"不被统治的艺术"对话，挖掘国家和民众之间的政治互动行为，而该书正是对明代民众日常政治策略的讨论。同时，这本书的内容还涉及明代的制度史、军事史，以及华南宗族的形成、地方信仰、社会关系等，概括来说，《被统治的艺术》一书利用翔实的史料（主要是作者本人搜集到的族谱）从历史上福建沿海地区的军户如何与国家进行良性互动入手，分析了在乡村、卫所和军屯三种情境中军户们与国家互动的策略手段，譬如"优化处境""近水楼台""制度套利""诉诸先例"等手段，以此为媒介探讨了明清福建民间的日常政治，并进一步分析这些互动是如

---

* 朱迪，中山大学历史学系博士研究生。

何塑造了民间的社会形态；同时其讨论内容对明代国家史、华南的宗族研究亦有所增益。

一　何谓"被统治的艺术"？

宋怡明通过四个部分的章节编排，利用多点的时间和空间，通过大量具体事例，说明了何谓"被统治的艺术"：第一部分（"在乡村"）主要探讨明代的募兵和征兵制度本身，分析了明代军户在管理兵役之责时采取的"优化处境"策略；第二部分（"在卫所"）关注士兵驻守的卫所；第三部分（"在军屯"）则关注为卫所提供补给的军屯，这两部分合起来描述了作者所谓"近水楼台"及"制度套利"策略；第四部分（"余音"）主要探讨明清易鼎之后、已消失的明代军事制度是如何影响着曾身处其中的普通百姓，这些百姓是如何采取"诉诸先例"策略来维护自己"应享有"的特权。

（一）订立合同、规避风险

在第一部分，作者指出，作为军户的家族（无论是独立军户，还是和其他家族组成复合军户），都在管理自身所应该承担的兵役之责时，尽力将自身可能的风险降到最低，并在风险降低的同时，尽量将自身所能享受的特权最大化。为了达到此种目标，作为服役主体的家族遵循着几种原则订立合同，这些合同大多言明了某人（或某个家族支系）成为正军的报酬并被记录在家谱中，而遵循的种种原则包括将国家的要求具体化、提升可预测性及"替补的公平伦理"等。

值得注意的是，从这里开始，作者开始将军户们优化自身处境的策略和商业行为的市场策略进行了类比，指出二者的相似性。在作者所举的例子中，军户后人都力图清楚明白地指定补伍之人，并为之提供充足的薪资，以免去自身被勾入伍的可能，这便是利用了募兵制的简单逻辑与复杂的家族现实之间的出入，以及纯粹基于亲属关系的征兵制度与劳动市场的现实状况之间的差距。① 这种订立合同的做法无疑是为了规避风险，同时也是作者所谓"利用体制规则与现实处境的差距，及某一体制的规则与其他体制的逻辑之间的出入"② 的制度套利行为。通过这种类比，作者强调了"市场"在明代社会的重要角色——不仅仅是商业如何发展的老问题，而且是与社会文化之间的互动关系。

笔者认为，这种将族谱中订立合同与商业行为进行类比的思考，是我们看待明代民间社会一个有效的突破口。作者提出，"从商品交易的角度看世界的文化模式，早已成为福建人日常生活的一部分"，③ 也即"远在现代国家政权系统性地渗透中国社会之前，普通百姓就已经开发出一套与国家互动的成熟的经济模式、一套驾驭国家的索求和期望的应对系统了"。④ 从这个角度，我们或许可以重新思考"自然道德经济"模式的合理性。

在第一部分的最后，作者探讨了"解域化"之后的军户家族，为了延续其制定的"优化处境"策略，原籍和卫所军户仍要保持长期的联系。他们携带合同、族谱及证明家族状况的其他文书，横跨帝国辽阔疆域，强调自己受某一体制规管而非别种并质疑其他家族的类似声明，展现着明代百姓的日常政治策略。⑤

（二）新社会关系的形成与制度套利

第二部分和第三部分，作者将目光移到军户们新的社会关系形成的地方——卫所及军屯，在这里，朱元璋及其继任者坚持推动的军队的

---

① 〔加〕宋怡明：《被统治的艺术：中华帝国晚期的日常政治》（以下简称《被统治的艺术》），〔新加坡〕钟逸明译，中国华侨出版社，2019，第71页。
② 〔加〕宋怡明：《被统治的艺术》，第81页。
③ 〔加〕宋怡明：《被统治的艺术》，第84页。
④ 〔加〕宋怡明：《被统治的艺术》，第85页。
⑤ 〔加〕宋怡明：《被统治的艺术》，第110页。

"解域化"为新的"再域化"埋下了伏笔。军户们形成了新的社会网络，到了 16 世纪中叶，类似福全蒋氏的卫所军户家族已被嵌入一系列新的网络，他们利用这些网络颠覆着他们所服务的制度。① 他们通过承担兵役成本获得利益，譬如海上的走私贸易，因为他们"体制内"的身份，而更易进行。

关于卫所中形成的新的社会关系是如何导致"海上走私"的讨论，是第二部分的重点之一。作者提出，卫所制度，即朱元璋旨在限制对外贸易、维护海洋秩序的政策，恰恰成为明代无法禁绝的非法海上贸易乃至对海外开拓、移民者的温床。在作者看来，在鼓励士兵们安家卫所的本地化政策之后，卫所的人口开始扩张，然而僵化的体制无法对多出来的人进行安排，卫所居民开始自寻出路，同时，军户成员们掌握着先进的水师技术、占据着主要港口及贸易枢纽，更进一步的，军户们还会和当地精英家庭建立姻亲等社会网络，这一切，很难不将卫所的军户们推向"海上走私"的道路。

当然，这种新的社会关系的形成是个复杂的动态过程。于是在第四章中，作者探讨了基于婚姻、寺庙、学校形成的关系的发展脉络。在其讨论中，他关注到某些地方与周围"格格不入"，譬如语言、婚姻网络等，而这些"与众不同"，或许是再域化的军户们刻意保存的——对世官军户家族而言，享受着特殊户籍带来的特殊待遇，意味着他们拥有很多途径利用他们的地位。② 虽然作者称"新社会关系是明代军事制度意料之外的副产品"，③ 但这些新的社会关系无疑壮大了卫所在地的影响力（即作者所说的"领域化"），并巩固了他们的特殊和可获利的地位，成为军户成员们"制度套利"不可或缺的一环。

第三部分主要探讨为卫所驻军提供官俸军粮的军屯，以及人们是如

---

① 〔加〕宋怡明：《被统治的艺术》，第 152 页。
② 〔加〕宋怡明：《被统治的艺术》，第 180 页。
③ 〔加〕宋怡明：《被统治的艺术》，第 157 页。

何进行制度套利的。书中一个精彩的例子表明在明代军屯田越来越趋同于私有土地的情况下，地方官员试图维护原有制度，并因这些所作所为，使军户们的制度套利成为可能。明代，国家用以管理土地所有权和使用权的体制相互重叠，产生漏洞，为军户"巧使妙计"加以利用。[1]而这些被收录在一份份族谱中的官司文书，生动地体现出当时地方上军户们的"日常政治"是如何发生的。

作者特意指出军户们的这种做法，与现代的某些金融手段十分相似——有时，他们把屯田当作私有土地卖给民户，然后凭借自己的军籍身份，不掏任何费用就能讨回土地；有时，他们会等地价上涨后，再以最初的售价赎回土地；有时，他们则将土地的收入与税负分开来算，从中渔利。[2]实际上，通过目前经济史的研究，我们已经知道明代确实有某些类似"金融市场"的出现，但该书的重点并不在讨论这种经济行为本身的来龙去脉，而是证明"制度套利"在民间的普遍存在，探讨了军户成员与地方官员间的张力关系。

和卫所类似，在军屯中，屯兵们如何处理与当地百姓的社会关系也值得注意。例如军户如何在明代国家的户籍系统内制定最符合自身利益的策略，他们和书吏勾结起来修改户籍记录；以及通过某些神明被"删减"或"添加"进本地的信仰体系，发掘那些被调到某个地区的军户如何催生出新的社会关系。

作者这样描述这个过程：部分军户（主要是那些有能力向社会上层流动的军户，但不限于他们）运用制度套利的经典模式实现两种户籍系统之间的变换，而两种系统在名义上是互相排斥的。他们入籍为民户，逃避来自当地军官的压力以及被征入伍的风险，并企图保护自家财产，使自家子弟可以更方便地参加科举考试。在屯军达到一定数量的地

---

① 〔加〕宋怡明：《被统治的艺术》，第 231 页。
② 〔加〕宋怡明：《被统治的艺术》，第 231 页。

方，他们就会争取包括寺庙在内的社会组织的领导权，并在此过程中改造这些组织。[1] 当我们观察这些行为如何影响到今时今日的地方信仰仪式及宗族景观时，就会发现这些无一不是熟练运用"制度套利"所产生的深远影响。

（三）余论："诉诸先例"与华南宗族研究

该书的最后一部分探讨了明朝灭亡之后，和军事有关的制度性遗产是怎么在清朝继续发挥影响的，而如何调整个人与国家之间的关系，是作者关注的当事人参与日常政治的关键点。譬如体制消亡后残留下的义务、曾经的受益者努力维持的特权、对体制的再造等——曾经的军户们以关帝庙和宗祠为依托创立了缴税的实体，这种对赋税制度的"操控"，正是当地的行动者用自己熟悉的非正式制度类型构建与国家政权互动的表现。

另外，在这一部分，作者强调了自己关于宗族的一个重要观点：总体而言，军户比民户更有可能发展成为有组织的社团型宗族。因为军户的身份使父系氏族更有可能组织起来，以履行他们共同的义务，而宗族恰恰构成了适合的组织平台。[2] 尤其是在军户非常倾向设立族产的这一前提下，起码，多余的财产和理学精英不是宗族出现的充分条件。[3]

虽然该书的重点并不是对宗族进行讨论，但作者基于福建军户研究得出的观点确实是宗族研究的有益补充。科大卫认为，宗族是 16 世纪以来商业革命的产物，出现于中国最商业化的地区。[4] 它是地方社会与国家整合的这样一种产物，并且有服务商业的需要。[5] 从这个角度来

---

① 〔加〕宋怡明：《被统治的艺术》，第 272 页。
② 〔加〕宋怡明：《被统治的艺术》，第 289 页。
③ 〔加〕宋怡明：《被统治的艺术》，第 289 页。
④ 科大卫：《皇帝与祖宗》，卜永坚译，江苏人民出版社，2000，第 13 页。
⑤ 科大卫：《皇帝与祖宗》，第 13 页。

说，虽然二者研究的区域不同，一个在珠三角，而另一个在福建沿海地区，但宋怡明的论述确是基于目前主流的宗族研究理论，并通过福建地方军户－宗族的例子，给出了另一种基于商业需要形成宗族的例证路径——订立合同、管理族产，以保障军户应履行的义务。

二　历史的书写方式：从"减法的历史" 到"加法的历史"？

在宋怡明看来，传统的明史书写是"减法的历史"，即开朝皇帝朱元璋用铁腕固定了社会形态之后，这些措施在有明一代开始逐渐被放松，社会变得更加自由和宽松，人口的流动规模也逐渐加大；同时，明代人越来越积极地参与市场导向的生产活动，这样一种"从国家到市场"或说"突破洪武体制"的叙事模式是如今明史研究的主流观点。

作者所持的观点是：除却"减法"的部分，我们也应该看到明代朝廷与社会关系间的"加法"变化，即新反应和新关系的产生。首先，朱元璋的愿景或许一直没能被彻底贯彻，但是该愿景持续发挥着影响——它影响了百姓与朝廷之间的互动，影响了明初朝廷制度不经意间催生出来的社会关系。[①] 其次，这些新的改变并不只是百姓发展出"被统治的艺术"，朝廷也在不断变化着自己的制度和策略，它采用非正式管理以及强有力的制度，以相对低廉的成本创造出相对强大的国家能力——虽然随着朝廷能力日趋下降，整个体制越来越难以改变。[②] 因此，过往的研究或许太过高估了明代的制度惯性，而忽略了地方上的组织如何形成"小政府"或难以改变的既得利益集团的力量。

作者希望用一种新的叙述模式来叙述明史。他认为无论是早先的

---

① 〔加〕宋怡明：《被统治的艺术》，第325页。
② 〔加〕宋怡明：《被统治的艺术》，第326页。

"专制独裁论"还是与之对立的"自由社会论"都言过其实。① 在国家
和社会关系历史的研究上，与其讨论国家在不在场，不如讨论国家角色
及其在场效果的变化。在本书中，这种角色及其效果的变化，就是通过
福建沿海军户百姓的日常策略所体现的。事实上，本文并不认为这是一
个非常新颖的叙述模式，如何应对国家的地方行为策略一直是历史研究
的重要取向，具体的地方材料可以帮助具体研究的进行，但作者所选取
的日常行为整治确实是一个非常有力的切入点。

总之，该书排除了极端的民众和国家互动的方式，例如斯科特笔下
的"逃跑"或是过去历史学者特别关注的"压迫－反抗"模式，转而
关注地方民众与国家代理人之间平凡而日常的政治互动行为，而这种从
细节观照整体的微观历史研究方法，正是作者所想要做到的"加法的
历史"。

三 制度套利：国家与地方的普遍合谋？

明朝百姓的日常政治生活是该书的中心议题，由此延伸出一个更广
阔的议题：早期现代帝国是如何致力实现对整个帝国统一控制的。② 在
该书中，作者将明朝视作早期现代帝国，从明代军户百姓如何采取不同
策略运用国家制度为自己谋利入手，将这种日常政治手段同其他早期现
代帝国的日常政治进行比较，从而提出：早期现代国家要在未能彻底了
解地方社会、资源有限的情况下加强中央集权，经常只能依赖非正式或
半正式体制作为统治工具。③ 因此，早期现代国家的一个共同的特征
是，它们都制造出制度套利的新可能，从而催生出与国家及其代理人互

---

① 〔加〕宋怡明：《被统治的艺术》，第 19 页。
② 这建立在一个前提之上，即"理论上，在一个现代国家版图内，国家控制的程度是一定
的"。
③ 〔加〕宋怡明：《被统治的艺术》，第 331 页。

动的新模式与方法。①

这样看来，明代福建沿海军户们所采取的种种策略，就不是某种个别现象，而是广泛存在于前现代国家的版图内的各色群体之中。这对于我们讨论明清其他地域具有借鉴意义，可以想见，不同地域的政治制度、文化制度乃至经济制度，都有可能给地方人群以空间为己所用。

同时，宋怡明认为，这样的一种类型的国家史研究，不仅能够横向地进行比较研究，也能够纵向地从前现代延续到现代社会。从明代军户的经验看，普通百姓的日常政治可能带来远远超过其社群的影响。例如，在明代，来自军户的士兵人数减少以及战斗能力下降，加上东北地区出现新的威胁，迫使国家制定出新的方案来面对征募士兵的普遍挑战，而由此造成的财政危机，在很大程度上导致了明王朝的灭亡。② 因此，对古往今来的每一个政体的研究，都应该重视日常政治带来的此种影响。在此，作者举出了一些制度套利的例子，来描述应该如何针对日常政治做具体研究。

结　语

该书是一部运用田野搜集来的史料进行区域史研究的上乘之作，也是一本以历史人类学眼光看待"制度史"的新颖之作。虽然作者本人表明这并不是某个地方的历史，而是"利用来自一个地区的证据写成的中国日常政治史"，③ 但作为聚焦某一区域的学术研究，该书确实给读者描绘出一幅该区域从古至今的历史图景，让人深刻地了解了这个丘陵、海洋及卫所、屯田和那些军户家族们共同诉说的历史。当然，秉持着"以小见大"的研究理念，该书也确能体现出明代中国乃至所有前

---

① 〔加〕宋怡明：《被统治的艺术》，第 332 页。
② 〔加〕宋怡明：《被统治的艺术》，第 333 页。
③ 〔加〕宋怡明：《被统治的艺术》，第 21 页。

现代帝国民间的某种政治日常——人们的那些合同、社会网络、商业行为、官司，清晰深刻又鲜明地在制度下浮现，构成了历史上普通民众历历在目的日常生活。这给读者以启示：对待历史上存在的制度的研究，或许通过了解当时的人们怎样理解和应对它们，才是今天我们理解历史上的制度以及历史过程本身的关键。

《区域史研究》2020 年第 1 辑（总第 3 辑）
第 239～245 页
© SSAP，2020

连瑞枝《边疆与帝国之间：明朝统治下的西南人群与历史》

李培娟*

连瑞枝：《边疆与帝国之间：明朝统治下的西南人群与历史》，台北：联经出版事业股份有限公司，2019。

20 世纪 50 年代以来，随着西南民族史学术范式的逐渐确立，中国西南或云南区域史研究多沿用"民族史"、"族源史"或边疆开发史的学术路径来讨论地方与国家的关系及地方历史的发展变迁，致力于厘清族群主体，将西南地区历史变迁纳入"少数民族历史"或者中央王朝对西南进行经营的历史。如果这样的研究路径一直继续下去，难免会把西南历史的研究引入故步自封的窠臼中去。

基于对这种"典范民族史"研究路径的充分认识，近年来一些学者在对西南地区的研究中逐渐试图跳出这一窠臼，将地方社会的特性纳入研究视野中，关注地方社会的灵活性、能动性，并且关注地理单元对于区域社会的形塑。他们的研究不是以白族史、拉祜族史、景颇族史这样特定人群的语言、文化、风俗等来展开的，而是以地方社会的实际为

---

* 李培娟，中山大学历史学系博士研究生。

基础，从微观视野出发去解释地方社会运行的内在逻辑。① 台湾学者连瑞枝关于大理世族的研究新著——《边疆与帝国之间：明朝统治下的西南人群与历史》② （以下简称《边疆与帝国之间》） 就是这类研究中重要的一本。

虽然以"西南人群与历史"为题，但该书研究的场域实为澜沧江、金沙江与红河上游地区，讨论的时间自明洪武十五年明军在军事上征服大理起，止于清初大规模改土归流之前，显然，该书关注的是明代的大理地区。

就其内容来说，《边疆与帝国之间》依次以僧侣、乡士大夫、土官这三个不同身份的人群所经历的历史为主线来展开，除第一章的绪论外，大体可分为四个部分。

第一部分由第二、三章构成，除了对研究时间、场域进行清晰的界定外，此部分还对全书所采用的研究方法、使用的材料等进行了全面的介绍，让读者对大理及其周围的人群、政治生态环境有了基本的认识。第二章中，作者抓住了"洪武十五年"这一关键年份来展开研究（这一年傅友德、蓝玉攻入大理，大理社会第一次面对外来政权的直接统治），通过对洪武十五年的横向分析，引出明初大理所处的政治格局。第三章则试图分别从官方、士人、民间等角度，展现不同的群体如何叙述和书写自身的历史。

---

① 这类研究诸如：马健雄在《再造的祖先：西南边疆的族群动员与拉祜族的历史建构》一书中，通过寻找拉祜族今日的生活面貌与过去事件之间的内在联系，关注山区族群在面临国家压力和社会变动时的反应，深入思考边疆如何在历史机遇中发挥自己的能动性而融入国家；赵敏、廖迪生主编的《云贵高原上的"坝子社会"：历史人类学视野下的西南边疆》一书收录了 8 篇不同作者的论文，这些论文的共同点是把"坝子"作为区域社会文化网络的支点与节点，关注明清以来云贵高原上"坝子社会"的历史构建，重视文化边界的流变、社会共同体的整合、地方的能动性。详见马健雄《再造的祖先：西南边疆的族群动员与拉祜族的历史建构》，香港：中文大学出版社，2013；赵敏、廖迪生主编《云贵高原上的"坝子社会"：历史人类学视野下的西南边疆》，云南大学出版社，2015。

② 连瑞枝：《边疆与帝国之间：明朝统治下的西南人群与历史》（以下简称《边疆与帝国之间》），台北：联经出版事业股份有限公司，2019。

　　在对该书的研究旨趣、研究方法、关注的问题、研究的时间和空间有了基本的交代，并对大理及其周边的政治生态环境进行了介绍之后，该书正式开始进入对人群的研究，并分别以僧人、士人、土官这三种身份的人群为书写对象，分析他们在国家治理政策之下的历史活动。

　　先以"僧侣"为主体。此即该书的第二部分，由第四、五、六、七章组成。此部分关注明朝宗教政策之下大理僧侣群体的反应。其中，第四章依次讨论无极和尚、赵赐、董贤这三股僧人入京，归来后分别获得大理府僧官、国师、密教红喇嘛的故事，从中可见地方僧人积极应对政治变化、通过进京来获取新的身份，进而巩固或改变自己在地方社会中的地位。第五章则讲述在国家官僚体系不断深入、正统的儒家礼仪在大理越来越占主导地位的背景下，佛教僧人身份的人群在大理的境遇。第六章论述正德嘉靖以后，佛寺迎合官府礼仪的规范，被改造为官府仪式场合的过程。第七章从国王、后妃、龙王、李宓等被供奉的历程展开分析，发现这些神祇作为某种价值取向的符号（比如李宓将军成了政治正确的符号），为官府和民间所接受，并在民间受到供奉的历程。

　　再以"乡士大夫"为主体，作为该书的第二部分，分别在第八、九、十章来呈现。此部分向读者展示了明朝统治大理后，为了笼络大理世族，通过遴选世族精英进入国子监、编入里长等方式把大理世族纳入明朝的官僚体系中，使大理白人世族精英成为明朝政府治理边地的中介者的历史进程。其中，第八章论述大理世族通过选贡、学官、庠生、吏役等渠道，经过儒学学习而进入官场，逐渐进入流官体系，进而取代僧侣集团成为主流人群。第九章论述从京城返乡的地方精英通过为亲友撰写墓志铭、编纂族谱等活动，重构地方历史的过程。第十章中，随着世族身份的进一步分化，大理世族逐渐将原先的佛寺改造为更符合官方正统仪式要求的书院、社学、宗祠等，又在历史叙事中将自己的祖先夸饰为乡贤或者勋臣，这种将佛寺易为儒制的行为，显示了大理人群在文化符号上"与时俱进"的选择。

最后以"土官"为主体。此即全书的第四部分，包含了该书的最后五章。在此部分中，作者关注澜沧江、金沙江沿岸的白人与非白人土官联盟，以大理及其周围山乡的土官、夷民为讨论对象，分析土官世袭之后，土官联盟集团内部权势的转变。在第十一章中，作者通过对蒙化左氏土官、云龙段氏土官不同崛起途径的分析，① 表现大理世族面对明朝治理政策所采取的不同因应之策。第十二章以大理东部山区夷酋"自久"之乱和铁索箐之乱的例子，来展现山乡夷民社会如何在明朝的政治架构下被分化、重整的过程。第十三章把研究的视线向北推移到滇西北之金沙江沿岸，在这里，作者发现土官们通过联姻来形成盘根错节的关系，进而增强内在凝聚力，而这种政治运作背后的推动力量是女性。第十四章中，作者发现山区的土官们通过兴建佛寺，向明朝政府争取颁赐大藏经、寺额、僧官等渠道，来巩固自己在地方上的势力，争取政治话语权，进而掌握地方资源。第十五章综合讨论西南人群在帝国的治理下如何进行身份建构，进而掌握历史话语权，取得身份合法性。

紧随作者的笔调，一幅人际关系活络、人群之间不断往来互动的西南社会图卷在读者眼前展开。在这里，每一种身份的人群都有其灵活性，人们为了形塑自己的身份而进行一系列的行动和选择，正如作者在书中所说："西南人群的历史不只是'少数民族'的历史，更多的是当地之氏族与部酋社会随着不同的政治与地方条件，对邻人采取区辨、合作与重组等等的方式来巩固地方礼仪的过程。"②

自 2007 年《隐藏的祖先：妙香国的传说和社会》③ 被列入"历史·田野"系列丛书出版以来，连瑞枝一直在开辟新的研究场域与继续大理地区的研究之间徘徊，但她最终选择了继续大理地区的研究。十

---

① 蒙化左氏土官通过与里长张氏的联姻和合作而崛起，云龙段氏土官通过贸易而成为夷酋赘婿，进而成为土官。详见连瑞枝《边疆与帝国之间》，第 390~417 页。
② 连瑞枝：《边疆与帝国之间》，第 597~598 页。
③ 连瑞枝：《隐藏的祖先：妙香国的传说和社会》，三联书店，2007。

多年的探索和沉淀之后，《边疆与帝国之间》在研究场域上向大理北部的金沙江沿岸推移；在研究的时间上则由"前中国帝制时期"推向把大理地区逐渐纳入治理范围的明代；又在坝区社会研究的基础上，深入到大理四周的山乡，讨论大理世族与山乡土官、夷酋等群体的互动；虽依旧关注大理各类人群对帝国治理政策的因应、人群身份的流动问题，但视野更加开阔。通过对大理进行的专题研究，该书展现出游移在边疆传统秩序与帝国治理政策之间的西南人群如何通过佛寺易以儒制、仪式重整、身份形塑、政治联姻等方式来迎合或对抗文化相遇，把边疆看作一个具有能动性的有机体，思考边疆融入国家的历程。

除却上文所述之外，该书之所以给读者带来思维的启发，其原因至少还包括以下两点。

其一，关注官方史书的"弦外之音"。这种解读材料的取向在本书中得到广泛运用。例如在逃窜到山里的夷酋"自久"的故事中，作者力图关注"书缝间的历史"，倾听官方史书的"弦外之音"。大体来说，作者认为该书"研究方法上最大的挑战在于如何将研究的焦点放在社会内在的历史经验，而不是官方论述"。[1] 在具体的研究中，作者非常注重民间材料的使用，并始终辩证性地解读材料。

其二，从边疆的角度重写历史。正如作者开篇所说，"从边疆的角度重写历史，犹如在荒芜中找寻路径"，[2] 这种把混杂的材料放回到历史现场，重新赋予其解释的研究方法，试图站在边疆人群的立场上，用新的叙事架构来描写历史。基于这样的学理发想，历史变得鲜活起来，结亲、赘婿、盐井资源的争夺、银矿的开采、坝区与山区的往来、对帝国政策的迎合或反抗等都被纳入其中，这样的研究让历史成为人的历史。因此，该书的研究对于西南历史书写来说实在是一次有益的尝试。

---

① 连瑞枝：《边疆与帝国之间》，第41页。

② 连瑞枝：《边疆与帝国之间》，第9页。

坦白说，作为一本有 620 页的厚书，该书内容极其丰富，但可读性并不强，若非反复阅读，要消化书中的知识和学理实属不易，这或许跟该书的框架安排以及叙述方式有关。最明显的是第二、三章的安排，游离在第一章"绪论"与第三章之后的全书主体之间，虽然是对明初大理政治格局的交代，但依旧显得突兀，阅读时有"被作者牵着走，但不知道走向何方"的迷茫。在叙述方式上，因个案之间差异性较大，材料庞杂、涉及人群多样，作者的论述也比较零碎，整体感觉结论太多，容纳的东西太多，对读者不是很友好。这对于喜欢该书的读者来说，真是个小小的遗憾。

另外，作者敏锐地认识到，明代的大理地区处于明政权的西南边陲，又处于印度或南方东南亚文明的北部边陲，还处于吐蕃之东南边陲，几种文明在这里相遇，因此作者把大理放在不同文化的交汇处来加以讨论。① 基于此，该书体现的应是大理在多种文明之间的特质，但在具体的论证过程中，明显更偏重于大理与作为政治中心的南京、北京的互动，极少去展现大理与其他文明之间的关系。早在《隐藏的祖先》中，作者即力图以"土著观点"（native point of view）来撰写历史，如果从这一初衷出发，或许应该更多增加其他文明与大理地区互动的历史，方显出帝国边缘历史与人群之多层次、复杂性。当然，这也许并非作者的疏忽，而是由于材料的限制。

材料的限制对于该书来说实在是影响颇大。尽管作者非常重视对官方文献及墓志铭、族谱碑、家谱、宦谱、庙碑等民间材料辩证性的解读，且采用历史与田野相结合的研究路径，但山乡的文献极其有限，除僧侣、士人、土官之外的普通民众的材料亦有限，以至于作者试图研究"芸芸众生的历史"，实际上展现出来的似乎也多是僧侣、士人、土官等精英人士的历史。再者，许多材料都只能从书缝间找寻，通过解读这

---

① 连瑞枝：《边疆与帝国之间》，第 25 页。

些支离破碎的材料，再加入作者的推论来重构出来的历史，往往与客观现实有一定的差距，或许这也是部分大理本土读者觉得连瑞枝书中的"大理"与自己生活经验中的"大理"比较疏离的原因之一。当然，这并不应该归咎于作者，作者在书中也清楚地表明"考证虽似科学方式之一，但乡民的历史创造，重点不在真伪，而在'何以致之'……本书无法以'客观历史'为写作目的"。[①]

作为以历史人类学方法研究西南地区的重要著作，该书多层次、全方位展现了明代大理地区介于帝国与边疆之间的各阶层人群是如何因应国家政策以及如何塑造自己的身份的，这为读者深入了解明代西南社会提供了一种新的视角，也让读者看到历史人类学研究方法在不同区域研究的可能。

总体来说，笔者相信书里的故事远比现实更为简洁，但非常感谢作者引导笔者去感受一个多层次、多面相的明代大理社会。在那里，人们或是随波逐流，或是苦心孤诣、随机应变，每一种身份的人都被生计催发着寻找自己的命运，这一切启发笔者去想象那个如今依旧在延续着的生机勃勃的大理社会。

---

① 　连瑞枝：《边疆与帝国之间》，第 12 页。

《区域史研究》2020 年第 1 辑（总第 3 辑）

第 246～253 页

© SSAP，2020

陈志豪《清代北台湾的移垦
与"边区"社会（1790～1895）》

卢树鑫*

陈志豪：《清代北台湾的移垦与"边区"社会（1790～1895）》，台北：
南天书局，2019。

一　概述

　　清代台湾的开发进程中，汉人移民、熟番（平埔族）、生番（高
山族）和清政府之间复杂的互动关系，一直是台湾史研究领域中的
焦点问题。康熙年间收复台湾以后，大量的汉人移民迁入，与熟番、
生番等土著居民一起开垦台湾。土地开发进程中的利益争夺致使汉人
移民与熟番、生番之间冲突不断。康熙六十一年（1722）朱一贵事
件之后，清政府以立石为界的方式，于台湾西部平原与丘陵的交界处
划定生番界址，禁止汉人越过番界进行土地开垦。这一界线亦随着汉
人、熟番的移垦而不断变动。乾隆二十五年（1760），清政府进一步
兴筑土牛沟为界，严禁汉人越界私垦，希望以此来维护土著居民的利
益与社会稳定。不过，此后界外私垦的现象仍持续存在，争垦纠纷亦

---

　　*　卢树鑫，中国社会科学院近代史研究所助理研究员。

不断发生，并进而演变为乾隆五十一年至五十三年的林爽文之乱。林爽文之乱平定后，清廷推行多项改革措施，并在乾隆五十五年以番屯制①的实施来应对土牛沟界外的土地处理和利用台湾多元族群的现象来襄助清廷的治理。

由此，汉人移民的垦殖所引致的汉人与熟番之间的土地权利关系，以及清政府的应对与治理，构成了清代台湾族群关系发展与演变的一个重要方面。邵式柏（John R. Shepherd）、施添福、柯志明、洪丽完、林文凯等学者关于清代台湾番屯翔实的研究成果，揭示了番屯制对番汉族群关系带来的影响和熟番地权的变化。显然，如何在前辈学者的基础上推进清代台湾史相关议题的研究，是后来的研究者无法回避的问题。

该书作者陈志豪任职于台湾师范大学台湾史研究所，专精台湾史，尤其是清代台湾史研究。曾出版专著《机会之庄：十九、二十世纪之际新竹关西地区之历史变迁》②，参与《紫线番界：台湾田园分别垦禁图说解读》等史料的编辑工作。作者于 2012 年在台湾大学完成博士学位论文《清帝国的边疆治理及其土地制度：以新竹头前溪中上游地区为例（1790 ~ 1895）》，而《清代北台湾的移垦与"边区"社会（1790 ~ 1895）》这本专著，便是作者在其博士学位论文的基础上修订完成的，2019 年 4 月由台北南天书局出版。

---

① 番屯制，或称屯番制。主要内容包括：全台共设十二屯，其中大屯四处，每处四百人；小屯八处，每处三百人；从熟番中招募挑选健壮者四千人作为屯丁，并从各番社头目中选派曾经打仗出力、素孚众望者作为屯弁，管理屯丁。清廷将番界外可供开垦的荒埔按照额则分派给屯弁、屯丁，令各屯番自行开垦，免其纳赋，禁止民人典买；并将汉人在界外私垦的部分田园，由官府招佃承耕，并按则升租，称为"屯租"，除支付屯丁口粮及佃首辛劳银外，按照额则分拨给屯丁、屯弁作为屯饷。隘丁则是从熟番中派拨前往界外守隘者，以防止生番出没，而维持界外土地开发的稳定。

② 陈志豪：《机会之庄：十九、二十世纪之际新竹关西地区之历史变迁》，新竹：新竹县文化局，2010。

二 内容提要

该书除序论和结论外，共分六章。此前对于清代番屯制的研究，多从族群的视角强调屯制对于熟番族群的影响，或聚焦于屯田的形制及沿革，陈志豪则循土地开垦进程这一了解和诠释台湾社会变迁的关键线索入手，以台湾北部的头前溪中上游地区为例，通过对官方档案与民间文书等文献资料进行重要而有效的整理和还原，并结合田野调查的经验，力图从一个全新的视角审视清代台湾土地开发进程中的人群关系和社会变迁。

作者指出，番屯制的实施，代表着清政府对于番界外土地管理方式的变化。番屯制实施之前，清政府主要通过更动番界位置将界外垦地纳入田赋正供的地税管理范围。番屯制实施后，界外垦地不再是地税管理范围，番界位置也几乎不再进行更动。界外垦地的管理由地税转向屯租，系与 18 世纪中叶以来清政府的屯垦政策有关，因此该书以对番屯制度的形成与变化的梳理为中心，探讨 18 世纪晚期制度变迁对台湾"边区"土地开垦的影响，并借此进一步评估清政府边疆治理思路的转变。

该书主要分为两个部分展开：第一部分梳理番屯制度的规划及其后续实施的过程；第二部分则分析番屯制度如何延伸成为隘垦制度，以及隘垦制度的运作与发展。

具体而言，第一章围绕番屯制度的规划、确立过程来说明 18 世纪晚期清政府对于台湾边疆治理思路的转变。乾隆五十五年设屯之前，清政府主要通过"隘番制"，即由官府拨派熟番前往界外守隘，并将隘寮附近的埔地拨给守隘熟番管耕，充作口粮，借此维持边防。尽管官府明文禁止熟番将守隘的任务包办给汉人代守，但熟番并没有实际派出番丁驻守，而是委托汉人负责防卫的工作。因此，汉人亦参与界外荒埔的开垦，由此带来了番界外垦地的产权归属等一系列的问题，并进而引发了激烈的冲突。在前人研究的基础上，作者指出，番屯制度的规划并非只是为了解决族群问题，其实质内涵应是清政府着手思考如何将已经开垦的界外埔地纳入国家控制体系之中。最终，经过一番复杂的政治过程，清政府在保留隘丁制的基础上，将其纳入番屯章程之中，寻求为界外地区的合法性问题解套。

第二章为 "番屯制度与界外垦庄的建构"。作者以淡水厅九芎林庄的个案为例，指出嘉庆元年（1796）淡水厅将本应由该厅管收的九芎林屯租全数拨交熟番麻薯旧社管收，而麻薯旧社随后又与汉人佃首姜胜智签订契约，委托姜胜智担任管事，协助管理九芎林每年的屯租征收事务。其后，姜胜智等汉人佃首、佃户借由维持屯租总额的名义，主导界外的土地开发并进一步整合人群，从而构建其界外汉人垦庄的村落社会秩序。

第三章为 "番屯制度与边区扩张"。番屯制度之下的界外土地开垦，存在以下三种类型：其一，官府准许熟番在界外埔地招垦，并免纳赋税的土地开发；其二，番屯制中分拨给屯弁、屯丁的屯田；其三，由官府招佃并征收屯租的土地垦殖。当然，实际上也还存在着未经许可的汉人私垦活动。作者指出，屯地的逐渐扩张引发了界外埔地归属的争议，表现为熟番向官府控诉汉佃借维持屯租扩张屯地的侵垦行为。为此，嘉庆十五年闽浙总督主导了屯地的清理工作，并伴随着这一工作将熟番管业田充公为屯地，以及将更多的界外埔地纳入屯制之下。因此，作者认为此时界外埔地的土地秩序，逐渐朝向屯制的形态发展。

第四章为 "隘垦事业"。作者指出，嘉庆十五年的屯地清厘活动之后，没有纳入屯制的界外地区进入另一波拓垦热潮，即以设隘为名而展开的拓垦活动，构成了 19 世纪台湾北部土地开垦的重点。而围绕着梳理由官隘化为民隘的整合过程，并结合垦户陈长顺的个例，作者强调，以设隘为名的拓垦活动超越了既有的地域限制，不仅有本地的佃户参与，还进一步包括了竹堑城内过往从事两岸贸易为主的闽籍商户，这些人也投身于界外地区的土地开发事业。

第五章为"隘粮与大租"。作者以合兴庄的个例呈现了 19 世纪中后期以隘为主体的界外土地开垦事业的运作实态，并重点说明隘粮与大租的不同。即隘垦事业下，充当垦户的闽籍城居士绅并没有负责第一线的隘防工作，而是交由充当隘首的汉佃负责。是故，垦户着眼于开垦后由佃户缴纳的有固定租率的大租，隘首负责征收、给发由佃户贴纳数额不定的隘粮，两者应分开。随后，通过对合兴庄宗教信仰的分析，作者进一步指出，闽粤族群的合作并不仅限于以隘垦形式的土地开发，还包括日益发展的商业贸易活动。

第六章为"官府、垦户与税赋整编"。伴随着 19 世纪晚期台湾北部行政区划调整而进行的清厘田赋活动，沿山垦户希望通过主动向地方官府纳粮升科，而获得对其参与开垦但又尚未缴纳田赋正供的田园的控制。作者指出，这实际上是源自隘垦制下垦户与佃户关于隘租税率的矛盾，同治十三年（1874）后的清厘田赋、裁撤民隘活动更是引发了垦户、佃户之间的全面冲突。晚清台湾的清赋事业，将台湾各处未税田园，以及原本只纳屯租、隘租的田园，全数并入官府的田赋税收范围。垦户与佃户的产权争端，则多通过佃户集资补偿垦户，再由佃户承粮纳供，而成为土地的业主。

结论部分，作者从清代台湾历史的层次、边疆治理与地方社会、"边区"社会的特色三个方面进一步总结了 18 世纪末期以来番屯、隘垦制度带给台湾的变化。作者强调，相比较清政府统治的其他地区，19 世纪的台湾呈现出更快发展地方军事化与自治的特点。

三　评论与问题

土地问题一直是影响台湾历史进程中政治与社会秩序的关键因素。

围绕着台湾历史上的土地问题，已有的研究曾从地权结构、租佃关系、族群冲突与合作、地方聚落与社群发展，以及政府与地权分配等多个方面展开系统而深入的讨论。通读全书可以发现，该书作者从制度演变与社会变迁的关系切入，呈现了18世纪末期以来台湾北部边区社会的垦户、佃户等不同人群，因应清政府番屯制、隘垦制等土地管理制度的变化，而进行土地开发、聚落与社群构建等多个层面丰富而复杂的区域社会历史场景。笔者认为，该书至少在三个方面值得注意。

第一，关注中国历史视野下的台湾历史叙述。作为中国历史组成部分的台湾历史，从国家的视角展开分析论述本是应有之义，但长期以来的台湾史研究一直存在着关键缺失：忽视国家制度的演变。显然，作者并没有忽视这一关键点。台湾的番屯制度是清乾隆时期边疆屯垦的一环，其设立仿照四川的屯练制度，但台湾相对于同时期施行屯垦的新疆、四川地区，① 留下了更为丰富的官府档案与民间契约文书，因此作者以台湾的区域个案为例，希望进一步厘清清代屯垦政策施行的过程与影响。从这一点出发，亦可见作者于区域、个案研究之外的整体史观。

第二，基于制度史的研究，作者并没有局限于法规条文的整理，而是基于人的行为作为分析的出发点，对过往合乎土地制度规范、以垦户为主轴的历史书写叙述进行反思，通过文献的梳理与田野调查的结合，进而聚焦佃户因应土地管理制度变化的互动，深化了对番屯制度、隘垦制度运作与演变的理解。

第三，数据库的运用。近年来，台湾大学数位典藏研究发展中心开发的"台湾历史数位图书馆"②（THDL），为集合台湾史研究第一手资料的数据库，含"淡新档案""明清台湾行政档案""古契书"三个文献集，有全文资料逾十万笔，提供全文检索、诠释资料检索等功能。作

---

① 乾隆朝以来施行屯垦的地区，除了台湾、新疆、四川以及湖南湘西，还包括乾隆三年后贵州东南部苗疆"新疆六厅"等。

② "台湾历史数位图书馆"，http：//thdl. ntu. edu. tw/index. html。

者坦言，该书相关研究能顺利展开正是得益于对该数据库的利用。目前
数据库的资料仍在陆续增加、更新，如笔者注意到，该数据库已将中国
第一历史档案馆等编辑出版的《明清宫藏台湾档案汇编》① 全文录入。
而大陆高校、科研机构目前尚未见到如此专门的数据库的开发，亦鲜见
大陆学界同行提及和使用该数据库。因此，在后续的研究中，我们不妨
对该数据库多加了解、利用。

　　此外，从读者的角度出发，笔者认为该书在以下几个方面还可以进
一步改进。第一，正如谢晓辉、李文良对于嘉庆年间湖南湘西"均田
屯勇"的研究所指出的，屯田体系是一套包括了地方防卫、财政税收
等多项功能的地方管理体制。② 这套地方管理体制，为进一步的权力下
放与地方自治奠定了制度的、军事的与文化的基石。台湾番屯制的设
计，同样是希望借助屯弁、屯丁来辅助班兵戍守台湾。这套制度的运作
与成效，作者亦注意到，历来对其的评估普遍带有负面的色彩。③ 若仅
从作者于该书中聚焦于土地开发的问题展开讨论，而缺乏对相关军事内
容的梳理与关联，是否就能达到其结论中所强调的，相比较当时中国其
他地区，台湾呈现出更快地发展地方军事化与自治的特点？相信读者对
这一结论会有一定的疑惑与不解。

　　第二，该书非常重要的概念——"屯地"与"屯租"，存在与史实
不一致的问题。依据乾隆五十五年确立的番屯章程，清政府将查定的界
外"未垦荒埔"按额分拨给屯弁、屯丁，令各番自行开垦，免其纳赋，
禁止民人典买。作者称，"未垦荒埔"按甲分拨给屯丁管耕，由屯丁开

---

① 中国第一历史档案馆等编《明清宫藏台湾档案汇编》，九州出版社，2009。该档案汇编一
共 230 册。
② 谢晓辉：《帝国之在苗疆——清代湘西的制度、礼仪与族群》，《历史人类学学刊》第 11
卷第 1 期，2013；谢晓辉：《傅鼐练兵成法与镇筸兵勇的兴起：清代地方军事制度变革之
肇始》，《近代史研究》2020 年第 1 期；李文良：《清嘉庆年间湖南苗疆的"均田屯勇"》，
《中央研究院近代史研究所集刊》第 102 期，2018。
③ 陈志豪：《清代北台湾的移垦与"边区"社会（1790～1895）》，台北：南天书局，2019，
第 5 页。

垦作为"屯租"。① 但依据作者所引材料，这些拨给屯丁管耕的田园无须缴纳赋税，因此作者于该处论断显然有误。再者，从番屯章程中将界外埔地列为"丈溢田园"的部分可见，其实质上是由官府招佃经理，折银征收"屯租"，匀给屯弁、屯丁，作为"屯饷"。因此，"丈溢田园"虽然缴纳名为"屯租"的税额，但并非由屯弁、屯丁管耕的屯地，这一部分田园统称为"屯地"或可再加斟酌。

最后，该书存在可进一步修改订正之处。其一，正文征引的档案、专著未出现在参考书目中，如《明清宫藏台湾档案汇编》、陈秋坤的著作等，在正文中均有引用，但未像其他档案、专著一样列入参考书目中。其二，存在的缺漏，如第 5 页注释 19 中《当代中国边疆研究（1749～2014）》的 1749 应为 1949；第 207 页的"治 11 年"之前脱漏"同"字；第 211 页的"绪 5 年"之前脱漏"光"字；等等。诸此，供作者修订参考。

---

① 陈志豪：《清代北台湾的移垦与"边区"社会（1790～1895）》，第 43 页。

《区域史研究》2020 年第 1 辑（总第 3 辑）
第 254～263 页
© SSAP，2020

宫凌海《明清浙江海防体制与地方互动——以温州卫所为中心》

廖 涵[*]

宫凌海：《明清浙江海防体制与地方互动——以温州卫所为中心》，黑龙江教育出版社，2019。

"国家内在于社会"是业师郑振满教授在其访谈《文化、历史与国家——历史学与人类学的对话》[①] 中提出的关于中国传统国家与社会关系的经典论断。"国家内在于社会"体现在两个层面，从形式上讲，"是要把地方社会、民间文化跟政治体制、精英文化打通"，"要说明我们为什么是一个统一的国家，为什么能不断推进一体化的进程，为什么看起来什么东西都是循规蹈矩的"；从抽象的层面讲，"国家与社会的关系，不仅仅表现为国家机器的直接人身控制，精英文化对地方文化、民间文化的抽换，国家对象征资源的垄断和独享等等，以至于两者在根本上具有某种必然的张力；而是表现为两者的相互糅合、相互妥协，是一种我中有你，你中有我的状态，它是经过长期的、复杂的'意义协商'的结果"。"国家内在于社会"的实现，需要国家的代理人（士绅）

---

* 廖涵，重庆大学人文社会科学高等研究院讲师。
① 郑振满、黄向春：《文化、历史与国家——历史学与人类学的对话》，《中国社会历史评论》第 5 辑，商务印书馆，2007。

和具有包容性社会机制的媒介作用，达到国家与社会的一体化。在历史实践中，中国区域差异巨大，各地的历史条件迥异，"国家内在于社会"的具体形式和历史进程势必各有特征。

宫凌海博士的专著《明清浙江海防体制与地方互动——以温州卫所为中心》（以下简称《明清温州卫所》），以"国家的地域内化"为主题，通过明清时期温州地区卫所制度的历史实践，探索"国家内在于社会"的"温州模式"。

一　明代卫所的温州实践

一项国家制度从文本转为实践，实质上是它在具体历史情境中被利用、被改造与被重塑的过程，这是日常政治的基本面貌，也体现了历史主体——人的能动逻辑。正基于此，《明清温州卫所》一书认为，明代卫所制度是王朝国家对地方社会动员、控制与管理的重要方式，但卫所制度的实行并非自上而下地单向推进，而是各种力量与国家制度的动态博弈，既有自下而上的回应，也有横向要素之间的纠缠。

温州位于山海之间，地界浙、闽二省。宋元以来，随着海外贸易和海运漕粮的展开，温州地区兴起了以船户为主体的滨海豪强，是为主导地域社会的势力集团；同时，具有渔民、疍户、船工、海商、海盗等多重身份的水上人群，利用沿海岛屿、港汊，流动于海面，成为官府和陆地人眼中的"流民""海寇"，是地方社会秩序的潜在威胁；此外，括苍山区的贼寇也时常利用瓯江、鳌江、飞云江等水上航道对温州进行侵扰。在国家力量鞭长莫及的情形下，豪强、海寇、山贼，加上日本浪人等诸多势力，共同造成了元末温州社会的动荡不安。元明鼎革，明朝廷为了控制沿海地方的社会秩序，一方面派遣行政官员前来发展生产，安抚百姓；另一方面，建立卫所，从军事上以点带面控制和巩固社会秩序。确切地说，卫所是明初维护东南沿海社会秩序的重要保障。

明初，温州卫所分两次建置。洪武元年（1368），设温州卫和平阳所，兵源主要来自从征军和归附军，其功能是守城，瓦解地方抵抗势力，平定贼寇叛乱，巩固统治秩序。洪武二十年，添设卫所，形成三卫九所的建置：温州卫，下辖海安千户所、瑞安千户所、平阳千户所，卫城与府衙同城；磐石卫，下辖宁村千户所、蒲岐千户所、新城（右）千户所，卫城在乐清县；金乡卫，下辖蒲门千户所、壮士千户所、沙园千户所，卫城在苍南县。此时各卫所兵源主要由抽籍、垛集和沿海互调组成，其职能是整饬海防，执行海禁政策，维护海洋秩序。通过卫所及相关军事设施，建立了多层次的海防体系：第一道防线是以沿海卫所为中心，辅以水寨、台堡、烽堠为基地，再设巡检司联防；第二道防线是以沿海烽堠、烟墩协助瞭探，联络海陆；第三道防线是陆上密集的卫所、营堡、巡检司严阵以待。

众所周知，海防是卫所军事职能的一种，而军事也仅是卫所职能中的一种，卫所还承担了屯田、漕运等多种职能。随着海防体制的形成，卫所制度和卫所军户两种新的因素倚赖国家力量植入温州地域社会，它们与州县互不统属，却共处一地，在资源竞争、赋役摊派、儿女婚姻等诸多方面与当地民众发生联系，势必会产生各式的合作与冲突的互动关系。明前期，温州卫所军户在"军强民弱"的态势下，利用国家制度肆意地"套利"。具体体现为：首先，卫所军户在屯田分配中占据膏腴之地，能轻易获得未开发土地的经营权，相对容易地获得生产、生活资源；其次，凭借卫所的司法独立，军户在地方竞争中处于优势地位，州县难以节制；再次，军户及余丁群体钻营赋役制度的漏洞，规避和转嫁各种赋役负担；最后，卫所参与海洋管理，军户却以此为手段与海上势力合谋，参与海洋贸易。在卫所制度的庇护下，军户之间不仅在军事活动中相互协作，民事生活中亦彼此合作，促使卫所军户群体的力量不断壮大，甚至成为地域社会发展的主导力量。

明宣德后，温州卫所和全国一样，开始出现各种问题。一方面，卫所制度因内生的弊端而不断调整。在卫所上层，由于卫所军官为世袭制，他们依仗特权役使军人、侵占兵饷、非法攘夺屯田收入，招募"家丁"执行日常守战任务，自己则投身举业，发展家族组织，致使卫所军事训练日渐松弛。同时，卫所军官与当地世家吟诗附和、缔结婚姻，拓展军官及卫所势力在地方社会的影响力，进而聚合各种社会资本，为本人和家族成员提供更多的流动机会。在卫所中下层，跟随正军寄居于卫城和散居于卫所之外的军余日渐增多，成为"寄籍军户"。他们或开垦荒地，或购买附近民田，财产不断积累却能通过特权逃避赋役，乃至勾结地方豪强，胡作非为。导致的结果是，温州府县官员不遗余力地介入卫所事务，先是推广里老制度并借以压制卫所强军，再将卫所军余纳入保甲体系，"官民军灶"统一管理，进而将民事审判权以及部分刑事案件置于州县掌控之下。随后，创设"军图"，或在卫城之内设置军图并以"镇"的机构进行管理，或是要求军余填补虚脱的里甲，将卫所军余编入图册，承担徭役；并以"军三民七"的原则，要求卫所军户分摊地方公共事务建设所需的经费。

另一方面，军费紧张、军饷克扣、军役沉重都严重影响了军兵的生计。温州卫所军户的徭役，除了守城、操练外，还有漕运，而又数漕运最困。在被漕运拖累的同时，军户的粮饷亦供应不足。普通军兵的收入主要有军饷和屯田两部分。军兵的军饷包括按月固定发放的月粮和外出执行任务所得补助（行粮），月粮是普通军兵的主要军饷，由附近州县税粮提供。起初，军饷由卫所仓廒直接管理，宣德后管辖权逐渐被州县褫夺，地方胥吏由此拖欠军饷、中饱私囊。月粮交付至卫所，军官又伺机克扣，"赂官外出为商"，还有大批"顶首"军人，通过行贿军官而混入军伍，坐吃军饷。屯田原是按分授予在卫军户的分地，由卫所正军或军余垦种，后军兵漕运在外，屯政日渐败坏，或由军官侵占，或佃于民户而民田化，收入则被州县攫取。在此情形下，卫所军户必须自寻生计，多以"下海捕鱼"为由，或入海为盗，或贩卖私盐，而军事训练基本废弛，嘉靖"倭患"时已俨若虚设，彻底丧失了海防职能。

总之，明中叶后温州卫所失去了经济上和司法上的独立性，成为州县行政的一部分；卫所的军事职能逐渐弱化，卫所军户的各种制度特权日益丧失。随着军饷供应日益不足和卫所人口的增多，卫所军户不得不走出卫城谋生，卫所人群与周边人群逐渐融为一体，成为地方社会的一部分。

二 清代卫所的文化表达

明清鼎革，东南地区历经长期的战乱。叛乱平定之后，清军为有效地巩固统治秩序，相继裁撤了沿海地区乃至全国的卫所，代之以八旗军海防、绿营兵陆防，并将军户、屯田归入州县，仅有卫所的漕运功能保存至清末。随着卫所与州县间的藩篱消失，卫所军户与州县民户之间身份趋同，卫所人群的生计模式、社会组织、权力关系因应发生变化，然而，卫所因素并未就此消失，恰恰相反，它成为卫所人群社区整合、建构认同的文化表达。

历经清初兵燹、"迁界"的颠沛流离，备尝艰苦的军户先后返回卫城，开始新的生活和建构新的秩序。在生计模式上，温州各地的军户后裔多选择面向海洋，以海为田，海岛、海湾、海涂、海港、滨海平原皆成为他们谋生图利的形式。"复界"后，蒲岐所的军户选择复垦海岛、围垦沿海滩涂造田，进而控制附近水面，进行海水养殖，蒲岐也由此发展成海产品交易的集散地，贩卖海鲜产品成为一些居民的职业选择。海安所靠近双穗盐场，军户后裔则占盐场荡地以为生计，进而承包盐场，运销食盐，一些家族发展成温州的著名盐商。金乡卫城所在地方比较贫瘠，返回卫城的军户实际不多，大量民众得以乘虚而入，以故卫城之内百姓杂居，又在卫城之外相互争夺有限的耕地资源。迫于无奈，卫城民众转向开发附近的山丘，种植茶叶，形成了一定规模的茶业经济。不过，晚清五口通商后，海上贸易迅速发展，金乡凭借其优越的地理位置，成为闽浙海上贸易的中转站。军户袁氏则是金乡货运业的主要控制者，跻身于富商大贾之列。

从生计模式上看，清代军户后裔已经基本上没有卫所制度的痕迹了，但他们对卫所制度的历史记忆在时代变迁中不断强化。随着清代社会日渐安定，经济逐步发展，返回卫城的军户群体，先是通过祭祀祖先和修撰族谱来建构祖先叙事，整合卫城人群的集体记忆，确认和强化现有秩序；然后，发展宗族组织，敬宗收族、规范宗族成员的行为，实践礼法观念；进而，宗族主导倡办地方公共事业，建育婴堂、修义仓、创办学校、调解民众纠纷，为族人的发展创造更多的社会空间。

诸多军户宗族兴起，势必导致宗族之间争权夺势，而地方教育、宾兴文会、社会治安、应对国家等公共事务是各族精英相互交结、各显神通的社会空间。其一，兴办教育。地方教育需要各种社会力量的共同参与，是建构地方权力网络的重要事业。对有志于举业的宗族成员，各宗族多以设学田、养贤田及设立族学等形式进行奖励和资助，然得功名者毕竟是少数；对地方学子，往往由地方官授权，各宗族士绅联合主导修建书院。一方面，可通过书院传播礼教知识、实施教化，培养基层社会对国家正统意识形态的认同；另一方面，地方士绅可以借助书院获得文化权力，进而介入地方事务和平息讼端，提高地方的文化水准和文化凝聚力，组织文会，形成区域性的权力中心。其二，维护地方秩序。清乾嘉之际，闽粤浙海面上兴起了多股海盗势力，包括浙江土盗、福建洋盗和越南夷盗，其海盗活动不断升级，而业已废弛的绿营兵无力抵抗，清政府只能倡导和倚赖地方武装以遏制局势。在地方官任命佐杂官出任乡村武装帮办的同时，温州卓有声望的士绅及其代表的宗族也积极投身于团练的建设。太平天国运动期间，温州地区接连爆发了红巾军、金钱会、红布会等地方叛乱，官军兵力不足，围剿疲于奔命，这进一步刺激了温州兴办团练之风。蒲门所军户华氏的团练，始办于乾嘉之际，咸同时期发展壮大，并成功抵御了地方叛乱的侵扰，倡办者华敬廷由此得到了官府的褒奖。直至清末，华氏团练仍然是浦门城防卫的主要力量。其三，卫所志书撰写。清代卫所裁撤，卫城成为军户后裔生活的社会空间，撰写卫所志书或在方志中为卫所立传，是塑造军户社会认同的重要载体。清代温州地区撰修的卫所志书主要有《蒲岐所志》《金乡镇志》《蒲城风土记》等，通过在卫所志中描述军防空间、公共设施，为明代战事中牺牲、殉难、殉节的将士、烈女立传，塑造卫所附近盛景并赋诗赞颂等，不仅保存了明代卫所留下的历史记忆，也创造了丰富的地方文化。

民间信仰及其仪式不仅可以体现民众世界观与宇宙观的文化现象，探寻民间信仰诸神体系的"层累"过程，还能洞察地方认同的形成和社区整合的结构。清代温州卫城的民间信仰十分丰富，蒲岐所、金乡卫均有二三十座神庙祭祀各种的神明，它们中既有卫所制度下的代表国家的军事祭祀，也有些可能是卫所军余携带而来的地方信仰。在时代变迁中，诸神与神庙的功能不断变化。祭祀妈祖的天妃庙是明代海防建置留下的遗存，也是清政府重建用以安抚民众的手段；明代服务于卫所的道观，逐渐演变为服务家族的祭祀祖先的场所；原属国家祀典的城隍庙，到清代已成为整合卫所社区、构建地域秩序的纽带。在社区性的整合仪式活动中，产生了既有共性又有差异的仪式实践，展示了民间信仰在地方认同中的关键作用。

清代卫所裁撤后，卫所军户通过兴办教育、撰修方志和修建祠庙，展现了社区的文化形象，建构了多层次的文化网络，强化了人们的文化认同，将卫所文化内化为卫所人群心中的"信念"。

三 地方化与地域内化

几十年来，区域社会史研究不断深化，学者们关注的考察对象从起初的宗族、市场、叛乱、族群、民间信仰到新近的礼仪、家庭、国家制度，前辈学者致力于书写不同于中国通史的历史，探寻历史研究的新方法，多数后辈学者在前贤的基础上一点点推进，却面临着"碎片化""只见树木不见森林"的困境。如何走出困境、推动区域社会史研究，并在研究中展现新一代学人的关怀和时代性，是我辈亟待解决的问题。

《明清温州卫所》一书实是上述思考的努力，它以明清时期温州地区的卫所制度和卫所人群为考察对象，尝试深化并发展现有的认知。该书所用的文献资料非常丰富，有传统的正史、方志，也有碑刻、族谱、契约文书、歌谣等民间文献，并将田野调查结合其中。但对资料的把控有待加强，需要嚼碎细读，挖掘更多的历史信息，而大篇幅的引用文献则会影响阅读的感观。明清温州卫所的多元格局，既让读者看到了历史细节，也足以说明卫所制度和卫所人群演变的总体进程。不过，文中论及了一些现象，如卫所军官通过儿女婚姻交结地方豪强以建构其权力网络，然而卫所军官如何利用婚姻网络在具体事务中体现其社会权力，即这些历史现象背后的社会机制如何，揭示得不够清楚。当然，该书最明显的"失误"是主标题"海防体系与地方互动"与论述主题"国家的地域内化"之间相去甚远。海防仅是明前期温州卫所诸多军事职能的一种，明中叶以后，卫所的海防功能趋于丧失，至清代则完全消失，而该书论述的与地方社会互动的主体人群虽一度因海防组织起来，后来却与之了无关系，故主标题不若"国家的地域内化"合适。当然，这可能是迫于现实、时间有限等技术性问题，假以时日势必能得到很好的解决。

值得进一步探讨的是，如何完善本文提出的、极具学术价值的"国家的地域内化"的理论思考。在该书的序言中，作者的博士导师张侃教授殷切地指出，希望其提升社会科学理论素养，进而对该主题进行概念化的提炼。诚如所言，书中虽多次言及卫所人群的"地方化""在地化"等概念，但对卫所人群的"地域内化"则语焉不详，它与"地方化"或"在地化"之间的差异如何亦未加以辨析。

该书对"地域内化"的界定是,"王朝国家不断强化对滨海区域统治的过程,也是地方社会产生应对国家的多重能力的过程"。然而,从具体的研究内容看,这一阐释只是"地域内化"的第一个层面,即明前期卫所制度在温州的历史实践,它将卫所军户强制植入地域社会,并形成了地方社会的应对方式。第二个层面当是卫所军户的地方化,林昌丈在《明清东南沿海卫所军户的地方化——以温州金乡卫为中心》[①]一文中将卫所军户的"地方化"概括为"由明至清,卫所军户由单列卫籍的特殊群体渐次演变为普通的编户齐民,并逐步融入当地社会"的过程,它包括军户家庭形成、军户转为民籍和军户宗族融入地方社会三个阶段。也就是说,所谓"地方化"是指卫所军户单向地融入地方社会的过程。第三个层面则是卫所军户后裔对卫所制度和祖先记忆的文化重构,即通过追述祖先故事、整合社区仪式,将卫所历史内化为卫所后裔的信念。上述三个阶段,基本呈现了卫所制度内化于卫所人群的历史过程。

但是,这三个层面的实现远不足以清晰地展现卫所制度内化于地域社会的过程。我们知道,地域社会绝不止某一个特殊的族群,明清时期的温州地区同样如此。因而需要追问,那些不是卫所军户的人群如何看待军户,他们在应对强势的卫所军户的过程中形成了怎样的社会机制;纵跨明清五百余年的温州地域社会结构如何,又经历怎样的变迁;更为重要的是,卫所军户如何影响或改变温州地域社会的结构过程,这一过程中究竟是谁,或哪个阶层,抑或怎样的机制,扮演了国家制度与地方社会之间的媒介角色。若能明晰上述问题,或许可以将国家内化于地域社会的历史过程呈现得更加饱满。

---

① 林昌丈:《明清东南沿海卫所军户的地方化——以温州金乡卫为中心》,《中国历史地理论丛》2009 年第 4 期。

　　最后提一个既是针对该书也是笔者一直在思考的问题。在区域社会史研究中，我们可以以市场、家族、民间信仰、国家制度实践等不同主题为切入点，但我们的基本出发点是什么？是以人为本，关心某个区域内的人群及其在特定历史情境中遇到的生产生活的问题，还是地域社会变迁，考察某个地区相对整体的地域社会结构及其历史变迁的过程，抑或是问题意识，探索某个地区的某些历史过程对于理解现有认识所具有的创新性的学理意义？

征稿启事

　　《区域史研究》是由中山大学、香港中文大学、复旦大学、厦门大学、武汉大学、清华大学、南开大学、华东师范大学、南昌大学的一批志同道合的学者共同创办的刊物，旨在为区域史研究者提供一个分享最新研究、交流最新思想的平台。本刊设有学人访谈、专题研究、研究综述、读史札记、田野笔记、书评等栏目，现面向海内外学界征稿，来稿要求如下。

　　（一）论文字数一般不超过 3 万字，须有中文摘要（200 字左右）以及 3～5 个中文关键词；读史札记、田野笔记一般不超过 1.5 万字；书评一般不超过 4000 字，有深度的书评，则不受此限。

　　（二）文责自负。除非事先说明，否则编辑部对文字内容均可适当处理；译稿一律附原文。

　　（三）本刊采用社会科学文献出版社的投稿格式和注释体例，请各位作者投稿前务必参照修改。来稿统一采取页下注方式，每页重新编号。出自同一文献的注释第二次出现以后，只需标明著者、篇名、卷次、页码即可。

　　（四）来稿请通过电子邮件寄至 lingnanculture@126.com，并在邮件标题栏中注明：《区域史研究》投稿。

　　（五）本刊实行双向匿名审稿制，来稿时请将姓名、工作单位、联系方式、职称等反映作者信息的个人资料另页附上，并在正文中避免出现作者的相关信息。

　　（六）请勿一稿多投。收稿后逾 3 个月未做答复，作者可自行处理。

（七）本刊不以任何形式收取编辑费、审稿费、版面费等费用。稿件一经发表，即奉稿酬，稿酬从优，并赠送作者样刊 5 册。

（八）本征稿启事常年有效。

《区域史研究》编辑部

图书在版编目（CIP）数据

区域史研究. 2020 年. 第 1 辑. 总第 3 辑 / 温春来主
编. -- 北京：社会科学文献出版社，2020.6
ISBN 978 - 7 - 5201 - 6723 - 9

Ⅰ. ①区… Ⅱ. ①温… Ⅲ. ①地方史 - 研究 - 中国 -
丛刊 Ⅳ. ①K29 - 55

中国版本图书馆 CIP 数据核字（2020）第 091950 号

区域史研究 2020 年第 1 辑（总第 3 辑）

主　　编 / 温春来

出 版 人 / 谢寿光
责任编辑 / 赵　晨　梁　赟

出　　版 / 社会科学文献出版社·历史学分社（010）59367256
　　　　　　地址：北京市北三环中路甲 29 号院华龙大厦　邮编：100029
　　　　　　网址：www. ssap. com. cn
发　　行 / 市场营销中心（010）59367081　59367083
印　　装 / 三河市龙林印务有限公司

规　　格 / 开　本：787mm × 1092mm　1/16
　　　　　　印　张：16.75　字　数：231 千字
版　　次 / 2020 年 6 月第 1 版　2020 年 6 月第 1 次印刷
书　　号 / ISBN 978 - 7 - 5201 - 6723 - 9
定　　价 / 89.00 元

本书如有印装质量问题，请与读者服务中心（010 - 59367028）联系